新版 国際関係学

地球社会を理解するために

山田　敦
和田洋典 編
倉科一希

An Introduction to International Relations

Understanding Our Global Society (Revised Edition)

有信堂

はじめに

本書のねらい
本書は、次のような読者のために書かれている。

- これから国際関係学を学ぼうとする人たち
- 授業のレポートや卒業論文などのために国際関係の題材・資料を探している人たち
- 就職試験などのために体系的に国際関係学を学ぼうとする人たち

　このような読者に国際関係学の幅広さ、奥深さ、そして何よりも面白さを伝えるために、いくつかの工夫を凝らした。
　まず、国際関係学が多種多様な事象に取り組む学問であることから、広範なトピックをカバーする本とした。それゆえ章の数が、類似のテキストブックよりも多いはずである。1つひとつの章は、各分野の専門家が要点を絞り込んで執筆している。そして「理解する」だけでなく「考える」ことを読者自身に促すような本を目指した。読者が自らの関心に合うトピックを見つけ出し、本書を入り口として、さらに奥深く探求したいと考えてくれることを願っている。大学生ならば、授業に合わせて読み進めるのに加え、レポートや卒論の資料としても活用していただきたい。
　また、単なるトピックの寄せ集めにならないように、全体の構成を執筆者全員でつくり上げた。各章は独立しながら、互いに結びつき、国際関係学の全体像をつかめるように構成されている。

本書の構成

　本書はまず序章で、国際関係学という学問の全体を俯瞰する。次に、大きく5つの部を設け、それぞれに6〜10の章を配置した。

　第Ⅰ部では国際関係を「歴史から考える」、第Ⅱ部では「理論から考える」ための基礎と応用を提供している。第Ⅲ部は国際関係の舞台に登場する様々な「アクターについて考える」ための章である。

　続いて、具体的なイシュー（問題）を取り上げる章を並べた。第Ⅳ部は安全保障問題を中心として「戦争と平和について考える」、第Ⅴ部は広範に「グローバル経済・社会について考える」ことを、それぞれ目標としている。

本書の使い方

　それぞれの章は基本的に独立しているので、本書はどこから読み始めてもよい。読み進める章の順番も自由である。もちろん本書の構成通りに歴史、理論、アクター、イシューと進んでいけば、最も体系的な国際関係学の学修が可能になるだろう。

　それぞれの章は問題のエッセンスを凝縮し、簡潔な記述となっている。より詳しい情報は、コラムで補足しているほか、欄外にQRコードを付け、スマートフォンで豊富な情報源にアクセスできるようにした。

　索引を本の末尾ではなく冒頭に置いているのは、事典のように目当ての項目を見つけ出し、それを含む章を読んでいけるようにするためである。また、それぞれの章は小見出しによって区切られているので、必要な情報を探す手がかりになるだろう。

　そして何より本書は、複数の章が互いに結びつき合って、より広く深く考えるための道標を提供するものである。しばしば本文の中に（☛第□部第△章「○○○○」参照）と示しているので、参照先も併せて読まれたい。

　もっと多くの章を組み合わせて、1つの問題を多角的に考えようとする意欲的な読者もいるに違いない。その場合は、左のQRコードで組み合わせの例を提供しているので、ご覧いただきたい（☛QR0-1）。

　最後に、大学などで講義を担当する方々は、限られた回数の講義で本書の章をどう組み合わせるか工夫されるだろう。その場合も、左のQRコード先の例

QR0-1

示を参照いただければ幸いである。

新版の変更点

　本書は、2015年の初版から2023年の第3版補訂版まで版を重ねた『国際関係学』の後継書である。新版とするに当たっては、これまでの長所はそのままに、いくつか初学者のために改良を加えた。

　第1に、歴史（第Ⅰ部）を大幅に増やした。類似のテキストブックでは理論の説明から入るものが少なくないが、本書では歴史を学び、歴史から考えることの重要性を強調した。ウクライナ危機、イスラエル・パレスチナ紛争、米中対立、ナショナリズムといった今日の世界的問題を新たに取り上げ、歴史とのつながりに目を向ける大切さを論じている。

　第2に、理論（第Ⅱ部）は、今日の代表的な国際関係理論がわかりやすいように再編成した。特に初学者向けに、様々な理論や主義（イズム）について、その詳細な議論に立ち入るというよりも、そもそもどのような考え方なのかを大づかみできるような説明を工夫した。また、基礎となる理論や概念を幅広くカバーするとともに、後の章で取り上げるアクターやイシューについて考える上で、理論がどのように応用できるかを読者に伝えようと心がけた。

　第3に、アクター（第Ⅲ部）とイシュー（第Ⅳ～Ⅴ部）には、特に今日の読者が関心を寄せると思われる章を追加した。「宗教」「国際法廷」「サイバー空間」「グローバリゼーション」「パンデミック」「SDGs：持続可能な発展」などが新しい章である。読者には、これら類書ではあまり扱われていない新たなトピックも参照することで、自らが興味関心を深めていけるようなテーマを見つける一助にしていただきたいと考えている。

　こうした変更により、好評を博してきた『国際関係学』をさらに良いものにできたと、執筆者一同は自負している。

　とはいえ、本書だけで国際関係学が完結するわけではない。本書を入り口として、読者が国際関係学の面白さを知り、さらに学問の奥へと進んで行くことを期待したい。終章には、さらに学ぼうとする人たちのためにスタディガイドを追加した。

編　者

新版 国際関係学／目　次

はじめに　i
　　　本書のねらい／新版の変更点

事項・人名索引　xi

序　章　国際関係学とは ― 1

国際関係学の誕生と発展／アプローチ（1）：歴史から考える／アプローチ（2）：理論から考える／アプローチ（3）：アクターについて考える／アプローチ（4）：イシューについて考える／国際関係学のこれから

第Ⅰ部　歴史から考える

第1章　ウェストファリア体制の成立・拡大・変容 ― 6

ウェストファリア体制の成立と現代国際政治／ウェストファリア体制の拡大・変容／第1次世界大戦とウェストファリア体制の変容／第2次世界大戦とウェストファリア体制の再生

第2章　冷戦と脱植民地化 ― 12

背景としての第2次世界大戦／分断体制の形成／脱植民地化とグローバル化する冷戦／危機とデタント（緊張緩和）／「新冷戦」から冷戦の終焉へ

第3章　冷戦終結からウクライナ危機へ ― 18

冷戦終結の「効果」／冷戦終結が引き起こした国際政治の現実／ロシア・ウクライナ戦争

第4章　中東の国際関係史 ― 24

国際政治における中東の特徴／2023年に発生したガザ紛争／イスラエルの建国と中東戦争／オスロ合意の締結とその挫折

第5章　中国の台頭と米中の対立 ― 30

中国の台頭／中国の「一帯一路」経済圏構想と「中国製造2025」、海洋進出／米中対立とアメリカによる「インド太平洋」戦略の展開／「バイデン後」の米中関係

第6章　ナショナリズム ——————————————— 36

様々なナショナリズム／どのようにナショナリズムは高揚するか／グローバリゼーションとナショナリズム／現代世界の統合と分離

第Ⅱ部　理論から考える

第1章　リアリズム ——————————————— 46

リアリズムとは／ウォルツの3つのイメージと構造的リアリズム／覇権安定論／ミアシャイマーの攻撃的リアリズム／リアリズムの問題点

第2章　リベラリズム ——————————————— 55

リベラリズムとは／3つの要素／コヘイン:「覇権後」の国際制度／アイケンベリー:「勝利後」の国際秩序／リベラリズムの問題点

第3章　コンストラクティビズム ——————————————— 63

国際政治におけるアイデア・規範／コンストラクティビズムの登場／コンストラクティビズムの特徴／規範研究の展開

第4章　リアリズム・リベラリズム論争 ——————————————— 69

覇権安定論と制度的リベラリズム／絶対利得と相対利得／世界三分論

第5章　従属論と世界システム論 ——————————————— 75

マルキシズムの分析視点：経済構造から社会を読み解く／従属論／世界システム論

第6章　勢力均衡論 ——————————————— 83

勢力均衡の定義・目的・類型／政策としての勢力均衡：バランシング／勢力均衡以外の政策：バンドワゴニング／同盟のジレンマと戦略的ヘッジング／勢力均衡の現在地

第7章　デモクラティック・ピース論 ——————————————— 90

民主主義国同士は本当に戦争をしないのか／民主主義国同士はなぜ戦争をしないのか／民主化は平和への道か

第Ⅲ部　アクターについて考える

第1章　主権国家 ——————————————— 96

主権、国家、国民／国家の成立条件／国家承認／国家の多様性

第2章　国際機関 ———————————————————— 105
国際機関の「青写真」としての設立文書と黙示の権限論／国際機関の三部構成／国際機関の類型／国際機関における意思決定手続き／国際機関の役割／国際関係理論と国際機関

第3章　EU ———————————————————————— 114
不戦共同体としてのヨーロッパ統合／ヨーロッパ統合の深化と拡大／世界情勢の変容で揺れ動くEU／気候変動・感染症・戦争とヨーロッパ統合のゆくえ

第4章　ASEAN ———————————————————— 120
ASEAN誕生／ASEAN地域協力の新たな展開／21世紀アジアの統合／世界の地域主義／ASEANのこれから

第5章　国際NGO ——————————————————— 126
NGOとは／量から質の時代へ／NGOの多様性：規模、活動／国際規範形成とNGO／ネットワーク化するNGO：オタワからオスロへ／NGOと国際機関の協働／NGOの今後の課題

第6章　多国籍企業 —————————————————— 132
底辺への競争／多国籍企業とグローバル・ガバナンス

第7章　宗　教 ———————————————————— 138
ウェストファリア体制下における脱宗教化／近代国際関係とキリスト教中心の世界観／キリスト教相対化の時代／宗教の復権／国際関係のアクターとしての宗教

第8章　エスニック集団 ———————————————— 143
エスニック集団とネイション／エスニック紛争の表出／グローバリゼーション時代のエスニック集団／ユダヤ人ネットワーク／華人・華僑／インド系移民（印僑）

第9章　テロ組織・海賊 ———————————————— 151
「テロ」とは何か／反政府勢力はテロ組織か／テロ組織の目的と形態／吹き荒れるテロの嵐と「イスラーム国」／国際政治と海賊／ソマリア沖海賊と国際社会の取り組み

第10章　国際法廷 ——————————— 157
国際関係の「法化」？／国際司法裁判所（ICJ）／国際刑事法廷／国際法廷と法の支配

第Ⅳ部　戦争と平和について考える

第1章　個別的・集団的自衛権と集団安全保障 ——————————— 162
自衛権／個別的自衛権と集団的自衛権／集団的自衛権と日本／集団安全保障

第2章　領土・国境問題 ——————————— 167
国際関係論と土地政学における国境／グローバル化と国境／9・11テロ以後の安全保障と国境／「上からの」国境と「下からの」国境：「領土の罠」からの脱却

第3章　海洋秩序 ——————————— 172
国連海洋法条約と領域的アプローチ／新エネルギー、鉱物資源の開発可能性／シーレーンの確保

第4章　空と宇宙の秩序 ——————————— 175
航空機の発展／ドローンの登場／米ソによる宇宙活動の始まり／宇宙活動を行うアクターの増加／宇宙活動の領域拡大

第5章　サイバー空間 ——————————— 179
サイバー空間とは何か／サイバーセキュリティ／サイバー戦争／インフォメーション・ウォーフェア／サイバーセキュリティのディレンマ／サイバー空間の安全をめぐる対立

第6章　大量破壊兵器 ——————————— 185
生物・化学兵器の登場と規制／国際政治を変えた核兵器／大量破壊兵器と湾岸・イラク戦争／核軍縮・不拡散と日本／ミサイル軍拡の新時代

第7章　人道的介入と保護する責任 ——————————— 189
人道的介入／保護する責任（R2P）／対応から予防・再建へ

第8章　平和維持と平和構築 ——————————— 193
平和維持／平和構築／文民保護と安定化／持続的平和とパートナーシッ

プ国際平和活動／平和構築をめぐる学術動向

第9章 人間の安全保障 ——————————— 198
人間の安全保障と国家安全保障／人間の安全保障の発展／人間の安全保障の現在

第Ⅴ部 グローバル経済・社会について考える

第1章 グローバリゼーション ——————————— 204
自由貿易レジームの発展とWTOの誕生／国際的な通貨・金融制度の構築と2つの危機／多国間貿易交渉の停滞とFTAの拡大／ヒト・モノ・カネ・データの高速かつ活発な移動／グローバリゼーションへの反発とこれからの展望

第2章 開発・貧困・ODA ——————————— 211
貧困と開発の問題の所在／ODA（政府開発援助）とは／援助への多様なアプローチ／有効な援助から人間開発へ

第3章 資源・エネルギー問題 ——————————— 217
国際政治と天然資源／天然資源獲得競争／鉱物資源とレアメタル／化石燃料社会から脱炭素社会へ／第2次エネルギー資源としての電気／水資源／生物資源

第4章 自然災害と国際関係学 ——————————— 224
自然災害と国際関係学／主権国家と自然災害／自然災害への国際協力／2023年トルコ・シリア地震／災害支援外交と国際関係学の展望

第5章 地球環境問題 ——————————— 230
近代世界システムの発展と地球環境問題／地球環境ガバナンス／地球環境レジーム／環境安全保障／グローバル・グリーン・ニューディール／パリ協定成立後の脱炭素社会への動き

第6章 人口問題 ——————————— 238
人口爆発がもたらす社会不安／少子高齢化は国家の衰退を招くか／ジェンダーの視点で見る人口問題

第7章 人の移動 ——————————— 242
人の移動とは：「国際移民の時代」／人の移動の形態：自発的移住と非自

発的移住／人身取引／難民と国内避難民／気候変動と環境難民／「難民の移民化」と「移民の難民化」

第8章 人権問題 ——————— 248

人権保障の国際化／国際人権規約／新しい人権／履行確保の問題／さらに広がる21世紀の人権問題

第9章 パンデミック ——————— 253

グローバル化とパンデミック／感染症分野の国際関係／グローバル課題としてのパンデミック

第10章 SDGs（持続可能な開発目標）——————— 257

目標ベースのガバナンスと多様なアクター／ネクサス（連関性）／誰一人取り残さない：ジェンダーの視点／SDGsの成果と実効性

おわりに——国際関係学のスタディガイド　265

歴史のスタディガイド／理論のスタディガイド／アクターのスタディガイド／イシューのスタディガイド

＊本書掲載の QR コードは、刊行時に接続を確認していますが、その後何らかの理由で接続できなくなる場合もありますので、その旨ご了承ください。

事項・人名索引

ア 行

アイケンベリー、G・ジョン	60
アイデア	63
アイデンティティ	19, 38, 40, 41, 43
アクター	3
アグニュー、J	170
アサド	245
アジアインフラ投資銀行（AIIB）	62, 125
アジア欧州会合（ASEM）	121, 122
アジア太平洋経済協力（APEC）	123
アジア通貨危機	205
アトリビューション	183
アナーキー（無政府状態）	46
アナン、コフィ	136, 190, 194
アフガニスタン難民	245
アフリカ統一機構（OAU）	124
アフリカ民族会議（ANC）	152
アフリカ連合（AU）	124
アポロ計画	176
アムステルダム条約	115
アムネスティ・インターナショナル	128, 130
アメリカ・メキシコ・カナダ協定（USMCA）	124
アリア方式	130
アル・カーイダ	141, 153
安全保障のディレンマ	49, 88, 165
安全保障理事会→国連安全保障理事会	
アンダーソン、ベネディクト	98
アンデス共同体（CAN）	124
アンデスグループ	124
アントロポセン（人新世）	235
イスラーム	140, 141
イスラーム国（IS）	97, 142, 154
イスラエル・ロビー	147
1次エネルギー資源	221-222
一次資料	265
1国1票制度	110
一帯一路	133

遺伝子組み換え技術	223
移民	36, 38, 39, 42, 242, 243, 246, 247
イラク戦争	186
イリベラル平和構築	197
因果関係	269
インド系移民（印僑）	148
インド人民党（BJP）	141
インド太平洋経済枠組み（IPEF）	125
インフォメーション・ウォーフェア	181
ウィーン条約	232, 234
ウィルソン、ウッドロー	140
ヴィンス、ガイア	246
ヴェーバー、マックス	98
ウェストファリア	24
ウェストファリア体制（西欧主権国家体系）	6, 7, 96, 138, 167, 189
ウェディングケーキモデル	259
ウェブスター・フォーミュラー（見解）	162
ウォーラーステイン、イマニュエル	79
ウォルツ、ケネス	47
ウォルト、スティーヴン	85
ウクライナ侵攻	110, 119, 200
ウクライナ戦争	153
ウクライナ難民	245
宇宙条約	176, 178
宇宙デブリ	177
埋め込まれた自由主義	204
ウルグアイ・ラウンド	205
ABC兵器	185
エーリック、ポール	238
液化天然ガス（LNG）	218, 220-221
エスニシティ（民族性）	143
エスニック集団	143, 144
エスニック紛争	144
エネルギー問題	217
エボラ出血熱	253
LGBT	252
援助→開発援助	
エンパワーメント	240

事項・人名索引

欧州安定メカニズム（ESM）	117
欧州共同体（EC）	114, 115
欧州経済共同体（EEC）	114
欧州原子力共同体（EURATOM）	114
欧州国境沿岸警備機関	168
欧州自由貿易連合（EFTA）	117
欧州人権条約	250
欧州石炭鉄鋼共同体（ECSC）	114
欧州対外国境管理協力機構（FRONTEX）	168
欧州評議会	184
欧州連合（EU）	33, 114
オーバーシュート	235
大前研一	167
緒方貞子	199
オスロ・プロセス	129
オゾン層	230, 232, 234
オタワ・プロセス	129
オックスファム	130
オバマ、バラク	86, 187, 236
オフショア・バランシング	86
オムニ・バランシング	87
温室効果ガス	220, 221, 230, 231, 233, 234, 236, 237

カ 行

カー、E. H.	1, 53
GAFA（グーグル、アップル、フェイスブック、アマゾン）	135
カーボンニュートラル	237
海外直接投資	208
海賊	151, 154, 155
海底熱水鉱床	219
外的バランシング	86
介入	16
介入と国家主権に関する国際委員会（ICISS）	190
開発援助	211-216
開発援助委員会（DAC）	212
開発独裁	214
改変された生物（LMO）	235
GAVI アライアンス	255
化学兵器	185, 186
化学兵器禁止機関（OPCW）	185
化学兵器禁止条約	185
核拡散	18
核軍縮	186, 187
核軍縮・不拡散イニシアティブ	187
「核なき世界」演説（プラハ演説）	187
核の傘	187
核不拡散条約（NPT）	46, 186
核兵器	15, 16, 185-188
核兵器禁止条約	129, 187
核兵器廃絶国際キャンペーン（ICAN）	129
加重表決制度	111
化石燃料	220, 221, 230, 231, 235-237
カダフィ	191
価値的リベラリズム	56
下部構造	75
ガリ、ブトロス	193
カルタヘナ議定書	235
環境安全保障	235
環境 NGO	232
環境難民	243, 246
環境問題	260
間主観性（inter-subjectivity）	65
関税および貿易に関する一般協定（GATT: General Agreement on Tariffs and Trade）	51, 204, 205, 207, 208
GATT ウルグアイ・ラウンド	59
感染症	253-256
環太平洋経済連携（TPP）	70, 123
環太平洋パートナーシップに関する包括的及び先進的な協定（CPTPP）	70, 206
カント、イマニュエル	56, 90, 165, 225
『危機の20年』	1
気候変動	34, 230, 246, 260
気候変動に関する政府間パネル（IPCC）	231, 232
気候変動枠組条約	233, 234, 237
疑似国家	102
規制的作用	65
北大西洋条約機構（NATO）	13, 17, 20-22, 60, 107, 200
技能実習制度	244
規範	65
規範起業家（norm entrepreneurs）	66
規範主導国（norm leaders）	66
規範追随国（norm followers）	67
規範抵抗者（norm antipreneur）	68
基本的人権	248
9・11テロ→同時多発テロ	
旧ユーゴ国際刑事裁判所（ICTY）	159

「脅威均衡」論	85	ケインズ、ジョン・メイナード	57
境界地域研究ネットワークJAPAN	170	結果の論理（logic of consequences）	66
共産主義	12	権威主義	31, 102
強制管轄権	158	現実主義→リアリズム	
京都議定書	233	原爆	11
京都メカニズム	233	原理主義	141
拒否権	110	攻撃的リアリズム	52
ギリシャ経済危機	117	構成的作用	65
キリスト教	139	構造調整アプローチ	214
ギルピン、ロバート	50	構造的パワー	52
近代化論	77	構造的暴力（structural violence）	82
近代世界システム	230	構造的リアリズム	49
キンドルバーガー、チャールズ	50	鉱物資源	220
金・ドル本位制	205	国際刑事裁判所（ICC）	109
金本位体制	57	国際移住機関（IOM）	145, 243, 244
グッド・ガバナンス（良い統治）	215, 227	国際移民→移民	
クラスター爆弾禁止条約	129	国際宇宙ステーション計画	176
クラスター爆弾連合（CMC）	129	国際海底機構	173
グリーン経済	258, 260	国際海洋法裁判所（ITLOS）	157, 158
グリーン水素	221	国際機関	105, 232
グリーン成長	260	国際機構に関する連合国会議（UNCIO）	126
グリーン・ニューディール	236	国際金融・経済危機	21
グリーンピース	127	国際刑事裁判所（ICC）	157, 159
クルド	228	国際結婚	252
クルド難民	198	国際システム	47
グレート・ファイアウォール	183	国際司法裁判所（ICJ）	26, 107, 157
Grexit	117	国際資本移動	205
グローバリゼーション	18, 33, 36, 40-42, 88, 167, 204-210, 242, 253, 254	国際人権規約	249
		国際人口会議	240
グローバル・イシュー	3	国際人口開発会議	241
グローバル化→グローバリゼーション		『国際政治の理論』	49
グローバル・ガバナンス	57, 127, 136, 258	国際制度	56
グローバル・ガバナンス論	113	国際通貨基金（IMF）	58, 136, 205
グローバル・グリーン・ニューディール	236	国際的な子の奪取の民事上の側面に関する条約（ハーグ条約）	252
グローバル・コンパクト	136		
グローバル・サウス	82, 87	国際熱核融合炉計画	222
グローバル・サプライチェーン（GSC）	207-209	国際法	19
グローバル・ヘルス・ガバナンス	256	国際貿易機関（ITO）	204
グロティウス	101	国際法廷	157
経済安全保障	209	国際保健	254
経済援助	15	国際民間航空機関（ICAO）	175
経済協力開発機構（OECD）	135, 212	国際レジーム	56
経済封鎖	10	国際レジーム論	113
ゲイツ財団	212	国際連合（国連）	10, 19, 105
経路依存性	61	国際連盟	9, 84, 105

国際労働機関（ILO）	105	昆明・モントリオール生物多様性枠組	235
国籍	99		
国内避難民	243-246	**サ　行**	
国民（nation）	98	災害→自然災害	
国民国家（nation-state）	14, 36, 98, 143	災害支援	225, 226, 228, 229
国連安全保障理事会（安保理）	108, 110, 130, 163, 193	再生可能エネルギー	221, 222, 236
		サイバー空間	179-184, 210
国連安全保障理会常任理事国（P5）	166	サイバー攻撃	179, 180
国連宇宙空間平和利用委員会（COPUOS）	176, 177	サイバーセキュリティ	179, 180, 182-184
		サイバー戦争	180, 181
国連開発計画（UNDP）	199-201, 216, 261	サイバー犯罪	179
国連海洋法条約	46, 157, 172, 173	サイバー犯罪条約（ブダペスト条約）	184
国連環境開発会議（地球サミット）	232-234, 257	最貧国	212
国連環境計画（UNEP）	232, 236	ザカリア、ファリード	104
国連経済社会局	243	搾取	76
国連憲章	106, 162, 163, 193, 248	「搾取─被搾取」関係	76
国連シエラレオネ支援団（UNAMSIL）	195	サッチャー	214
国連人権高等弁務官（OHCHR）	250	サブプライムローン	206
国連人権理事会	128, 251	サプライチェーン	56
国連難民高等弁務官（UNHCR）	199	産業革命	217, 221
国連難民高等弁務官事務所（UNHCR）	129, 244, 245	三国協商	84
		三国同盟	84
国連人間環境会議（ストックホルム会議）	127, 232	G20	135
		G20サミット	58
国連平和維持活動（PKO）	107, 193-196	CBRNE兵器	185
PKO 3原則	193	シーレーン	174
国連貿易開発会議（UNCTAD）	79, 132	自衛権	162
国連保護軍（UNPROFOR）	194	シェール・オイル	218
国連ルワンダ支援団（UNAMIR）	190, 194	シェール・ガス	218
コソボ空爆	189	ジェノサイド	143, 248
国家	96	ジェノサイド条約	158, 159
国家安全保障	198, 201	シェンゲン協定	117, 168, 208
国家安全保障戦略	165	ジェンダー	240, 260-262
国家主権	106, 189	ジェンダー・ギャップ指数	261
国家承認	100	シオニズム運動	146
国家防衛戦略	165	シカゴ条約	175
国境政策	247	シキンク、キャサリン	66
国境地域研究センター	171	資源ナショナリズム	172, 217, 220, 223
国境なき医師団	127, 130	自助（self-help）	47
固定相場制	205	市場	7
コヘイン、ロバート	58	市場経済システム	18
個別的自衛権	162-164	自然災害	224-229
ゴルバチョフ、ミハイル	64	持続可能な開発委員会（CSD）	232
ゴン、ゲリット	229	『持続可能な開発に関するグローバル・レポート』	262
コンストラクティビズム（構成主義）	63, 267		

持続可能な開発報告書	262
持続可能な開発目標（SDGs）	63, 136, 200, 216, 236, 257-263
SDG グローバル指標	262
持続的平和	195
失敗国家	103
児童の権利条約	250
自発的移住	242
事務局	108
社会経済理事会	108
社会権	249
社会主義	9, 17
ジャクソン、ロバート	102
ジャッカル・バンドワゴニング	87
上海協力機構（SCO）	184
宗教	138
宗教対立	138
自由権	249-250
自由主義圏	72
重症急性呼吸器症候群（SARS）	253
囚人のディレンマ	58
従属論	75, 267
集団安全保障	84, 165, 166, 193
集団的自衛権	162-166
周辺（periphery）	77
自由貿易協定（FTA）	70, 124, 206-208
シューマン、ロベール	114
自由民主主義	9
14カ条	140
主権	19, 97, 101
主権国家	6, 7, 24, 37, 96, 138, 225, 226, 229, 232
主権国家体制	211
種子戦争	223
出生率	238, 239, 241
ジュネーヴ議定書	185
準（半）周辺（semi-periphery）	80
商業的リベラリズム	55
消極的主権	103
少子高齢化	239
常設国際司法裁判所（PCIJ）	158
常設仲裁裁判所（PCA）	158
上部構造	75
情報通信技術（ICT）	204, 205, 208, 210
情報の非対称性	136
植民地化	7
女子差別撤廃条約	250
シリア難民	228, 245
新型コロナウイルス	198
新型コロナウイルス感染症（COVID-19）	216, 253-255, 262
人権	22, 33, 34, 42, 248-252
人権問題	247
人口	238-241
新興工業経済地域（NIEs）	79
新興国	21
人工知能	182
新国際経済秩序（NIEO: New International Economic Order）	79, 217, 249
人種差別撤廃条約	250
人身取引	243, 244
信託統治理事会	108
人道支援	227
人道的介入	189-191
新保護主義	69
信頼醸成	22, 31
スティグリッツ、ジョセフ	137
ストックホルム・レジリエンス・センター	259
ストレンジ、スーザン	51
スナク、リシ	150
スピル・オーバー	213
スプートニク	176
スミス、アダム	55
スミス、アントニオ	144
脆弱圏	72
脆弱国家	103
制度化	22
制度的リベラリズム	56
政府	100
政府開発援助（ODA）	211
生物資源	217, 223
生物多様性	230
生物多様性条約	217, 223, 232, 234, 235
生物兵器	185, 186
生物兵器禁止条約	185
生命倫理と人権に関する世界宣言	252
勢力均衡（Balance of Power）	83, 166
セーブ・ザ・チルドレン	130
世界銀行	58, 214, 216
世界金融危機	205
世界経済フォーラム（WEF）	261

世界システム論	75, 79, 267
世界自然保護基金（World Wide Fund for Nature: WWF）	127
世界人権会議	250
世界人権宣言	248, 249
世界人口	238-240
世界貿易機関（WTO）	30, 58, 70, 136, 157, 158, 204-208
WTO 紛争解決手続き	70
世界保健機関（WHO）	255, 256
赤十字国際委員会	126
石油の世紀	218
石油メジャー	218
石油輸出国機構（OPEC）	218
積極的主権	103
絶対君主	97
絶対的貧困	213
絶対利得	71
折衷主義的なアプローチ	72
セン、アマルティア	199, 215
尖閣諸島	169
宣教師外交	140
潜在覇権国	53
先制的自衛権	163
全体主義	102
戦略的ヘッジング（Strategic Hedging）	88
戦略兵器削減条約	186
総会	108
相互依存	56
相互確証破壊（MAD）	187
想像の共同体	98
相対利得	71
ソーシャル・ネットワーキング・サービス（SNS）	181
ソフト・バランシング	85, 86
ソマリア沖海賊	155

タ 行

ダール、ロバート	104
第1次世界大戦	9, 26
退化する交渉のパターン	135
第3イメージ	47
第三世界	16
第三世代の人権	250
対人地雷禁止国際キャンペーン（ICBL）	129
対人地雷禁止条約	128
第2次国連ソマリア活動（UNOSOMII）	194
第2次世界大戦	10, 12, 37, 39
大量破壊兵器（WMD）	11, 18, 185-187
大論争（great debate）	69
多角的投資協定（MAI）	136
多極体制	49
竹島	169
多国籍企業	132
タックス・ヘイブン（租税回避地）	134
脱宗教化	138
脱植民地化	12
脱炭素	236, 237
田中明彦	72
タリバン	141
地域機構	25
地域的な包括的経済連携（RCEP）	62, 121, 123, 206
地域統合	42
地域紛争	18
小さな政府	214
力による現状変更	19
地球温暖化	42, 220, 233
地球環境ガバナンス	232
地球環境ファシリティ（GEF）	232
地球環境問題	19, 230, 232
地球環境レジーム	232
地球サミット→国連環境開発会議	
地球の友（Frends of Earth）	127
地政学	167
知的財産権の貿易に関する協定（TRIPS協定）	137
中距離核戦力（INF）条約	188
仲裁	158
中心（core）	77
朝鮮戦争	84
チョクトン、ゴー	121
〈帝国〉論	81
底辺への競争（race to the bottom）	133-135
適切性の論理（logic of appropriateness）	67
デジタル課税	135
鉄の三角形	137
テポドン	188
デモクラティック・ピース論	90, 196
テロ組織	25, 151

テロとの戦い	20
テロリズム	34, 151
デン、フランシス	191
電気自動車（EV）	221
デング熱	253
天然ガス	218, 220, 221, 231, 236
天然資源	217, 218
天然痘	253
トゥキディデス	83
統合ミッション	195
同時多発テロ	139, 141, 151, 167, 168
東南アジア諸国連合（ASEAN）	120
ASEAN 憲章	122
ASEAN＋3	121
ASEAN＋6	121
同盟のディレンマ	22, 87
ドーハ・ラウンド	70, 206
特定非営利活動促進法（「NPO 法」）	126
都市鉱山	219
トラフィッキング	244
トランプ、ドナルド	133, 168, 209, 237
トリクル・ダウン	213
虜（capture）現象	136
取引費用（transaction cost）	113
トルコ・シリア地震	228
ドレーク	154
ドローン	176, 229

ナ　行

ナイ、ジョセフ・S	166, 253
内政不干渉原則	189
内戦	14, 24
内的バランシング	86
中村哲	128
名古屋議定書	235
ナショナリズム	12, 25, 36, 98
南南問題	218
南米南部共同市場（MERCOSUR：メルコスール）	124
難民	24, 118, 243-247
難民危機	168
難民の地位に関する条約	244
二極体制	49
ニクソン	205
ニクソン・ショック	50
2次エネルギー資源	221, 222
2030アジェンダ	257, 258
日米安保条約	14
日米同盟	33, 34
日本赤軍	153
ニュルンベルク	159
人間開発	215, 216, 227
人間開発指数	200
『人間開発報告書』	199, 201, 235
『人間・国家・戦争』	47
人間の安全保障	22, 24, 190, 198-201, 215, 227, 235, 257
人間の安全保障委員会	199
ネイション	143, 144
ネオリアリズム	69
ノーベル平和賞	193

ハ　行

バーゼル条約	232
バーチャル・ウォーター	223
ハード・バランシング	85
バイオマス	230, 231
排出量取引	233
排他的経済水域（EEZ）	100, 169, 172, 173
ハイチ地震	224, 226-228
バイデン	236, 237
ハイブリッド戦争	181
ハイブリッド戦争平和構築論	196
ハク、マフブーブル	199
覇権安定論	50
覇権戦争	51
破綻（崩壊）国家	103
バチカン市国	140
発展の権利	249, 250
ハマーショルド、ダグ	107
はやぶさ	178
バランシング	85
バランス・オブ・パワー	166
パリ協定	119, 221, 234, 237
パリ国際航空条約	175
ハリス、カマラ	148
ハリスン、ジョージ	225
パリ不戦条約	162
ハル、コーデル	56
バルフォア宣言	146

xviii　事項・人名索引

パレスチナ解放人民戦線（PFLP）	153
反グローバリゼーション	209
パンダ外交	268
ハンティントン、サミュエル	138
パンデミック	119, 216, 253, 255, 256
バンドワゴニング	87
非営利組織（NPO: non-profit organization）	126
非核三原則	187
東アジア首脳会議（EAS）	121
東日本大震災	198, 224-226, 228
非国家アクター	102
非国家主体	24
非自発的移住	242
非自由主義的民主主義	104
ビスマルク	84
非政府組織（NGO: non-governmental organization）	126, 212, 225-227
ヒト遺伝子情報に関する国際宣言	252
人及び人民の権利に関するアフリカ憲章（バンジュール憲章）	250
ヒトゲノムと人権に関する世界宣言	251-252
人の移動	242-247
ヒューマン・ライツ・ウォッチ	127, 130
ヒューム、デイビッド	56
ビン・ラーディン	153
華為（ファーウェイ）	133
ファースト・グローバリゼーション	57
不安定な多極体制	53
フィネモア、マーサ	66
ブーメラン効果	128
福音派（エバンジェリカル）	141
福島第1原子力発電所	224
フクヤマ、フランシス	103
不戦条約	162
不沈空母論	164
ブッシュ（子）	141
不法移民	247
Black Lives Matter	143
ブラヒミ報告	195
フリードマン、トーマス	142, 167
フリント、C	167
Brexit	117, 118
Bregret	118
ブレトン・ウッズ会議	10
ブレトン・ウッズ体制	51, 204

プレモダン圏	72
フロンガス	230, 234
文明の衝突	138
米州人権条約	250
平和維持活動（PKO）→国連平和維持活動	
平和維持のための行動（A 4 P）	195
平和強制	194
平和構築	193-197
ベーシック・ヒューマン・ニーズ（BHN）	213-214
ペシャワール会	128
変動相場制	205
防衛力整備計画	165
貿易	15
法化（legalization）	157
包括的・先進的なTPP（CPTPP）→環太平洋パートナーシップに関する包括的及び先進的な協定	
防御的リアリズム	52
ボーダーツーリズム推進協議会	171
ポーランド分割	84
補完性の原則	159
北米自由貿易協定（NAFTA）	61, 124
保護する責任（R 2 P = Responsibility to Protect）	144, 190, 199
ポジティブ・アクション	262
ポストモダン圏	72
ポスト・リベラル平和構築論	196
北方領土	169
ホメイニー	141
ポリアーキー	104
ホルタ報告	195
ホロコースト	26, 27, 146
ホワイトシフト	240

マ　行

マーストリヒト条約	115
マルキシズム	75
マルクス、カール	75
マルクス主義	267
マルサス	238
マンデラ、ネルソン	152
ミアシャイマー、ジョン	52
水資源	222
ミル、ジョン・スチュアート	55

ミレニアム開発目標（MDGs）	216, 236, 257, 258, 261	冷戦	12
民主化	17, 33	レーガン、ロナルド	64, 214
民主主義	30, 42	『歴史の終焉』	103
民族国家	37	ローマ条約	115
民族自決	9	6章半	193
民族自決権	249		
民族紛争	37, 38	ワ 行	
メガFTA	206	ワールドビジョン	127
モーゲンソー、ハンス	47, 83	ワクチン	255, 256, 262
目標ベースのガバナンス	258	ワシントン条約	232
モダン圏	72	湾岸協力会議（GCC）	124
モディ、ナレンドラ	141	湾岸戦争	186
モネ、ジャン	114		
モントリオール議定書	232, 234	A〜Z	

ヤ 行

山本吉宣	57
ユーロ	117
ユダヤ人	145
輸入代替工業化	78
抑止	15
横田洋三	111

ラ 行

ライフサイクル仮説	66
ラギー、ジョン	204
ラムサール条約	232
リアリズム	1, 112, 225, 266, 267
リーマン・ブラザーズ	205, 206
リオ+20	257
離散（ディアスポラ）	145
リスボン条約	116
理想主義（ユートピアニズム）	1
立憲型秩序	60
リプロダクティブ・ヘルス／ライツ	241
リベラリズム	266-267
領土	99
領土の罠	170
ルーズヴェルト、セオドア	228
ルールベースのガバナンス	258
ルワンダ国際刑事裁判所（ICTR）	159
ルワンダ内戦	190
レアアース	218-220
レアメタル	218-220

A4P→平和維持のための行動
AI→人工知能
AIIB→アジアインフラ投資銀行
ANC→アフリカ民族会議
APEC→アジア太平洋経済協力
ASEAN→東南アジア諸国連合
ASEM→アジア欧州会合
AU→アフリカ連合
BHN→ベーシック・ヒューマン・ニーズ
BJP→インド人民党
CAN→アンデス共同体
CMC→クラスター爆弾連合
COPUOS→国連宇宙空間平和利用委員会
COVID-19→新型コロナウイルス感染症
CPTPP→環太平洋パートナーシップに関する包括的及び先進的な協定
CSD→持続可能な開発委員会
DAC→開発援助委員会
EAS→東アジア首脳会議
EC→欧州共同体
ECSC→欧州石炭鉄鋼共同体
EEC→欧州経済共同体
EEZ→排他的経済水域
EFTA→欧州自由貿易連合
EU→欧州連合
EURATOM→欧州原子力共同体
EV→電気自動車
FTA→自由貿易協定
GATT→関税及び貿易に関する一般協定
GCC→湾岸協力会議
GEF→地球環境ファシリティ

GSC →グローバル・サプライチェーン
ICAN →核兵器廃絶国際キャンペーン
ICAO →国際民間航空機関
ICBL →対人地雷禁止国際キャンペーン
ICC →国際刑事裁判所
ICISS →介入と国家主権に関する国際委員会
ICJ →国際司法裁判所
ICT →情報通信技術
ICTR →ルワンダ国際刑事裁判所
ICTY →旧ユーゴ国際刑事裁判所
ILO →国際労働機関
IMF →国際通貨基金
INF条約→中距離核戦力条約
IOM →国際移住機関
IPCC →気候変動に関する政府間パネル
IPEF →インド太平洋経済枠組み
IS →イスラーム国
ITLOS →国際海洋法裁判所
ITO →国際貿易機関
LMO →改変された生物
LNG →液化天然ガス
MAD →相互確証破壊
MAI →多角的投資協定
MDGs →ミレニアム開発目標
MERCOSUR →南米南部共同市場
NAFTA →北米自由貿易協定
NATO →北大西洋条約機構
NGO →非政府組織
NIEO →新国際経済秩序
NIEs →新興工業経済地域
NPO →非営利組織
NPT →核不拡散条約
OAU →アフリカ統一機構

ODA →政府開発援助
OECD →経済協力開発機構
OHCHR →国連人権高等弁務官
OPCW →化学兵器禁止機関
OPEC →石油輸出国機構
P5 →国連安全保障理事会常任理事国
PCA →常設仲裁裁判所
PCIJ →常設国際司法裁判所
PFLP →パレスチナ解放人民戦線
PKO →国連平和維持活動
R2P →保護する責任
RCEP →地域的な包括的経済連携
SARS →重症急性呼吸器症候群
SCO →上海協力機構
SDGs →持続可能な開発目標
START →戦略兵器削減条約
TPP →環太平洋経済連携
TRIPS協定→知的財産権の貿易に関する協定
UNAMIR →国連ルワンダ支援団
UNAMSIL →国連シエラレオネ支援団
UNCIO →国際機構に関する連合国会議
UNCTAD →国連貿易開発会議
UNEP →国連環境計画
UNHCR →国連難民高等弁務官事務所
UNOSOMII →第2次国連ソマリア活動
UNPROFOR →国連保護軍
USMCA →アメリカ・メキシコ・カナダ協定
WEF →世界経済フォーラム
WHO →世界保健機関
WMD →大量破壊兵器
WTO →世界貿易機関
WWF →世界自然保護基金

序章　国際関係学とは

　国際関係学とは、世界をより良く理解し、より良い世界をつくるための学問である。やや大袈裟に聞こえるかもしれないが、国際関係学はそのような志をもって誕生し、今日もそれを使命としている。この章では、国際関係学の見取り図を示し、このあとの各章がどのようにつながって全体をつくり上げているかを伝えたい。

国際関係学の誕生と発展

　国際関係学は、世界が未曾有の危機に直面した時代に生まれ、深い反省の念とともに発展した。第1次世界大戦の終結から20年後の1939年、ヨーロッパには再び戦乱の足音が聞こえ始めていた。イギリスの歴史家 E. H. カーの『危機の20年』が刊行されたのはそのような時代である。カーは同書で、平和を訴える理想主義（ユートピアニズム）だけでは戦争を抑止することはできず、パワー（力）と利害が衝突しがちな国際関係の現実に目を向けなければ、平和な世界に近づく道は見出せないと説いた。この考えは現実主義（リアリズム）と呼ばれ、第2次大戦後に国際関係の研究・教育が本格化するなかで、その土台となる思想的系譜を形成した（☛第Ⅱ部第1章「リアリズム」参照）。

　日本でも戦後、社会科学としての国際関係学が、敗戦に至る道程を振り返りながら出発した。日本はなぜ、どのようにして凄惨な戦争にのめり込んでいったのか。二度と戦争を繰り返さないためには、どうしたらよいか——。やがて敗戦国から先進国へと急成長し、国際社会における役割が広がってくると、日本における国際関係学は研究対象を大きく広げ、海外の研究成果も積極的に取り入れるようになった。そのように発展しグローバル化した国際関係学を、本書では解説している。

　国際関係学は、枠にはまった1つの学問領域ではなく、いくつもの関連する領域が集まり、広がり続けている学問と考えてほしい。世界をより良く理解するために分析すべき問題は広範囲にわたり、どの問題についても様々な切り口（アプローチ）が必要である。そこで本書では、読者の手がかりとなるように、

大きく4つのアプローチを用意した。

アプローチ（1）：歴史から考える

　国際関係の出来事はどれも、それに先立つ幾多の出来事が複雑につながり合って生起したものである。その歴史を丹念にひもとき、問題のルーツを明らかにしようと試みるのが、歴史から国際関係を分析するアプローチである。国際関係史、国際政治史、外交史などといった専門分野名で呼ばれる。

　高校までの「世界史」は、事実と確認された出来事のみを取り上げ、疑義や論争のある解釈は省略して、いわばスタンダードな歴史を記述している。それに対し国際関係史の研究は、数々の史料を用いて新たな事実を発見したり、解釈が分かれる点にあえて焦点を当てたりするところに醍醐味がある。

　本書では第Ⅰ部がこのアプローチに該当する。まず国際関係の通史として、主権国家を中心とするウェストファリア体制の成立から、2度の世界大戦、冷戦、脱植民化、ポスト冷戦時代までを俯瞰する。そして具体的に、今日の世界を揺るがす重要事項から、ウクライナ戦争、中東情勢、米中対立、ナショナリズムの興隆を取り上げ、それらの歴史的ルーツをたどりつつ、歴史から考えることの大切さを説明している（☛第Ⅰ部第1～6章）。

アプローチ（2）：理論から考える

　1つひとつの出来事にそれぞれのルーツや特異性があるとしても、それらに何か共通の法則を見出せないだろうか。例えば、利害対立が軍事衝突にエスカレートしやすいのはどういう場合か、紛争後に和平が実現しやすいのはどういう場合か、多国間の交渉が成功するための条件とは——。そのように問いを立て、複数の出来事に当てはまる国際関係のメカニズムを明らかにしようとするのが、理論研究のアプローチである。

　ここで注意してほしいのは、国際関係学でいう「理論」は普遍的真理として誰にも受け入れられているとは限らず、多くはいまだに論争の対象となっていることである。それは国際関係の性質をどのようにとらえるかの違い（例えば対立的と見るか、協調的と見るかの違い）、いわば思想的な違いによって、理論をつくる上で欠かせない前提条件の設定が異なったり、原因と結果（因果関係）

についての見方が分かれたりすることによる。

そこで国際関係学の理論を学ぶ際には、まず思想的な違いがどこにあるかを理解する必要がある。本書では、リアリズム、リベラリズム、コンストラクティビズムという代表的な3つのイズム（主義）を取り上げ、それぞれの変遷を追うとともに、互いを比較検討している。その上で各章において、勢力均衡論、覇権安定論、国際レジーム論、規範のライフサイクル仮説、絶対的利得と相対的利得、従属論と世界システム論、デモクラティック・ピース論といった主要な理論・概念について説明した（☞第Ⅱ部第1～7章）。

アプローチ（3）：アクターについて考える

国際関係を動かしているのは何か（誰か）に焦点を当てることも、分析アプローチの1つとして重要である。国際関係学では、国際関係という舞台で活動する主体を「アクター」と呼ぶ。

伝統的なリアリズムの考え方では、国際関係における最も重要なアクターは主権国家（とりわけ大国）であった。戦争をするのも和議を結ぶのも、国家だからである。しかし今日の世界を眺めれば、国家以外のアクター（非国家アクター）が決定的な役割を果たしているケースがいくつも見つかるだろう。国際関係学が着目するアクターは、分析するイシューが広がるとともに増え続けてきた。本書では第Ⅲ部「アクターについて考える」において、主権国家、国際機関、地域機関（EUとASEAN）、国際NGO、多国籍企業、宗教、エスニック集団、テロ組織・海賊、国際法廷を取り上げている（☞第Ⅲ部第1～10章）。それぞれのアクターが他のアクターとどのように相互作用するのかも考えながら読まれたい。

アプローチ（4）：イシューについて考える

国際関係の重要なイシュー（問題）に焦点を当てて深掘りすることも、欠かせない作業の1つである。国際関係学にとって、研究すべきイシューは無限にあるといってもよい。今日、ますます多くの問題が国境を越え、国際社会が無関心ではいられないグローバル・イシューとなっているからである。

本書では、多種多様なグローバル・イシューを2つに大別した。1つは第Ⅳ

部「戦争と平和について考える」の各章で、国際関係学では「国際安全保障論」「平和学」などの専門分野に含まれるイシューである。まず主権国家にとって安全保障の基礎となる個別的・集団的自衛権と集団安全保障について述べた後、安全保障の5つの領域――陸、海、空、宇宙、サイバー空間――を取り上げている（☞第Ⅳ部第1～5章）。続いて、核や生物・化学兵器などの大量破壊兵器、人道的介入と保護する責任、平和維持・平和構築、人間の安全保障といった項目を並べている（☞第Ⅳ部第6～9章）。

もう1つは第Ⅴ部「グローバル経済・社会について考える」の各章で、「国際政治経済論」「国際社会論」「国際開発論」などの専門分野に含まれるイシューである。グローバリゼーション、開発・貧困とODA（政府開発援助）、資源・エネルギー、自然災害、地球環境問題、人口問題、移民・難民を含む人の移動、人権問題、COVID-19などのパンデミック、SDGs（持続可能な開発目標）といった国際社会にとって喫緊の課題を取り上げた（☞第Ⅴ部第1～10章）。

国際関係学のこれから

冒頭で述べた国際関係学が目指す「より良い世界」とは何だろうか。戦争のない世界、貧困のない世界、差別や偏見のない世界、地球環境が失われない世界、誰もが安心して暮らせる世界……。残念ながらわれわれはそのような世界にたどり着いていないし、むしろ遠のいていると思えることさえある。

言うまでもなく国際関係学が取り組むべき問題は、本書で取り上げた項目がすべてではない。分析するイシューやアクターはまだまだ追加できるだろうし、新たな事実を発見して歴史や理論を再構築することも可能だろう。本書が示す全体像を手がかりに、読者自身が新たな研究に乗り出してくれることを執筆者一同は心から願っている。

◆参考文献

① E. H. カー（原彬久訳）『危機の二十年――理想と現実』岩波文庫，2011年（原著1939年）.
② 大矢根聡編『日本の国際関係論――理論の輸入と独創の間』勁草書房，2016年.

第Ⅰ部
歴史から考える

第1章　ウェストファリア体制の成立・拡大・変容

ウェストファリア体制の成立と現代国際政治

　現代国際政治のプロトタイプ（雛型）と考えられているのは、17世紀中葉ヨーロッパ世界で誕生したウェストファリア体制（西欧主権国家体系）である。この国際政治の枠組みは、30年戦争（1618～48年）を終結させたウェストファリア会議（ミュンスターとオスナブリュックで開催）で締結された3つの条約からなるウェストファリア条約を基礎としている。この条約により、明確な国境によって区切られた領土を所有し、この領土の上の人・物等すべてを管轄・管理できる唯一の正当な統治権（対内主権）を有する主権国家が国際政治のアクターとして成立した。神の権威によって裏づけされていた皇帝権力による伝統的秩序が解体し、主権国家を唯一のアクターとする国際政治が展開し始めたのである。この主権国家は、互いに国土・国力の大小にかかわらず主権の名のもとに平等であること（主権平等）、内政には干渉しないこと（内政不干渉）という原則を確認し、相互の主権（対外主権）を尊重しながら、生まれつつあった国際法というルールに依拠し外交を展開するようになった（☞図1-1-1）。

図1-1-1　ウェストファリア体制下のヨーロッパ

出所）F.L. シューマン『国際政治　上』東京大学出版会、1997年、78頁。

では17世紀中葉にヨーロッパで誕生したこの国際政治の枠組みが、なぜ世界大に拡大して現代国際政治のプロトタイプといわれるようになったのであろうか。伝統的な政治共同体の間での希少資源の配分をめぐる行為──外交交渉や戦争──はすべて国際政治（現象）といえるが、中国大陸を中心とした東アジア地域あるいはインド亜大陸で展開されたこの広い意味での国際政治のパタン──外交交渉や会議、条約の締結の方式──が世界大に拡大していったことはなかった。一方、ウェストファリア体制はその後350年間かけ──大規模戦争による一時的機能停止を体験しながら──世界大に拡大していき、現代国際政治のプロトタイプとなったと考えられるのである。

ウェストファリア体制の拡大・変容

　主権国家を中心的アクターとして誕生したこのウェストファリア体制は、18世紀後半以降イギリスや西欧諸国で展開された産業革命とその結果としての産業資本主義の確立によって、19世紀中葉以降、世界大に拡大していった。その過程で英仏などヨーロッパの多くの主権国家は、自由民主主義と資本主義的生産様式を国家の存在原理とするにいたったのである。ほぼ同じ頃、ドイツ・イタリア・日本地域で国家統合が実現し、これら3カ国は孤立主義を外交原則としていたアメリカとともに西欧国家体系の構成要素となっていった。厳密にいえば、非西欧のアメリカと日本が西欧国家体系の構成要素となった時点で、同体系は拡大していったといえる。

　同時に西欧諸国は、オスマントルコ、エチオピア、シャム（タイ）等を除くアジア・アフリカの多くの地域を、卓越した軍事力と経済力によって植民地化していったのである。特にイギリスとフランスは世界の広大な地域に植民地を獲得して帝国化していった。英仏両国が植民帝国化を進めつつあった19世紀後半（☞図1-1-2・図1-1-3）、ドイツ、イタリア、日本地域では国家統合が実現し、これら諸国も海外に植民地を獲得していった。孤立主義を外交原則としていたアメリカも19世紀末までには北米大陸の広大な地域を購入・併合によって自国領土に組み込み、さらにはカリブ海・中米地域を勢力圏下におき、太平洋にもいくつかの戦略拠点を確保した。こうして英仏米ばかりか日独伊も含む資本主義諸国は、市場──原料獲得・製品販売・資本輸出──を拡大しようと

図1-1-2 19世紀中葉の勢力圏

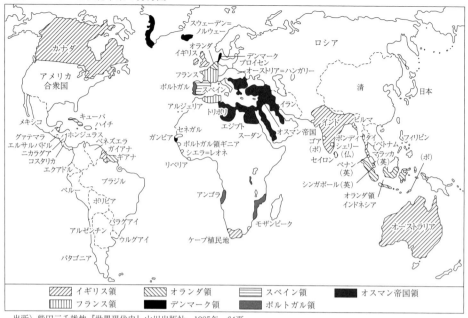

出所) 柴田三千雄他『世界現代史』山川出版社、1985年、64頁。

図1-1-3 列強のアフリカ分割（1914年）

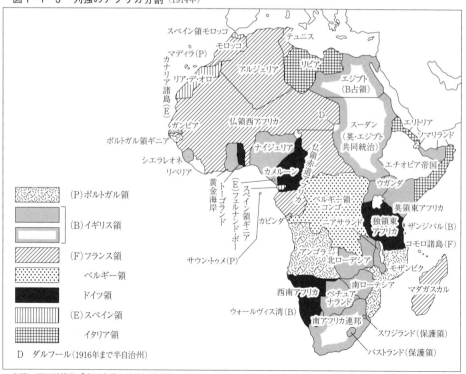

出所) 西川正雄他『帝国主義の時代』講談社、1986年、56頁。

して相互に利害対立を深めていく「帝国主義の時代」を迎えたのである。

第1次世界大戦とウェストファリア体制の変容

その結末は、死者約1,200万人という途方もない犠牲を伴う第1次世界大戦であった。この大戦の結果、非西欧国家である日米が国際政治に大きな影響力を行使し始めたばかりか、資本主義的生産様式を否定する社会主義

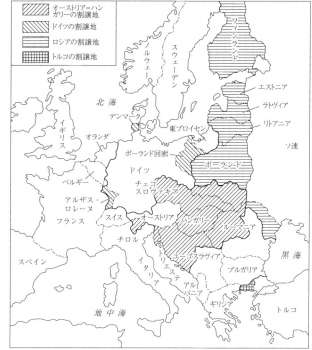

図1-1-4 第1次世界大戦後のヨーロッパ

出所）柴田他、前掲書、242頁。

国家＝ソ連が誕生したため、自由民主主義という同質性を共有する西欧国家中心のウェストファリア体制は変容を余儀なくされたのである。またロシア革命の指導者レーニンやアメリカ大統領ウィルソンが提唱した民族自決原則が戦後秩序形成過程で具体化していったが（☞図1-1-4）、この原則はヨーロッパにだけ適用され、アジア・アフリカはその対象にはされなかった。

米英仏が中心となって構築したヴェルサイユ（・ロカルノ）体制と、アメリカが主導して構築した国際連盟やワシントン体制は、第1次世界大戦によって一時的に機能停止ないしは機能不全に陥ったウェストファリア体制も再生するはずであった。しかし国際連盟にアメリカ自身が参加できず、ソ連も加盟を許されず（1934年加盟）、人類社会が初めて実現した国際的な平和維持組織である国際連盟は実効性の乏しいものであった。その上、両体制の中軸を担うはずであったアメリカが「未曾有の繁栄」を謳歌しバブル経済に走っていった結果、

深刻な経済恐慌を引き起こしてしまった。資本主義経済で中心的役割を果たすようになっていたアメリカの経済的崩壊によって1920年代末から30年代初めにかけ引き起こされた世界恐慌を背景に、後発資本主義国である日独伊は、ヴェルサイユ・ワシントン体制を否定して周辺諸国を軍事的に勢力圏に組み込んでいき、米英仏等の諸国との対立・緊張を深めていった。

第2次世界大戦とウェストファリア体制の再生

　日本は1931年9月の柳条湖事件を契機に満州地域（現在の中国東北地方）を勢力圏に組み込み、37年7月には日中戦争を引き起こしてアメリカを中心とした欧米諸国による経済封鎖を受け、石油・天然ゴム等の資源を確保するとの名目のもと、「南進」を強行して無謀な戦線拡大を図っていった。イタリアも36年にエチオピアを、39年にはアルバニアを併合し軍事戦略を拡大していった。ナチスドイツは38年3月にはオーストリア、9月にはチェコスロヴァキアのズデーテンに侵攻し、最終的には同国を解体してしまった。39年9月初旬、ポーランド侵攻したナチスドイツに対し英仏が宣戦して第2次世界大戦が始まったのである。ドイツによる破竹の勢いでの軍事的拡大に鼓舞された日伊は、40年9月、日独伊三国同盟を締結し、英米仏との世界的規模でのブロック対立が明白となった。一般的にはドイツと英仏との戦争をもって第2次大戦の開始とするが、すでに始まっていたアジア大陸での日中戦争や日本による欧米諸国植民地への軍事侵攻と、このヨーロッパでの戦争を結びつけ、文字通り世界的規模での戦争としての構図を生み出すのは41年12月の日米開戦であるので、日米開戦によって真の第2次大戦が開始されたという見方も可能である。日米開戦の翌月、アメリカのワシントンD.C.で26カ国が連合国を結成し（1942年1月1日）、大西洋憲章の原則を確認してファシズムを徹底的に壊滅させること、単独で講和を結ばないことを誓約した連合国共同宣言（☞ QR1-1-1）を発表した。連合国が勝利する見通しが強まった44年夏以降、この戦争を主導していたアメリカが中心となり、戦争後の世界秩序を安定化させるための2つのシステムの構築を進めていった。その1つはブレトン・ウッズ会議（1944年7月）で決まった国際通貨体制（ブレトン・ウッズ体制＝IMF体制）であり、もう1つはダンバートン・オークス会議（1944年8～10月）で決まった国際平和維持のための国際連

QR1-1-1

表1-1-1　第2次世界大戦の戦死者数（単位：100人）

	軍人	民間人	ユダヤ人[a]		軍人	民間人	ユダヤ人[a]
オーストリア	3,800	1,450	(600)	ハンガリー	1,474	2,800	(2,000)
ベルギー	96	750	(250)	イタリア	2,624	930	(80)
イギリス	2,713	600	——[b]	日本	11,404	9,530	
イギリス連邦	1,330	——		ラトヴィア		1,200	[d]
ブルガリア	185	不詳	140	リトアニア		1,700	[d]
中国	13,245	100,000	[c]	オランダ	137	2,363	(1,040)
チェコスロヴァキア	67	3,100	(2,500)	ノルウェー	48	54	9
デンマーク	43	不詳		ポーランド	3,200	60,280	(32,000)
エストニア	——	1,400	[d]	ルーマニア	5,198	4,650	(4,250)
フィンランド	790	不詳	——	合衆国	2,921		
フランス	2,057	1,733	(650)	ソヴィエト連邦	136,000	77,200	(12,520)
ドイツ[b]	40,000	31,000	1,880	ユーゴスラヴィア	3,050	13,550	(550)
ギリシャ	164	1,553	(600)	総計	230,546	315,843	59,069

注）(a) カッコ内の数値には民間の犠牲者も含まれている、(b) Dahms (1983, p.616) から引用した数値、(c) 推定値、(d) バルト海諸国 (228,000人)。

出所）W. ウッドラフ『概説　現代世界の歴史』ミネルヴァ書房、2002年、213頁。

合であった。

　こうした世界秩序安定化のためのシステム構築を進めつつ、戦争最終段階で米英ソ3カ国は日独伊打倒後のヨーロッパと東アジアの国際的枠組みを形成するための2つの「戦時サミット」を開催した。ヤルタ会談（1945年2月）と、ドイツ降伏後のポツダム会談（1945年7〜8月）である。ヤルタではドイツ打倒後のヨーロッパの秩序と国際連合設立に関する「解放ヨーロッパに関する宣言」（☞ QR1-1-2）が公表されるとともに、日本打倒後のアジアの秩序に関するいわゆる「ヤルタ秘密協定」が締結された（1946年2月米政府公表）（☞QR1-1-3）。ポツダムではドイツの戦後処理について具体的な規定を行い、対日ポツダム宣言（☞ QR1-1-4）を発した。6年近くの歳月、5,500万人もの犠牲者（☞表1-1-1）、そして原爆という大量破壊兵器の出現を伴った人類史上最大の凄惨な悲劇であった第2次世界大戦は1945年8月終結した。しかしヤルタ・ポツダムでの合意をめぐる解釈の相違は米ソ冷戦の原因の1つとなっていった。

QR1-1-2

QR1-1-3

QR1-1-4

◆参考文献
①滝田賢治『国際政治史講義——20世紀国際政治の軌跡』有信堂，2022年．
②石井修『国際政治史としての20世紀』有信堂，2008年．

第2章　冷戦と脱植民地化

背景としての第2次世界大戦

　冷戦と脱植民地化は20世紀後半の国際関係を特徴づけた出来事である。冷戦は、突出したパワーをもつ超大国米ソを盟主とする、東西陣営間の対立であった。それでも、米ソ間や欧州では武力紛争が起きなかったため「冷たい戦争＝冷戦」と呼ばれた。脱植民地化は、戦前には欧米や日本による帝国的支配下にあったアジア、アフリカ、中東や中南米などで、外国支配を打破して自らの国民国家を打ち立てようとするグローバルな動きであった。それはすでに20世紀初めから生じていたが、第2次世界大戦後に不可逆のものとなった。

　冷戦と脱植民地化という歴史の流れは、第2次世界大戦と大きくかかわりながら登場した。米国は自由民主主義と資本主義、ソ連は共産主義という対立するイデオロギー（政治・経済体制の原理）を標榜していた。だが、米ソ両国は、日独伊などの枢軸諸国を脅威と見て、英仏とともに同盟を形成し連合国として戦った。大戦で枢軸国が敗れ、伝統的な大国であった英仏が疲弊したことで、米ソは戦後の国際秩序形成で大きな影響力をもつことになった。また大戦の結果、植民地帝国が弱体化したことにより、帝国支配を脱して近代国家を建設しようとする現地政治勢力のナショナリズムが強まった。その結果、戦後約30年間に数十もの新しい国家が登場し、脱植民地化が進んだ地域は東西2つの陣営に続くものとして「第三世界」と呼ばれるようになった。

　冷戦と脱植民地化は、元々は別々の歴史的事象である。だが、たまたま同時期に発生したため、互いに強く影響を与え合いながら1945年以降の国際関係の中核を占めることになった。以下ではこの点を時系列に見ていこう。

分断体制の形成

　米英ソの同盟・協力関係は、枢軸国が敗北した1945年半ばから揺らぎ始めた。対独戦を戦うなかでソ連が東欧を支配したことに加えて、ドイツが重要な対立点となった。米国がドイツ経済復興を西欧全体の経済回復のために重視する一方、ソ連はドイツの弱体化を望んでいた。また米英とソ連はトルコやイラン、

また後述するように東アジアでも対立を深めていった。その結果、米国の方針はソ連との協調から、ソ連の影響力拡大の「封じ込め」へと変わっていった。47年3月、米国のトルーマン大統領は、ソ連を「全体主義」として敵視する「トルーマン・ドクトリン」（☞QR1-2-1）を発表して、ギリシャ・トルコへの支援を呼びかけた。3カ月後には東西欧州全体の経済復興を支援する「マーシャル・プラン」が発表された。

QR1-2-1

　マーシャル・プランは欧州をめぐる米ソ対立の転換点となった。米国が対ソ協調を犠牲にして欧州経済を復興させる姿勢を示す一方、ソ連は、経済援助を通じてソ連の安全にとって死活的な東欧に対して米国の影響力が強まることを恐れたのだ。ソ連の指導者スターリンは、間もなく、東欧支配の強化に乗り出し、1947年9月にはコミンフォルム（共産党・労働者党情報局）が創設、48年2月にはチェコスロヴァキアのクーデタで共産党が権力を把握した。また49年1月には経済相互援助会議（コメコン）も設立された。こうした東側の動きを受けて西側諸国は対ソ軍事同盟に関する協議を始めたが、これを後押ししたのが48年6月から約1年間にわたったベルリン封鎖危機である。49年4月に米国と西欧諸国は北大西洋条約機構（NATO）の設立に合意した。さらに49年には東西2つのドイツ国家が建国、55年までにはソ連と東欧諸国の軍事同盟であるワルシャワ条約機構も成立した。こうして欧州の分断体制は形成されたのである。

　同じ頃にはアジアも分断されつつあった。1945年に日本が降伏すると、中国大陸では国民政府（国府）と中国共産党の内戦が再発した。内戦に勝利した共産党は49年10月に中華人民共和国（中国）の建国を宣言し、50年2月にはソ連と同盟条約を締結した。他方、国府は台湾に逃れ、その後も内戦は続いていくことになる。さらに朝鮮半島での内戦も続いた。日本の敗戦後、朝鮮半島は北緯38度線を境界として米ソが分割占領していた。48年には米ソの後押しを受けて大韓民国（韓国）と朝鮮民主主義人民共和国（北朝鮮）が建国されたが、両国はいずれも自国を中心とする統一国家の建国を望んでいた。そして50年6月、事実上の同盟国となっていた中ソの許可を得て、北朝鮮は韓国への攻撃を開始した。これに対してまず米国、その後中国が軍事介入したことで戦争は長引き、53年7月の休戦協定締結まで続いた。

　アジアにおける2つの内戦は米国の同盟政策にも影響を与えた。国共内戦に

より米国は、アジアにおけるパートナーを国府から日本へと転換した。朝鮮戦争勃発後の1951年9月、サンフランシスコ講和条約と日米安保条約が締結、独立した日本は米国の同盟国となった。さらに米国は53年10月に韓国、54年12月には国府と相互防衛条約を締結した。アジアでも朝鮮半島と台湾海峡で二つの同盟が対峙しあうことで分断体制はできあがった（☛ QR1-2-2）。

QR1-2-2

脱植民地化とグローバル化する冷戦

国共内戦と朝鮮戦争は、中国人や朝鮮人が戦前の帝国主義的支配から脱して自らの国民国家を打ち立てるなかで生じた、望ましい国家像や政治権力をめぐる争いであった。ここに米中ソが直接・間接に介入したことで内戦は国際的な冷戦の一部に組み込まれていったといえる。

同様の力学は他の地域にも見られた。脱植民地化の過程では、新しい国家の政治・経済体制をめぐって現地の政治勢力の間や、大戦で揺らいだ植民地支配を再開しようとする宗主国とそれに抵抗する現地勢力との間で、対立や衝突が生じた。これに対して米ソは、自らが支持する勢力に軍事・経済援助を与えることなどにより、冷戦戦略を有利に進めようとした。こうして脱植民地化と冷戦が交錯したことで、冷戦期の第三世界で数多くの武力紛争＝熱戦が発生し、また冷戦はグローバル化していったのである（☛ QR1-2-3）。

QR1-2-3

例えばヴェトナムは、日本が敗北後の1945年9月に独立を宣言したが、再植民地化しようとするフランスと対立、46年12月に第1次インドシナ戦争が勃発した。50年には中ソがヴェトナムを承認した。同じ年には、中国がヴェトナム、米国がフランスへの支援をそれぞれ開始したことで、インドシナの植民地戦争は冷戦と交差することになった。54年のジュネーヴ会議で休戦協定が締結されたが、その後もヴェトナムでは、米国と中ソがそれぞれ支援する南北ヴェトナムが対峙することになった。また、独立国家ではあったが、英国が内政・外交の双方に強い影響力をもっていた中東のイランでは（法的・公式な支配である植民地支配に対して、これを「非公式支配」という）、51年に石油産業の国有化が宣言された。その背後に共産党、そしてソ連の影響力があると見た英米両国は情報部の秘密工作によって、国有化を決定した政権を転覆させた。

1950年代半ばからはソ連も第三世界への関与を活発化させた。反帝国主義を

掲げ、建国以降に急速な経済発展を遂げた自国の経済体制がもつ魅力を信じていたソ連は、経済援助や貿易によって第三世界での影響力を拡大しようとしたのだ。その対象には米国による非公式支配を脱するため、59年1月の革命で親米独裁政権を打倒し、その後、ソ連に接近した中南米のキューバも含まれていた。後述するように、キューバは冷戦期最大の核危機の舞台となる。

危機とデタント（緊張緩和）

冷戦を特徴づけたものとして、米ソ核軍拡競争とその影響がある（☞QR1-2-4）。第2次大戦末期に米国は世界で初めて原爆を開発し、日本に対して使用した。1949年にはソ連も原爆開発に成功し、52年から翌年にかけて米ソは相次いで、原爆の数百倍の破壊力をもつ水爆を保有するようになった。さらに米ソは核爆弾を運搬するための爆撃機やミサイルの開発も進めた。核兵器は、自国や同盟国に対する相手の攻撃を抑止するだけでなく、その破壊力で威嚇して外交目的を達成するためにも用いられた。核兵器による威嚇の相互応酬によって米ソ間の緊張は高まり、核軍拡競争はさらに加速化した。米ソは50年代終わりまでに人類全体を破滅させるだけの核兵器をもつに至り、実際に核を使用するのはきわめて難しい状態が生じるようになった（☞第Ⅳ部第6章「大量破壊兵器」参照）。

QR1-2-4

1950年代半ばから60年代初めには2回の台湾海峡危機（54、58年）、ベルリン危機（58～61年）など続けざまに核危機が発生したが、核をめぐる東西間の力学を最も如実に示したのはキューバ・ミサイル危機であろう。同危機は62年春、ソ連がキューバに中距離弾道弾の配備を決定し、10月に米国がそれを発見、ソ連側にミサイル撤去を要求したことで発生した。ソ連がキューバへのミサイルを配備したのは、核軍拡競争によって生じた核戦力の対米劣位を補い、同盟国キューバに対する米国の軍事侵攻を抑止するためであった。しかし、ケネディ米大統領とフルシチョフ・ソ連首相が核戦争を回避するため慎重に行動し、互いに譲歩する姿勢を示したことで、危機は終息した。

とはいえ、キューバ危機で核戦争の危険性を痛感した米ソ両国は、1963年以降、デタント（緊張緩和）を目指していく。それは、米ソ核軍拡競争に一定の歯止めをかけ、他国による核保有を防止する63年8月の部分的核実験禁止条約

の締結へと結実した。また60年代半ば以降は西欧諸国もデタントを進めていった。ド・ゴール仏大統領は、米ソ・デタントを超大国による欧州共同支配体制構築の動きと見なし、これに抵抗するため独自にソ連・東欧・中国に接近していった。また西ドイツのブラント政権も、東ドイツの存在を否定する強い立場からドイツ再統一を求める既存の政策から、ドイツ分断の現状を承認し、ソ連や東ドイツ、東欧諸国との緊張緩和を通じて長期的に再統一を図る「東方政策」へと転換した。70年8月には独ソで武力不行使に関するモスクワ条約（☞QR1-2-5）が、その2年後には東西ドイツ基本条約が締結された。

他方、1969年のニクソン政権の誕生は米ソ間のデタントを大きく変化させた。65年7月の米地上軍派遣以降に見られたヴェトナム戦争の泥沼化や、ソ連による核戦力の追い上げ、日欧の経済発展などにより、この頃までに米国の影響力は大きく低下していた。そこでニクソン政権は、対ソ交渉を通じて東西緊張を緩和させ、米国中心の国際秩序に対するソ連の挑戦を自制させる方向にソ連を誘う戦略へと転換した。その結果、72年5月には米ソ首脳会談が実現、米ソの行動に関する「米ソ関係基本原則」や戦略兵器制限条約（SALT）などが締結されたのである。

「新冷戦」から冷戦の終焉へ

米ソ・デタントの限界はすぐに第三世界で明らかになり始める。1973年10月の第4次中東戦争で米国はイスラエル、ソ連はアラブ諸国を支持したが、このとき米国は、ソ連が軍事介入すれば核兵器を使用するとの威嚇を発した。米ソはまた、74年にポルトガル植民地から独立したモザンビークやアンゴラ、さらにはエチオピア＝ソマリア間の戦争への介入を通じて対立を深めていった。そして79年12月のソ連のアフガニスタン侵攻が、米ソ・デタントに最後の一撃を加えた。ソ連は親ソ的な同国の社会主義政権を、イスラーム主義的な反政府勢力であるムジャヒディーンから防衛するために派兵したのである。

米ソ「新冷戦」と呼ばれる時期はこうして始まった。1981年に大統領となったレーガンは強烈な反ソ・反共主義者であり、大規模な核軍拡に乗り出した。実際にはレーガンは、強い立場から交渉を優位に行うことでソ連との核軍縮交渉を進めることを望んでいたのだが、米ソ間の緊張は高まっていった。このよ

うな米ソの緊張関係を大きく変化させたのが、85年にソ連の指導者となったゴルバチョフである。ゴルバチョフは米ソ・東西関係を改善して軍事費を減らし、ソ連経済、そしてその社会主義体制をたて直そうとしていた。ゴルバチョフとの首脳会談を重ねたレーガンは、ソ連の新指導者の「新思考外交」に呼応し、87年には欧州とアジアの中距離核ミサイルを全廃する画期的な INF 条約が調印された。しかし89年に就任したブッシュ（父）大統領は、ゴルバチョフ外交には懐疑的であった。事実、89年12月のマルタ会談でもブッシュは、「冷戦終結」の明言を求めるゴルバチョフには呼応しなかった。

米ソ関係の進展が「雰囲気」レベルのものにとどまるなか、長年ソ連の勢力圏であった東欧では民主化・自由化を求める人々の動きが始まっていた。これをソ連指導部が容認する姿勢を見せたことで、1989年末までに共産党一党支配と社会主義計画経済が放棄され、複数政党制と市場経済への移行が始まった。61年に建設が始まって以来、欧州分断の象徴となっていた「ベルリンの壁」も89年秋に崩壊し、米ソと西ドイツを中心にドイツ再統一に関する交渉も始まった。そして90年10月、東ドイツが西ドイツに吸収される形でドイツは再統一された。統一ドイツが NATO にとどまることも合意され、NATO とワルシャワ条約機構は互いに敵意を否定する共同宣言を発した。こうして欧州の分断体制は解消され、91年にはソ連邦も解体した。

米ソ間、そして欧州冷戦の終わりは第三世界の情勢にも影響を与えた。1987年以降、ゴルバチョフは第三世界からの撤退に本気で取り組むようになった。特に「ソ連にとってのヴェトナム」のような状況となったアフガニスタンからの撤退が重要視された。89年2月、ソ連軍の撤退は完了した。しかし、その後も親ソ政府とムジャヒディーンに対する米ソの支援は（☞ QR 1-2-6）、ソ連が崩壊するまで続いた。ソ連の崩壊をもって、アフガニスタンにおける米ソ対立は終わったが、その後も内戦は96年にターリバーンが政権を掌握するまで続いた。今日も同国で続く混乱は第三世界における冷戦の「負の遺産」なのである。

QR 1-2-6

◆ 参考文献
① 青野利彦『冷戦史』（上下）中央公論新社，2023年．
② 益田実・齋藤嘉臣編『冷戦史——超大国米ソの出現からソ連崩壊まで』法律文化社，2024年．

第3章　冷戦終結からウクライナ危機へ

冷戦終結の「効果」

　国家存立の基本的イデオロギーを異にする米ソがリーダーとなったブロック対立としての冷戦が終結したことにより、世界はより平和になるのではないかという期待が高まったが、冷戦後の世界は「パンドラの箱」を開けたような混沌とした国際政治状況を生み出すとともに、世界の人々に「地球的問題群」の存在を改めて「発見」させたのである。

　第1に、確かに米ソ間で核戦争が発生する危険性はほぼ消滅したが、核拡散が進み世界各地域での戦術核の使用の危険性が高まったばかりでなく、テロリスト集団（☞第Ⅲ部第9章）による核兵器をはじめとする大量破壊兵器（☞第Ⅳ部第6章）の使用の可能性が高まった。

　第2に、冷戦中は相対的に抑制されていた地域紛争がエスニック・クレンジング（民族浄化）を伴いながら頻発し始め、ここにテロリスト集団が介入する事例も増えてきた。

　第3に、イデオロギー対立に代わって経済成長のための市場獲得競争が激化してきた。かつての社会主義国の多くは市場経済システムを導入して経済成長を追求するようになったため、資源獲得市場と製品販売市場を拡大しようと必死になり始めた。名目的に社会主義国と自称している中国やヴェトナムも実際には国家が市場管理や産業政策に介入する国家資本主義的政策を採用し、先進資本主義諸国との経済的摩擦を引き起こす事例が頻発した。

　第4に、冷戦終結が現代グローバリゼーションを加速し始めた（☞第Ⅴ部第1章）。ヒト・モノ・カネ・情報・サービスが以前の時代よりもより短時間で——場合によってはリアルタイムで——、より大量に国境を越えて移動しあう現象としての現代グローバリゼーションは、通信手段と情報手段の飛躍的発展によって可能となった。冷戦終結に先立つ1970年代以降、インテル社がマイクロ・プロセッサーを開発したことによりマイクロ・エレクトロニクス革命（ME革命）という情報技術（IT）革命が始まっており、冷戦期にアメリカが軍事用に独占していたインターネット、暗号技術、通信衛星、GPS（全地球測位システ

ム）が冷戦終結とともに商業用に開放され、コンピューターの小型化・高性能化・低廉化により先端産業ばかりでなく広く社会に浸透したのである。その結果、政治（主権のあり方を含む）、経済（生産・流通・金融）、安全保障、文化・教育など多方面に影響を与えたため、国民経済や民族的・宗教的アイデンティティあるいは伝統文化を破壊するものと批判する反グローバリゼーションの動きも引き起こしている。2001年9月に発生した9・11同時多発テロも、現代グローバリゼーションの急展開と無関係ではないという指摘もある。またこのIT技術はスーパーコンピューターや3次元プリンターの飛躍的発展をもたらし、前者はDNA解析による医療技術の進歩、後者は本格的な第3次産業革命の到来の予兆となっている。

第5に、冷戦終結は地球環境問題の存在を改めて人々に認識させることになった。温暖化とそれによる海水面の上昇や気候変動に伴う巨大災害の頻発、河川・海洋汚染による健康被害、酸性雨や熱帯雨林の減少さらには砂漠化の進行などである。この問題は越境的であることが特徴であるので、一国では解決できず地球社会としての取り組みが不可欠である（☞第Ⅴ部第5章）。

冷戦終結が引き起こした国際政治の現実

冷戦が終結過程にあった1990年8月、サダム・フセインが独裁支配するイラクが隣国クウェートを侵略した。両国にまたがるルメイラ油田でクウェートがイラクの中止要請を無視して一方的に採掘していることに対する懲罰的措置として行われた侵略であったが、それは同時に冷戦が終結しつつある国際情勢を反映していた。米ソ冷戦は「重石」として複雑な中東国際関係を一定程度固定化する効果をもっていたが、冷戦終結への動きはこの地域の国際関係を流動化・不安定化させたのである。ブッシュ（父）アメリカ大統領は力による現状変更の動きを懸念し、冷戦終結後には国際法が遵守され国連が重視される「新世界秩序」が樹立されるべきであると世界にアピールした。中国は1989年6月に発生した天安門事件での弾圧・虐殺を理由にアメリカを含む多くの国連加盟国から経済制裁を受けて孤立していたが、ブッシュ政権は対中制裁緩和を取引材料に中国に国連安保理の議決では棄権するよう働きかけ、安保理はイラクが無条件撤退を無視した場合の武力行使を認める決議（安保理決議678号）を可決

した。いわば冷戦終結期に国際社会が一致して力による現状変更を非難することになったのである。

　この国際社会の動きを背景に、翌1991年1月17日英米が中心となり多国籍軍がイラク攻撃を開始し（第1次湾岸戦争）、2月末にイラク軍はクウェートから撤退した。この戦争を主導したアメリカ軍はME革命を基礎に実現した軍事革命（RMA = Revolution in Military Affairs）により軍備の貧弱なイラク軍に短期間で圧勝した。同年末のソ連解体によって冷戦が最終的に終結したため、湾岸戦争での圧勝により「ヴェトナム・シンドローム（ヴェトナム戦争後の社会的トラウマ）」を払拭するとともに冷戦に勝利したという二重の愉悦感が、一時的にではあったが広くアメリカ社会を覆ったのである。その結果、冷戦後の国際政治構造は「アメリカ一極体制」であるとか「パクス・アメリカーナⅡ」「アメリカ帝国」という表現も一部では流布した。この政治的優位性を背景にアメリカは冷戦後の国際情勢に対応すべく、1990年代に日米安保の再定義を強行し、北大西洋条約機構（NATO）の新戦略を打ち出すことができた。

　一方、ソ連の後継国家としてのロシアは政治的、経済的に混乱を極め、国際政治における影響力を低下させたためロシア民族の復興を求めるロシア・ナショナリズムの動きが強まっていった。ソ連の崩壊過程を注視していた中国の指導者たちは、改革開放の旗は掲げながら湾岸戦争で見せつけられた圧倒的な軍事力を有するアメリカとの協調路線を採用しながらも、アメリカ主導の国際政治状況を「一超多（数）強」構造と認識して、これを「多極構造」に転換させるべきであるとの認識を示すようになった。

　冷戦後の国際政治状況を一変させたのは、2001年の9・11同時多発テロであった。ブッシュ（子）政権は、「テロとの戦い」という新しい概念を創出して、国内にイスラーム系の少数民族による分離独立運動を抱えていた中ロの了解のもと、多国籍軍を結成してアフガン戦争に突入していった。さらにイラクのサダム・フセイン政権が大量破壊兵器を開発しているという理由でイギリスなどと「有志連合（Coalition of the Willing）」を組み独仏など多くの国の反対を無視して2003年3月イラク攻撃を開始した（第2次湾岸戦争）。アメリカにとって「史上最長の戦争」であったヴェトナム戦争よりも長い10年近く続いたイラク戦争でアメリカは人的にも財政的にも深刻な打撃を受け、国民世論の厭戦気分

が広まりオバマ政権は2011年末までに戦闘部隊を撤退させざるをえなかった。さらに2007年には、アメリカを起点に国際金融・経済危機が発生し、先進諸国は軒並み深刻な不況に陥った。その一方、BRICSと呼ばれる新興国では相対的に危機の影響が小さく、国際経済におけるこれら新興国の比重が増した。

現在の国際関係では、アメリカの圧倒的優位が動揺するなかで、様々な変化や対立が生じている。米中関係（☞第Ⅰ部第5章）や中東情勢（☞第Ⅰ部第4章）についてはそれぞれの章を参照してもらうこととして、本章ではロシア・ウクライナ戦争の概要を確認したい。

ロシア・ウクライナ戦争

ウクライナでは独立以来、親西側派と親ロシア派の勢力が拮抗し、外交方針が頻繁に転換した。2014年に親西側派が政権を掌握すると、ロシアは一方的にクリミアを併合し、さらに独立を宣言したウクライナ東部の親ロシア派を支援した。両国の緊張が高まるなかで、ロシア政府は親ロシア派の「独立」を承認（のちに「併合」を宣言）し、さらに2022年2月24日にロシア軍がウクライナ領に侵攻してロシア・ウクライナ戦争が勃発したのである。

圧倒的に不利と考えられていたウクライナであったが、首都キーフの防衛に成功し、短期間でのロシアの勝利を許さなかった。その後、主要な戦場は東部に移るが、西側諸国の武器提供を受け、民間商業衛星を用いて通信・情報収集能力も回復したウクライナの抵抗は根強く、ロシアの攻勢は停滞した。23年に今度はウクライナ側が大規模な反抗作戦を実施するが成功せず、本稿執筆の時点で戦線は膠着状態にある。

ロシア政府はウクライナ侵攻の理由として、ウクライナ政府へのナチズムの影響やロシア系住民の迫害、核兵器開発疑惑、NATO拡大への警戒などをあげた。なかでもNATO拡大について、以前からドイツ統一時のNATO不拡大の約束を反故にしたと、ロシア政府は西側を非難してきた。このような合意が正式に存在したとは現時点で確認されていないが、冷戦後のヨーロッパ国際関係を構築する際にロシアの利害が無視されたとの議論は根強い。これに対し、ウクライナのNATO加盟が切迫した問題ではなかったこと、戦争勃発後に北欧諸国へのNATO拡大をロシアが黙認したことから、NATO拡大による安全

保障上の不安を戦争の理由と見なすことに疑問を呈する声もある。むしろ、ナショナリズムに基づく大国意識やウクライナとの一体性を強調するロシア政府と、特に2014年以降親西側路線を進めるウクライナとのアイデンティティの相克が注目されている。

　一方NATO諸国は、ウクライナへの支援を続けつつも、直接の武力介入は否定している。その理由としてまず、ロシアとの核戦争に発展することへの警戒がある。さらに戦争勃発以前から、ヨーロッパには対ロ政策をめぐる意見の相違が大きかった。NATOの最東端に位置するポーランドやバルト三国がロシアの軍事的脅威に警戒を強めたのに対し、ロシアとの経済関係が深いドイツなどの対応は抑制的であった。この対ロ脅威認識の相違から同盟のディレンマ（☞87頁）が深刻になり、アメリカの立場が複雑になる。結果としてNATOは、加盟国への安心供与には積極的である一方、ウクライナ支援がロシアへの挑発と見なされないよう慎重に行動している。

　では現時点で、ロシア・ウクライナ戦争が、国際関係の展開にどのような影響を与えると考えられるだろうか。まず、第2次世界大戦後に構築され、第1次湾岸戦争でも確認された、力による現状変更を否定する国際的な取り組みの動揺は避けられない。この課題に取り組むべき国際連合は、ロシアによるウクライナ侵攻の歯止めとならなかった。対人地雷やクラスター弾を禁止する国際条約も、この戦争で遵守されているとはいえない。また、他の地域に比べて武力不行使の制度化が進んでいたヨーロッパにおける戦争であることも、大きな衝撃を与えた。この地域の信頼醸成を担ってきた欧州安全保障協力機構（OSCE）も、ウクライナをめぐる危機を抑制できなかった。

　また、ロシア・ウクライナ戦争の開戦以来、主にウクライナ民間人の被害が拡大している。伝統的な安全保障のみならず、人間の安全保障（☞第Ⅳ部第9章）や国際的な人権（☞第Ⅴ部第8章）についても、大きな影響を及ぼすことが予想される。

◆参考文献
①滝田賢治『国際政治史講義——20世紀国際政治の軌跡』有信堂，2022年．
②森聡・福田円編著『入門講義　戦後国際政治史』慶應義塾大学出版会，2022年．
③ヘンリー・キッシンジャー（伏見威蕃訳）『国際秩序』日本経済新聞出版社，2016

年.
④イアン・ブレマー（北沢格訳）『「Gゼロ」後の世界——主導国なき時代の勝者はだれか』日本経済新聞出版社，2012年.
⑤グローバル・ガバナンス学会編『ウクライナ戦争とグローバル・ガバナンス』芦書房，2024年.

第4章　中東の国際関係史

国際政治における中東の特徴

　現在、中東として理解されているのはアラブ諸国（アラブ連盟加盟国）にイスラエル、イラン、トルコを核とする地域である。場合によっては、その範囲をもう少し拡大し、アフガニスタンや北アフリカのマグレブの国々（リビア、モロッコ、アルジェリア）が含まれることもある。国際社会で存在感を見せる大国は存在しないが、イラン、エジプト、サウジアラビア、トルコは地域大国に分類されることが多い。また、アラブ諸国のなかで「心臓」と呼ばれるのはイラク、シリア、レバノン、パレスチナ、ヨルダン、エジプトである。

　歴史的にウェストファリア条約やウィーン条約が重視され、古典としてホッブズの『リヴァイアサン』やE. H. カーの『危機の20年』の著作が挙がるように、国際関係論はヨーロッパ、特に西欧を中心に発展した学問である。言い換えれば、ヨーロッパ世界の国家間のあり方を前提としていた。そのため、国際関係論を中東に当てはめると、いくつかの点で齟齬が生じる。例えば、第Ⅲ部第7章に詳しいが、中東にはイスラームを国教とし、政教分離がなされておらず、主権も神にあるとする国々が多数を占める。

　また、主権国家以外の非国家主体が多いのも中東の特徴である。ガザ紛争の当事者であるハマースは、エジプトで設立されたムスリム同胞団のパレスチナ支部である。ムスリム同胞団はシリアやヨルダンなどにも下部組織が存在した、もしくはしている。共通の宗教であるイスラームやアラブ諸国で共通の言語であるアラビア語が、国境を越えた連帯を形成することを容易にしている。

　加えて、ヨーロッパに比べ、中東は主権国家の枠組みが不安定である。2011年3月以降、バッシャール・アサド政権と反体制派の間で内戦が続いているシリア、2015年3月以降、イランが支援するホーシー（フーシ）派とハーディー暫定政権を軸に内戦が続いているイエメンなどがその典型である。こうした統治能力が「弱い国家」では、人間の安全保障が担保されず、シリアでは500万人以上がトルコ、レバノン、ヨルダン、エジプト、ヨーロッパ諸国へ難民として逃れた。また、イエメンでは40万人に近い人々が内戦により命を落としてい

る。

　「弱い国家」はまた、域外大国や地域大国の介入を受けやすい。シリア内戦では米国やトルコなどが反体制派を支援し、ロシアやイランがアサド政権を支援している。イエメン内戦はサウジアラビアとイランの代理戦争ともいわれる。さらに、内戦でアサド政権の国内統治能力が弱まったシリアと、2003年のイラク戦争後、いまだに国家建設の途上にあるイラクの国境付近に2014年から17年にかけ、「イスラーム国（IS）」が跋扈し、残虐の限りを尽くした。両国におけるISの活動は沈静化したが、新たにアフガニスタンや中央アジアの戦闘員が中心の「ISホラサーン州」が活動を活発化し、アフガニスタンやロシアで大規模テロを実行している。ISはイスラームの知識を巧みに使用しているが、一方的かつ他者を顧みない狂信主義組織であり、イスラームとは関係がないテロ組織と理解すべきである。

　国際政治における中東のもう1つの特徴は、地域を包摂する地域機構が存在しない点である。ヨーロッパには欧州連合（EU）、アフリカにはアフリカ連合（AU）、アジアには東南アジア諸国連合（ASEAN）など、多くの国家を包摂する地域機構がある。一方で、中東には湾岸諸国の地域機構である湾岸理事会（GCC）は存在するが、中東のごく一部を対象とするのみである。アラブという広域のナショナリズムに根差したアラブ連合、イスラームという宗教に根差したイスラーム諸国会議機構はあるものの、地域を包摂する機構がないことは中東が不安定化しやすい要因の1つとなっている。

　さらに忘れてはならないのが、中東には資源大国である産油国が存在する点である。2023年における世界の石油生産量のトップテンにサウジアラビア（2位）、イラク（6位）、アラブ首長国連邦（UAE）（8位）、イラン（9位）、クウェート（10位）と5カ国が名を連ねている（☞QR1-4-1）。冷戦期、米国が中東地域に介入するようになった理由が石油の確保であり、資源を輸入に頼る日本にとっても湾岸産油国は必要不可欠な貿易相手国となっている。石油によって潤う湾岸産油国には、インドや東南アジアなど海外から出稼ぎ労働者が集まっている。

QR1-4-1

2023年に発生したガザ紛争

　2023年10月7日、ハマースの戦闘員がイスラエルに越境攻撃し、イスラエル人1,200人以上が殺害された。この越境攻撃に対し、イスラエル側も反撃し、ガザ地区に大規模な空爆、さらにハマース幹部を狙ったピンポイント攻撃を実施し、イスマイル・ハニーヤなど多くの幹部に加え、2024年11月の時点でガザ地区の一般市民の死者は4万1,000人を超えた。死者の多くが子ども、女性、高齢者と報道されている。このガザ戦争の一般的評価は、ハマースの卑劣な越境攻撃は許されるものではないが、その後のイスラエルの対応も過剰対応に当たるというもので、イスラエルの過剰対応には国際社会から非難の声が上がった。例えば、国際司法裁判所（ICJ）（☛第Ⅲ部第10章）はイスラエルにガザのラファ攻撃の停止のための暫定命令を2024年1月26日、3月28日、5月24日と3度発している（2024年8月31日時点）。外務省がパレスチナについてまとめたウェブサイトを見ると、パレスチナの人口はガザ地区に222万人、ヨルダン川西岸地区に325万人、そして639万人が難民状態にあるとされる（☛ QR1-4-2）。

QR1-4-2

　なぜイスラエルはハマースに過剰といえる反撃を加えるのか。なぜイスラエルとハマースは交戦しているのか。なぜ米国や欧州諸国はイスラエルの攻撃を止められないのか。こうした疑問を考える上で、イスラエルとパレスチナをめぐる歴史的背景を足早に確認する。

イスラエルの建国と中東戦争

　イスラエルとパレスチナ問題の発端は、第1次世界大戦中の1917年11月2日のバルフォア宣言の締結にその起源が求められる。この宣言は、英国の外務大臣、アーサー・バルフォアがユダヤ人の有力商人、ロスチャイルド卿あてに書いた書簡で、パレスチナに親西洋的なユダヤ人国家を建設することを約束するものであった。ただし、結果的に第1次世界大戦後、パレスチナは英国の委任統治領となった。それでも、バルフォア宣言は、ユダヤ人のなかで自分たちの国をパレスチナに建国しようとする運動、つまり「シオニズム」を高揚させる効果があった。それではなぜパレスチナだったのか。その理由は、ユダヤ教の教典である旧約聖書においてパレスチナが「約束の地」として書かれていたためである。さらにナチス・ドイツによるホロコーストの結果、行き場を失った

ユダヤ人がパレスチナを目指すことになった。また、ホロコーストを食い止められなかった欧米諸国が自責の念にとらわれ、ユダヤ人の国家建設を後押しした。加えて、ホロコーストの結果、パレスチナだけでなく米国にも多くのユダヤ人が移り住んだ。そのため、米国もイスラエル国家建国を支持した。

　1948年5月、パレスチナの地にユダヤ人の国家、イスラエルが建国された。ただし、問題があった。それは、パレスチナにはすでにアラブ人、要するにパレスチナ人が住んでいたことである。結果として、イスラエル建国により、パレスチナ人は離散した。また、イスラエルがユダヤ教（嘆きの壁）、イスラーム教（岩のドーム）、キリスト教（聖墳墓教会）の聖地であるエルサレムを占領したことも問題を複雑にした。ムスリムの同胞であるパレスチナ人の離散をアラブ諸国は許容せず、イスラエルの建国に反対したため、第1次中東戦争がイスラエル建国後に勃発したが、イスラエルの勝利に終わった。この第1次中東戦争を含め、中東戦争は4度起こっている。そのなかでも、1967年5月から6月にかけて起こった第3次中東戦争は重要である。ここでも第1次中東戦争同様、イスラエルはアラブ諸国に勝利するが、ヨルダン領のヨルダン川西岸、シリア領のゴラン高原、エジプト領のガザおよびシナイ半島を占領した。この後、現在でも問題となっているイスラエルによる入植──領土拡張──が始まった。また、この戦争におけるアラブ諸国の敗北で、アラブ諸国の影響力が低下し、パレスチナの人々によって組織されたパレスチナ解放機構（PLO）およびヤーセル・アラファート率いるファタハの影響力が強くなった。アラファートは1969年にPLOの議長に就任した。ファタハおよびPLOは当初、武闘派組織であったが、1982年6月のイスラエルのレバノン侵攻での敗北を境に政治組織へと転じた。

オスロ合意の締結とその挫折
　1987年以降、イスラエルに占領されていたガザ地区で一般市民、特に若者のイスラエルに対する抗議デモ（投石デモ）、インティファーダが起きた。イスラエルに占領された地域でイスラエルに従属しなければ生活できない若者たちのこうした行動は世界的な注目を集め、イスラエルのパレスチナ占領が問題視されるようになった。一方でインティファーダは当初は自発的な集まりであった

ものの、次第にPLO、そしてムスリム同胞団のパレスチナ支部が市民を組織化するようになっていった。インティファーダによるムスリム同胞団のパレスチナ支部の影響力の高まりがハマースの設立のきっかけであった。

イスラエルとパレスチナの中東和平問題は1990年代に解決に向けて大きく進展する。それが1993年にイスラエルとPLOの間で締結されたオスロ合意であった。オスロ合意の内容は、5年間のパレスチナ暫定自治を実施し、その3年目までに最終的なパレスチナの地位に関する交渉を開始し、5年目までに最終的な解決に関する合意を取り決めるというものであった。これに従い、1994年5月からパレスチナの暫定自治が始まったが、その後、交渉は進展しなかった。その原因は、オスロ合意の立役者の1人であるイスラエルのイツハク・ラビン首相が1995年にユダヤ人の若者に殺害され、その後、オスロ合意に反対するベンヤミン・ネタニヤフが首相となったこと、そしてアラファートをはじめ、PLOの幹部に汚職が蔓延していたことなどに起因する。

2000年代に入ると、事態はさらに悪化する。2002年からはイスラエルが入植地に分離壁をつくり始め、一方でパレスチナでも第2次インティファーダが起こるなど、対立感情が激化し、オスロ合意は死に体となった。さらに2004年にアラファートが死去すると、パレスチナ内部でハマースとファタハ／PLOの権力闘争が起こり、ガザ地区はハマースが、ヨルダン川西岸はファタハ／PLOが統治する状態となった。イスラエルへの対立姿勢を鮮明にするハマースを排除するため、イスラエルはこれまで3回のガザ攻撃を展開している（1

三枚舌外交

三枚舌外交とは、第1次世界大戦中に英国が中東の統治に関して結んだ矛盾する3つの約束であり、1つは本文中で触れたバルフォア宣言、残りの2つはフセイン・マクマホン条約とサイクス・ピコ協定であった。フセイン・マクマホン条約はヒジャーズ地方（アラビア半島の紅海沿岸）の名家、ハーシム家のフセインと英国のエジプト高等弁務官であったヘンリー・マフマホンの間で、オスマン帝国の打倒に関して、フセインが英国に協力する代償としてアラビア半島と東アラブ（シリア、レバノン、ヨルダン、パレスチナ、イラク）に独立したアラブ国家の建国を約束するものであった。一方、サイクス・ピコ協定は、英国の中東に関する交渉に関与していたマーク・サイクスとフランスの外交官、フランソワ・ジョルジュ・ピコの間で結ばれた。この協定では、東アラブは英国とフランスによって南北に分割され、エルサレムを中心とするパレスチナ地域の中央部は国際共同管理下に置かれる、というものであった。三枚舌外交の結論は、中東でイラクとトランス・ヨルダンという2つのハーシム家の王国が樹立されるものの、その両国とトランス・ヨルダンから切り離されたパレスチナは英国の委任統治、レバノンとシリアはフランスの委任統治となり、フセイン・マクマホン条約とサイクス・ピコ協定の折衷案が採用された。

度目は2008〜09年、2度目は2014年、3度目は2023年〜現在〈2024年11月〉）。

　なぜイスラエルは過剰すぎる防衛を展開するのか。例えば、鶴見太郎はユダヤ人のホロコーストに対する歴史的トラウマについて言及している（☛参考文献⑤を参照）。また、長い間「国なき民」であったユダヤ人の安息の地としてパレスチナの土地を失うことに対する拒絶反応とも言えるかもしれない。ただし、イスラエルの人口比率の約2割をアラブ人が占めていることは注目すべき点である（☛QR1-4-3）。問題なのは、現在のイスラエル政府が、自分たちが経験した苦難をパレスチナ人に負わせている点である。武力によって完全な安全を確保することは困難であり、ガザへの空爆はパレスチナ人のなかにイスラエルに対する恨みが募るだけである。欧米諸国がイスラエルの攻撃を止められないことは、これまで公然の秘密であった欧米の「二重基準」を白日のもとにさらした。欧米主導の国際秩序は大きな傷を負ったといえるだろう。

QR1-4-3

◆**参考文献**
①青山弘之編『「アラブの心臓」に何が起きているのか──現代中東の実像』岩波書店，2014年．
②今井宏平編『教養としての中東政治』ミネルヴァ書房，2022年．
③末近浩太・松尾昌樹編『中東を学ぶ人のために』世界思想社，2024年．
④ロジャー・オーウェン（山尾大・溝渕正季訳）『現代中東の国家・権力・政治』明石書店，2015年．
⑤鈴木啓之・児玉恵美編『パレスチナ／イスラエルの〈いま〉を知るための24章』明石書店，2024年．

第5章　中国の台頭と米中の対立

中国の台頭

　1978年以降の中国は、鄧小平のもとで「改革開放」路線へと大きく舵を切った。政治的には共産党一党独裁だが、経済的には資本主義を導入したのである。中国の台頭は、ここから始まったといってもよい。1978年8月12日の日中平和友好条約の締結と1979年1月1日の米中国交正常化で、ソ連の脅威を牽制するための日米中の戦略的な提携関係が形成された。背景には、深まる中ソ対立と米ソ間の新冷戦があった。中国には、アメリカと日本から支援が注がれていくこととなった。

　1990年10月3日にドイツ統一で冷戦が終結すると、冷戦後、民主党のクリントン政権は、「関与と拡大（engagement and enlargement）」の戦略を展開した。中国の脅威に関与し、中国を世界経済に関与させ統合すれば、中長期的に共産党一党独裁の中国でも民主主義が拡大するだろうと期待する戦略であった。こうして、安全保障では牽制しつつ、経済では統合を図る「牽制と抱擁（hedge and embrace）」ないし「統合と牽制（integrate, but hedge）」の両面政策がとられていくこととなった。

　2001年12月11日、中国が世界貿易機関（WTO）に加盟したことが中国の台頭にとって大きな転機となった。これ以降、中国は13-14億人の規模で高度経済成長を遂げていく。2期目のブッシュ（子）政権は、こうした中国に対して、ロバート・ゼーリック国務副長官の演説で「責任ある利害共有者（responsible stake-holder）」として大国らしい振る舞いをするよう説いた。

　2010年、中国は日本を抜いて、国内総生産（GDP）で世界第2位の経済大国となった。何よりも、2008年9月15日のリーマン・ショック後の世界金融危機から、中国はいち早く立ち直った。その結果、中国は、内心あこがれてきた欧米諸国の資本主義の行き詰まりを見て、自信を強めたのである。

　早ければ2020年代のうちに、中国は、GDPでアメリカに並ぶ、と予想されている。そのとき、アメリカは、冷静でいられるのか——。米中関係はいかなるものとなり、国際秩序の行方はどうなるのかが注目されている。

中国の「一帯一路」経済圏構想と「中国製造2025」、海洋進出

　2010年代以降、習近平政権は、グローバリゼーションの時代における権威主義の政治体制と「国家資本主義」のアプローチの優位性を説いていく。

　まず習近平総書記は、2012年11月29日、「中国の夢」、つまり「中華民族の偉大なる復興」を打ち出した。鄧小平以降の「韜光養晦、有所作為（能ある鷹は爪を隠し、必要なときは行動する）」の政策姿勢からの脱却を図ったのである。これ以降、習近平政権は、国際社会において自己主張を強めていく。

　2013年3月15日に国家主席となった習近平は、6月8日にバラク・オバマ大統領との首脳会談で、「広大な太平洋には、中国とアメリカの両国を受け入れるだけの十分な空間がある」と発言した。西太平洋から米軍を排除し、中国の勢力圏にする狙いが込められているのかとアメリカと国際社会は懸念した。習近平政権は、アメリカに「新型の大国関係」を呼びかけていくが、オバマ政権は応じなかった。

　注目すべきことに、習近平国家主席は、2013年9月7日、「一帯一路」経済圏構想を描いた。一帯一路とは、陸路「シルクロード経済ベルト」（一帯）と海路「21世紀海上シルクロード」（一路）からなる。そして2015年12月25日、中国は「アジア・インフラ投資銀行（AIIB）」を立ち上げた。アメリカなど国際社会は、中国が途上国に巨額の融資を行って影響力を強める「債務の罠」外交を批判していくこととなる。この間、習近平は、2014年5月20-21日のアジア信頼醸成措置会議（CICA）の場で、「アジア新安全保障観」を打ち出した。

　決定的であったのは、習近平政権が2015年5月19日に「中国製造2025」を掲げ、ハイテク技術の分野に戦略的に投資していく政策を推進したことであった。これ以降、例えば、第5世代移動通信システム（5G）や人工知能（AI）、生成AI、ビッグデータ、IoT（モノのインターネット）、自動運転、電気自動車（EV）、再生可能エネルギー、3Dプリンターなどをめぐり、オバマ政権の後期からトランプ政権、そしてバイデン政権にかけて、米中間でハイテク覇権争いが展開されていく。例えば、5Gをめぐっては、トランプ政権期に、アメリカのGAFA（Google、Apple、Facebook、Amazon）と中国の華為（ファーウェイ）や中興通訊（ZTE）のハイテク企業が競合関係に入った。

　また習近平政権は、南シナ海と東シナ海で海洋進出をより活発化させていく。

図 1-5-1　中国の海洋進出

出所）https://news.yahoo.co.jp/articles/1d7a1d5a327c7a84b21aa60a6964c8dba2afbe55/images/000

　中国沿岸の第1列島線から外洋の第2列島線へ海洋進出を図り、東南アジアの海域では南シナ海を囲む「九段線」の領有権を主張した。石油がとれる中東地域へは供給路の要衝をつなぐ「真珠の首飾り」戦略が描かれていると見られている。特に南シナ海で中国は、岩のような島を埋め立て、人工島をつくって、滑走路を敷き、レーダーをおいて、軍事利用の動きを隠さない。これに対して、アメリカは、「自由の航行」作戦で中国の海洋進出を牽制してきた（☛QR1-5-1、図1-5-1）。

QR1-5-1

　安全保障面では、中国の不透明な軍拡の動きに歴代のアメリカの政権は、大いなる不信感を抱いてきた。特に「空母キラー」と呼ばれる中距離弾道ミサイル「東風21D」の開発など、中国の「接近阻止・領域拒否（A2AD）」戦略に対して、オバマ政権のアメリカは空・海軍が共同で任務にあたる「エア・シー・バトル（ASB）」戦略を描いてきた。

　2018年3月11日、習近平は、国家主席の任期制限の撤廃（終身化）を図り、全体主義化が進んだ。

　2020年に入り、新型コロナ・ウィルスのパンデミック（☛第V部第9章）で、ウイルスの発生源を中国政府が隠そうとしているとトランプ政権（共和党）のアメリカは批判した。アメリカは、世界最大の死者を記録していた。

中国は、香港の自治蹂躙や新疆ウイグル自治区での「大量虐殺（genocide）」、チベット問題など、人権問題も多く抱えており、特に民主党のバイデン政権は厳しい人権外交を展開してきた。

また香港の自治蹂躙を契機として、かつての宗主国のイギリスが反中国の政策姿勢に転換し、「インド太平洋」戦略を展開し始めた。イギリスの「環太平洋パートナーシップに関する包括的及び先進的な協定（CPTPP）」加盟申請の動きもその1つである。欧州連合（EU）からのイギリスの離脱（Brexit）以降、ヨーロッパと一定の距離をおくイギリスは、「グローバル・ブリテン」と呼ばれる外交戦略に転じた。英連邦も、中国の脅威を念頭に、日米同盟との提携を模索し始めた（☞QR1-5-2）。

QR1-5-2

米中対立とアメリカによる「インド太平洋」戦略の展開

2011年11月、オバマ政権は、中国の脅威を念頭にして、「アジア旋回（pivot to Asia）」ないし「再均衡（rebalancing）」の政策方針を打ち出した。オーストラリア北部のダーウィンに2,500人の海兵隊を配備することとなった。また注目すべきことに、2010年10月28日のヒラリー・クリントン国務長官演説から「インド太平洋（indo-pacific）」という地域概念が、演説や報告書で使われるようになっていく。

オバマ政権2期目の後期から、ワシントン、すなわち、ホワイトハウスと国務省や国防総省など官庁、アメリカ議会、シンクタンク、大学で、反中国のコンセンサスが超党派で形成されてきた。「関与」政策の失敗という超党派のコンセンサスも広がった。民主党系のカート・キャンベルとラッシュ・ドーシも、「関与」政策の失敗についての論文を『フォーリン・アフェアーズ』誌の電子版に掲載している。

アメリカの対中強硬派の見解では、グローバリゼーションの恩恵を最も享受してきたのは中国だが、経済成長を遂げても、共産党の一党独裁のままで民主化せず、対外的にも「責任ある利害共有者」になっていない。

こうした反中国の超党派のコンセンサスを背景にして、トランプ政権は、対中貿易赤字を問題視して、4度にわたり制裁関税を課し、これに対して、中国も報復関税で対抗した。こうして貿易戦争が激化し、米中は「新冷戦」の時代

へと突入した。

またトランプ政権期から、「日米豪印戦略対話（Quad）」で外相会談の開催と海上合同軍事演習の実施で、中国の脅威を牽制する動きを強めてきた。バイデン政権では、Quadの首脳会談がオンラインと対面で実現した。

バイデン政権は、中国の脅威を牽制する「インド太平洋」戦略を積極的に展開してきた。安全保障面では「統合抑止」の強化を図り、経済面では「インド太平洋経済枠組み（IPEF）」の立ち上げを表明した。

2021年8月30日までにアフガニスタンから米軍が撤退したが、9月15日にバイデン政権は、オーストラリア・イギリス・アメリカの軍事協定「AUKUS」を電撃的に締結した。2024年4月上旬の岸田首相訪米と日米首脳会談では、AUKUSと日米同盟との協力強化が謳われた。

日米豪や日米印、日米韓などミニラテラルな枠組みの強化も、QuadやAUKUSとともに「インド太平洋」戦略の重要な手段である。また、日米同盟がミニラテラルな枠組みの基軸であることがわかる。

バイデン政権では、中国に過度に依存しないサプライチェーン（供給網）の強化や強靭性（resilience）の保持、知的財産権の保護、軍民両用（dual use）の技術の輸出統制など、「経済安全保障」の強化が最優先の政策課題になった。

また繰り返しになるが、バイデン政権は、中国に対して厳しい人権外交を展開してきた。

こうして米中対立の側面ばかりが目立つ21世紀の米中関係だが、バイデン政権の対中政策は、「対立」と「競争」と「協調」を使い分けてきたことも見逃せない。協調できる分野としては、気候変動や食料安全保障、感染症、テロリズム、エネルギー問題、インフレなどの分野がある。

「バイデン後」の米中関係

2023年11月15日、ジョセフ・バイデン大統領と習近平国家主席は、1年ぶりとなる米中首脳会談を開催した。米中両国は、軍事交流の再開で合意したが、例えば、バイデンは貿易統制の必要性を説き、習近平は台湾への内政干渉に反対するなど、それぞれの主張は平行線をたどり、軍事交流再開以外で唯一の成果は「お互いが対話した」ということだけであった。

その後、アメリカの大統領選挙を11月5日に控えた2024年前半、中国経済の「過剰供給」が国際的な課題となった。これに対して、習近平政権の中国は強く反発した。

7月21日には、現職のバイデン大統領が大統領選挙からの撤退を表明し、「バイデン後」をめぐる民主党と共和党の対立構図は、「カマラ・ハリス副大統領対ドナルド・トランプ前大統領」となった。

注目すべきことは、アメリカ大統領選挙でトランプが大統領に復帰しても、ハリスが勝利しても、アメリカの国内政治での反中国の超党派のコンセンサスがある以上、アメリカは、（アプローチは大いに異なるが）中国の脅威を牽制する「インド太平洋」戦略を展開していくと予測できることである。

また近代以降の大国の興亡をめぐる国際政治史を振り返れば、もしトランプ前大統領が復帰したとして、たとえトランプ大統領が中国と何らかの「取り引き（deal）」をしても、米中間のハイテク覇権争いと「経済安全保障」の問題は、20年間、30年間と残る、と予測される。

さらに、ロシア・ウクライナ戦争、いわゆる「プーチンの戦争」は、インド太平洋地域の「台湾有事」へと飛び火するのか――。米中両国は、21世紀、既存の覇権国と新興国の対立が戦争につながる「トゥキディデスの罠」にはまってしまうのか――。中国の台頭と深まる米中対立は、21世紀のこれからの国際秩序に構造的な変化を迫る可能性がある（☞ QR1-5-3）。

〔追記〕2024年11月5日のアメリカ大統領選挙で、共和党のトランプ前大統領が民主党のハリス副大統領に勝利した。

◆**参考文献**（追加参考文献☞ QR1-5-4）
①カート・キャンベル（村井浩紀訳）『THE PIVOT　アメリカのアジア・シフト』日本経済新聞出版，2017年．
②ラッシュ・ドーシ（村井浩紀訳）『中国の大戦略――覇権奪取へのロング・ゲーム』日本経済新聞出版，2023年．
③マイケル・グリーン（細谷雄一，森聡監訳）『アメリカのアジア戦略史――建国期から21世紀まで（上下）』勁草書房，2024年．
④ロバート・B・ゼーリック（旭英昭翻訳）『アメリカ・イン・ザ・ワールド――合衆国の外交と対外政策の歴史（上下）』日本経済新聞出版，2023年．

第6章　ナショナリズム

　2022年2月のロシアによるウクライナ侵攻にもナショナリズムは大きく影響した。プーチンは、歴史的にクリミアを含むウクライナの地はロシア領の一部に過ぎなかった、とロシア中心主義を主張してウクライナ侵攻を正当化したし、これに反発したウクライナのナショナリズムは反抗の原動力となった。2023年10月に再燃した中東紛争にしても、ハマスの襲撃後ユダヤ人意識はイスラエルで強く意識され、イスラエルのガザ侵攻後はアラブ人意識もパレスチナの地を越えてアラブ世界・イスラーム世界で広く共有され、いずれも共通の言語や宗教・民族性を強調するという点でナショナリズムの問題と切り離すことはできない。インドではヒンズー・ナショナリズムが高揚し、中国では「愛国無罪」が叫ばれ、ヨーロッパの国々では反移民や自民族中心のスローガンを唱える右派勢力が支持を集めている。グローバリゼーション（☛第Ⅴ部第1章）が急速に広まる一方で、国や民族集団の独自性を強調する動きが依然として世界各地で顕著なのはなぜだろうか。グローバリゼーションという均一化とナショナリズムという独自性はどのような関係にあるのだろうか。

様々なナショナリズム
　元来、ナショナリズムの基盤となるネイションとは、王などが主権者であった時代の国家においては、主権者に対抗する存在である国民を指した。18世紀までにイギリスやアメリカ、フランスでは市民革命によりネイション（国民）が主権者となり、ここに「ネイション・ステート（nation state）」は国民国家となる。この場合の国民国家にとって重要なのは言語、人種、宗教といった民族的な（エスニックな）基盤というよりも、自由・平等・寛容・多様性といった価値観を共有する政治的市民の存在であり、国民の法的・政治的権利の平等の確立であった。こうしたタイプのナショナリズムは、「シヴィック・ナショナリズム（市民的ナショナリズム）」とも呼ばれる。このシヴィック・ナショナリズムに対して、普遍的な価値ではなく言語・人種・伝統・神話などの民族的アイデンティティを基盤とした国家の建設を目指し、民族的な基盤を重視するの

がエスノ・ナショナリズムであり、現在は「ナショナリズム」という用語を使う場合（本章も含めて）通常このエスニックな基盤をもつナショナリズムのことを指す（☞第Ⅲ部第8章「エスニック集団」参照）。

　シヴィック・ナショナリズムの起源の1つであるフランスは、エスノ・ナショナリズムの起源にもなった。なぜなら、市民革命以降徴兵制を採用したフランスは、一方でフランス語による国民教育を進めて「フランス国民の国家」という民族的性格を強め、そのアグレッシブな対外政策が結果として周辺諸国の民族意識を覚醒させたからである。19世紀のドイツやイタリアが典型的な例であるが、ある民族集団が民族的基盤によって国を成立させたとき、ネイション・ステートとは民族国家を意味するようになる。

　エスノ・ナショナリズムは、民族集団を結束させ、国家の建設や発展のためにパワーを供給するという点で近代国家の重要な要素を構成する一方で、言語・人種・文化等が異なる「他者」の集団に対して非寛容な排外主義（ショービニズム）をとることがあり、その場合は暴力的紛争や抑圧につながることがある。

　西欧列強の世界的な植民地支配の帰結として、20世紀半ば以降、民族国家を求めるナショナリズム運動はアジア・アフリカを含めた世界的規模で独立・国家建設の思想として普及し、第2次世界大戦後は植民地帝国の衰退とともに数多くの新興独立国を生み出す原動力となった。歴史的にナショナリズムは支配と被支配（あるいは従属）関係の結果として生じることが多いが、冷戦後の旧ソ連・東欧における民族紛争や旧ユーゴスラヴィアにおける内戦も支配—被支配（従属）関係の修正や清算の側面もあった。ロシアによるウクライナ侵攻は、旧ソ連の解体によって解決したと思われたウクライナの独立問題に対してロシアが異議を唱えたものであり、ロシア帝国・旧ソ連帝国の清算がまだ終わっていなかった、と見ることができる。パレスチナ問題にしても、パレスチナの地を植民地支配した大英帝国の清算がいまだに終わっておらず、領土の確定や国家制度が未確立であることに原因がある、と指摘することができる。

　民族的なアイデンティティや意識の問題は、ナショナリズムという形で国家を成立させて終わるわけではない。分析レベルを2つに分けると、第1に主権国家同士の国際レベルのナショナリズムの問題、第2に主権国家の内部、つま

り国内での民族的な対立に分けることができる。第2の国内レベルをさらに細分化すると、①領域的な基盤をもった民族対立や潜在的な新国家の独立の可能性があり、ときには暴力的な紛争を伴うもの、②ある程度の領域的基盤はもつが自由民主主義国家の枠内で自治権拡大や独自性の主張がなされることが多く、紛争は主に非暴力的手段によって解決されるもの、③領域的基盤は希薄で独自のアイデンティティが国内社会に複数存在することから、主に少数者（マイノリティ）が政治的文化的アイデンティティの主張を行うもの、に分けることができる。①はいわゆる民族紛争としてイメージされるもので、近年では旧ユーゴスラヴィア紛争や東ティモールの独立戦争、ロシアとウクライナの戦争などが当てはまる。②と③はナショナリズムの問題というよりもエスニシティの問題として観察されることが多い。②の例としてはカナダのケベック、イギリスのスコットランド、スペインのバスクやカタルーニャ、ベルギーなどにおけるエスノ・ナショナリズムがあるが、いずれもシヴィック・ナショナリズムの要素がある程度確立している西側先進諸国内の問題であるため、即時の分離・独立や暴力的手段による紛争解決への支持が高いわけではなく、分離独立が主張される場合でも、住民投票を含め国内政治のプロセスに沿って合理的・民主的かつ平和的に問題の解決が試みられることが多い。③のわかりやすい例としてはアメリカ大陸や西ヨーロッパにおける移民社会のアイデンティティの主張があり、2020年にアメリカから大きな運動となった、領域性はないが独自のアイデンティティをもつ黒人層の人権運動「ブラック・ライブズ・マター（Black Lives Matter）」もこのタイプに分類することができる。また、反移民・反マイノリティなどを掲げる「白人ナショナリズム」のような動きもある。

　このように、ナショナリズムといっても実際には非常に複雑かつ多様な概念なのであり、近代国家同士の世界戦争に発展した推進力をもったものもあれば、武力紛争とはほど遠いと考えられるナショナリズムの高揚もあるし（例えばスポーツにおける国同士の対抗など）、広義のナショナリズムには領土的基盤が希薄あるいは曖昧なものまで含まれるのである。

　パトリオティズム（愛国主義）もナショナリズムと同様の意味をもつ言葉である。民族的な基盤をもつ思想・運動では通常ナショナリズムがパトリオティズムの要素を含むことが多いが、例えば政治的理念によって建国されたアメリ

カのように様々な人種・文化的バックグラウンドをもつ移民の国、あるいは多民族国家では民族的な意味でのネイションが指すものは必ずしも明確ではなく、それでも国に対する愛着や忠誠を表現するためにパトリオティズムという語が必要となる。また、かつて共産主義運動にとってナショナリズムは理論上重要ではなかったが、第2次世界大戦中のソ連でも国に対する愛着や忠誠が重要な意味をもったのは「大祖国戦争」のスローガンからもわかるだろう。

どのようにナショナリズムは高揚するか

　それでは、ナショナリズムの動態――つまり、なぜナショナリズムは高揚し沈静化するのか――についてより詳細に見てみよう。まずナショナリズムの基盤になるのは、第1に言語、宗教、人種、文化、慣習などで他の集団との相違が認識できる客観的な要素の存在である。これらの要素は固定的にアイデンティティを構成するものであり、変化の速度は非常に遅く、長い年月をかけて形成されてきたものである。

　しかし、こうした客観的・固定的要素だけではナショナリズムには不十分であり、グループの構成員が主体的に「われわれ」という共同体意識をもつという心理的な要素が不可欠となる。したがって同じ言語を話し、同じ宗教や文化を共有していても、人々が「われわれ意識」をもっていなければナショナリズムと呼ぶには不十分である（例えば、フランス革命前には支配者である王と被支配者である国民には「われわれ意識」は共有されていたとはいえない）。そして、この主観的で心理的な要素がナショナリズムの観察をさらに難しくさせている。なぜなら、人間の心理状態とは一定ではないからであり、ナショナリズムは高揚することもあれば沈静化することもあるからである。

　このナショナリズムの強弱、あるいは高低（潮の干満にたとえて 'ebb and flow' と表される場合もある）に対して様々な影響を与える外的な要因もナショナリズムの重要な要素である。国際的環境、近隣国の動向、歴史的関係・経緯、人や民族集団がおかれた政治・経済・社会的状況に大きく左右されるのである。例えば、国内の経済的な低迷が続き国民生活の苦境が長期化すれば排外的なナショナリズムにつながることが多いのは、1929年の世界大恐慌後のドイツや日本をはじめ多くの事例がある。また、米ソ冷戦のなかで非同盟を掲げたチトー

図4-2-1 アイデンティティのもつナショナルな意識は、外的状況によって活性化（高揚）したり沈静化したりする。

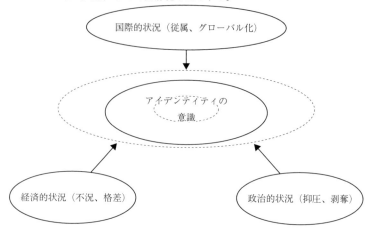

大統領のもとで長く連邦国家を維持したユーゴスラヴィアが1990年代に激しい内戦を経験したのは、冷戦の終結という国際的状況や民族集団間での経済格差・政治格差などによって説明できるであろう。民族間の異なるアイデンティティの存在や異民族の混住を指摘するだけでは、なぜ旧ユーゴが90年代に激しい内戦を経験し、なぜ70年代や21世紀ではなかったのか、ということは説明できない。そして、ロシアによるウクライナ侵攻を契機にウクライナ人のナショナリズムは侵攻以前よりも格段に高まったし、ハマスの襲撃以降イスラエル人の連帯意識は最高潮に達したといえる。

このように、言語や文化などの客観的要因に人々の意識という主観的要素が加わり、さらに外的環境という要因が複雑に交錯しているところにナショナリズムを理解する難しさがある。

仮に鎖国状態の国があれば、人々は外界との接触がないからナショナルな意識を高揚させることもなく、その必要性もない。しかし、外の世界への門が開かれることによって他者を意識するようになり、ナショナリズムの主観的な要素である「われわれ意識」・共同体意識が形成されるのである。

グローバリゼーションとナショナリズム

では、拡大・深化するグローバリゼーションはナショナリズムにどのように

作用するのであろうか。まず、急速にグローバル化が進展しても、民族を構成する固定的かつ客観的な要素である言語・宗教・人種・慣習などの変化の速度は限定的である。グローバル化によって人々の宗教観が変わるとか、生活様式が変わることはもちろんあってもその変化の速度は遅いものであるし、言語や人種という要素に至っては、わずかの変化でも非常に長い年月が必要である。

次に、心理的な側面である「われわれ意識」・共同体意識は、グローバル化によって2つの方向で影響を受ける。第1は、外界との接触や交流が頻繁となることによってアイデンティティの独自性を強調する、つまりナショナリズムを高揚させる方向に作用する。ルソーは、人は社会に入ると問題が生じる、としたが、同様にある集団がグローバル社会との関係を深めれば深めるほど問題が多く発生し、メディアなどを通して各人がもつ「ナショナルな基盤（＝民族的アイデンティティ）」をかえって意識し、結果としてそれがナショナリズムの高揚につながることもある。コミュニケーションや通信の技術が飛躍的に進歩しても、自国語以外の言語を使用する人々と「われわれ意識」を共有できるほどに意思疎通を行うことは容易ではない。インターネットやSNS（ソーシャル・ネットワーキング・サービス）で世界とつながっていても、使用可能言語が自国語のみであれば、自分の所属する集団レベルを超えたアイデンティティの形成は、あっても緩慢なものにとどまる。この場合、グローバル化という均一化はナショナリズムによる差別化を促進する方向に働く。

その一方で、グローバル化によって世界規模・地球規模の共通の問題や課題を認識し、グローバルな意識をもち、グローバル化されるアイデンティティも生じるであろう。インターネットを含むメディアを通して知った遠い国での貧困、自然災害などのあらゆる問題に対して関心や同情をもつことは珍しいことではないし、音楽・映画・スポーツなどの文化や食生活を含めた生活習慣の共有はグローバル化とともに世界中に広まることがある。こうしてナショナルなレベルを超えた共同体意識、つまりグローバルな「われわれ意識」がグローバリゼーションによって高まることもある。

グローバリゼーションはグローバルな共通の意識の形成にも寄与するが、一方ではナショナリズムの高揚に寄与することもある。グローバリゼーションとナショナリズムは矛盾した現象というよりも、相互に作用しているといえる。

現代世界の統合と分離

　欧米先進国でも地域統合やグローバリゼーションの平準化の動きに抗する自国中心主義は顕著に観察されている。欧州では、ヒトやモノの移動がより自由になり、民主主義や人権の尊重、法の支配というEU共通の価値がヨーロッパ全体へと広まり、2012年には「平和と和解、民主主義や人権の推進に貢献してきた」としてEUがノーベル平和賞を受賞した。新たに加盟を目標とする国が依然として存在する一方で、冷戦終結以降統合を加速させてきたEUへの反発が根強いことは、2020年にイギリスがEUを離脱したほか、2023年から24年にかけて加盟国のオランダやポルトガルの総選挙で極右勢力が台頭し、24年6月の欧州議会選挙でEUに懐疑的な主張を掲げる極右政党が主要国で支持を集めたことからもうかがえる。ノーベル平和賞はすでに過去の記憶となり、「ヨーロッパ化」や「脱ナショナル化」が進むと、逆にナショナルな「われわれ」意識が高揚することがあることがより鮮明となり、移民・難民対策や環境政策において自国の利益を優先するEU加盟国が目立つようになってきている（☞第Ⅲ部第3章「EU」参照）。

　アメリカでも「アメリカ・ファースト」と自国優先主義を前面に出し、移民の制限を主張するドナルド・トランプが2016年の大統領選挙で当選し、地球温暖化対策の枠組みから離脱、中国に高関税をかけたほか、TPP（環太平洋経済連携協定）から離脱するなどしてアメリカの貿易政策を保護主義的なものへ大きく転換した。19世紀にはイギリスを中心としてパクス・ブリタニカ、20世紀にはアメリカを中心としてパクス・アメリカーナと呼ばれ、世界の秩序維持と自由貿易をリードし、資本主義経済の拡大に自国の利益の増進を重ね合わせ、グローバリゼーションを牽引してきたともいえるイギリスとアメリカの国民の多くが、もはや際限のない自由貿易の推進に利益を見出せず、社会統合の深化にも反対しているという点で、イギリスのEU離脱やトランプ大統領の誕生はグローバリゼーションや地域統合にとってだけではなく、歴史的な転換点となったといえる。2020年の大統領選挙でトランプは敗退し、バイデン大統領は前政権の政策のいくつかを修正したが、2024年には再びトランプが大統領に選ばれた。

　欧米以外を見ても、冷戦終結後に独立したアフリカのエリトリアや南スーダ

ン、強固な独裁政権が崩壊し内戦へ突入したイラク・シリア・リビアといった国では少数民族や部族間・宗派間の争いが長期化しており、これらの国々から流出した難民が行き着いた先のEUなどの先進国で排外主義的傾向が強まるという流れが顕著となっている。東南アジアでは近年も、ミャンマー、フィリピン、タイなどそれぞれの国内で少数派のイスラーム勢力などが政府と対立し、中国も新疆ウイグル自治区などでイスラーム勢力のテロに直面してきた。これらの紛争を理解するには、多くの国でイスラーム勢力がマイノリティになっているという問題に加え、イスラーム原理主義のアイデンティティ形成にも注目する必要があるが、宗教的宗派的アイデンティティの形成においても、グローバリゼーションや経済的苦境・格差、政治的権利の収奪などナショナルなアイデンティティの形成と共通する要素があることは指摘できるだろう。

　ナショナリズムは、その多様性からそもそも分析は複雑かつ容易ではなく、グローバル化に伴う人の活発な移動やコミュニケーションの発達により問題はさらに深刻化しているようにも見えるが、世界各地で起こる現象の共通部分を見極め、何が各現象の要因になっているのかを考察することが、高揚し沈静化する流動的なナショナリズムという概念の理解につながるであろう（☛QR1-6-1）。

QR1-6-1

◆参考文献
①アントニー・D・スミス（庄司信訳）『ナショナリズムとは何か』筑摩書房，2018年．
②塩川伸明『民族とネイション——ナショナリズムという難問』岩波書店，2008年．
③ベネディクト・アンダーソン（白石隆・白石さや訳）『想像の共同体：ナショナリズムの起源と流行』書籍工房早山，2007年．

第Ⅱ部
理論から考える

第1章　リアリズム

リアリズムとは

　リアリズムとはどのような考え方だろうか。一般的な用語としての現実主義は、理想や空想ではなく、現実を重視し現実の事態に即して物事を処理しようとする態度を指す。あるいは何らかの行動にあたって、意図や手段の善良さよりも帰結による効果や利益を重視するような考え方をいうこともある。国際関係学におけるリアリズムもそうした意味を有しているが、それだけでは十分ではない。

　国際関係学という学問分野の文脈においてリアリズムというのは、多くの場合概ね次のような意味を含んでいる。まず国際関係が展開される舞台はアナーキー（無政府状態）を特徴とする。これは国際関係が行動の自立性をもつ主権国家どうしのかかわりであり、国家を束ねる世界政府に当たる存在、あるいは国家の上位に位置し全体を統治する権威は存在しないということである。そのことの意義は、われわれが日々暮らしている国内の社会と対比するとわかりやすい。国内においてもわれわれは日々様々なトラブルに見舞われることがある。暴力、盗難といった安全にかかわる問題も起きうるし、商売・ビジネスをする上では不払いや詐欺によって不利益をこうむる事態がありうる。けれどもわれわれがそうした可能性について、さほど心配せずに生活したり仕事をしたりできているのは、政府というものが存在し、ルール違反に対して警察や司法が対処してくれるとわかっているからである。

　それに対し、国際関係においては様々なルールが存在しているものの、違反への対処の実効性には限界がある。例えば核兵器保有国を増やさないためのルールとして、核不拡散条約（NPT）がある。しかしインドのように条約に参加しない国や北朝鮮のように脱退を表明した国の核開発を防ぐことはできていない。南シナ海の領有権をめぐる中国・フィリピン間の国連海洋法条約に基づく仲裁裁判では、2016年、フィリピンの主張がほぼ認められた。だが中国側は判決を「紙くず」と言い切り、以後も実効支配を強化している。バラク・オバマは「アメリカは世界の警察官ではない」と述べたが、実際、国際関係におい

て世界政府は存在していないといえる。

　このような意味でアナーキーのもとにおかれている以上、各国の安全は究極的には自分の身は自分で守るという自助（self-help）によらざるをえない。そこで重要になるのが力（パワー）である。力には様々な要素があり、また多義的な概念でもあるが、最も重視されるのは軍事力であり、さらに経済力やアイデアを広める能力などからなる。このように保有する能力、リソースという点からの力の理解に加え、政治学者のロバート・ダールなどによる関係性のなかで力をとらえる見方もある。これは影響力としての力、他者に対して望まない行動をとらせる能力としての力という理解である。

　以上のように、リアリズムは概ね国際関係を力の論理から読み解こうとし、その前提にアナーキーという世界観がある。そして全体を統治する権威が不在の状況のもと、国家間の力と力の競合が国際関係の基調であるとし、長期的な協調や平和については悲観的な傾向が強い。その一方、リアリズムの内容は論者により様々である。以下では代表的なリアリズムの論者を紹介したい。

ウォルツの3つのイメージと構造的リアリズム

　リアリズムの代表的な論者としてまず名前を挙げるとすれば、ケネス・ウォルツであろう。ウォルツ以前のリアリストとしては、古典的リアリズムと位置づけられるハンス・モーゲンソーがよく知られている。モーゲンソーは国際関係の本質を「人間の本性」（human nature）に求めており、人間は政治権力を求めるのが本性である以上、国際関係における国家もまた、本質的に力を追求するとしていた。それに対し、ネオ・リアリズムと位置づけられたウォルツは、観察や測定の困難な「人間の本性」ではなく、「国際システム」を主軸に据えて国家の行動を説明・予測する体系的な理論を提示し、今日の国際関係学の理論研究の礎を築いたとされる。

　ウォルツは『人間・国家・戦争』において、これまでの戦争原因に関する研究を3つの分析レベル（level of analysis）、すなわち、第1イメージ（個人）、第2イメージ（国家）、そして第3イメージ（国際システム）に分類し、その理論的説明能力を検証した。ウォルツは、人間の本性（第1イメージ）と国家体制（第2イメージ）ではなく、国際システム（第3イメージ）こそが国際紛争の根本

的な原因に対する最も有用な理論的説明を提供すると主張した。

　ウォルツの第1イメージとは、戦争の原因を人間の本性に求めるアプローチである。第1イメージにおいては、人間の利己心が戦争を引き起こすとされる。したがって、人間の本性は善であるという立場では、人間の啓蒙によって戦争を防止して平和を構築することができると主張する。反面、人間の本性は悪であるという立場では、人間の本性を制度的に抑圧することによって戦争を防ぎ平和を維持することができると主張する。しかし、この第1イメージには人間の本性が善であるか悪であるか、その測定が不可能であるという問題がある。

　第2イメージとは、戦争の原因を国家の内部構造（the internal structure of state）に求めるアプローチである。このアプローチによると、国家の内部構造の性質が戦争を引き起こす。したがって、国家の内部構造を変えることによって戦争を防ぎ、平和を構築することができる。例えば、カントは君主制と比べ、政府が自由な国民の平等な選挙によって構成される共和制では、民衆が君主間の敵愾心を抑えることが期待できると述べた。この考え方に共鳴する人々（カント主義者と呼ばれる）は、共和制国家は平和愛好であると主張する。したがって、彼らは共和制を世界中に普及することによって世界的な平和を構築することができると主張する（☞第Ⅱ部第7章「デモクラティック・ピース論」参照）。

　一方、マルクス主義者は、資本主義の発展は植民地をめぐる資本主義国家間の戦争を引き起こすと主張する。なぜなら資本主義国家が成長を続けるためには新しい市場（植民地）を常に開拓しなくてはならないからである。したがって、彼らは、資本主義国家を転覆して世界の労働者の連帯を目指す共産主義の普及が戦争防止と平和につながると主張する。

　しかしウォルツによれば、カント主義者とマルクス主義者の戦争原因の説明は歴史的事実に合わない。カント主義者は、共和制国家は平和愛好的であると主張するが、実際に民主主義国家は頻繁に戦争を起こす。冷戦時代のヴェトナム、2001年の9・11テロ事件後のアフガニスタンとイラクでの、民主主義国家であるアメリカの戦争がその代表的な例である。また、マルクス主義者の主張に対しても、1969年のソ連と中国の武力紛争、1975年から始まったヴェトナムとカンボジアの武力紛争からわかるように、共産主義国家間の武力紛争が起きていた事実を指摘できる。

第3イメージとは、戦争の原因を国際システムの構造的な特性から求めるアプローチである。国際システムは、政府のような権威が存在する国内システムとは異なって、国家の行動を統制できる権威が存在しない「アナーキー」である。したがって、国家は生存または安保のために自助に頼り、国力の増強に走る。しかし、ある国家の生存のための国力の増加は、他の国家に生存の脅威を抱かせ、軍備競争を引き起こしてしまう。すなわち、1つの国家の安全保障のための行動がシステム全体の安全保障を不安定にする安全保障のディレンマ（☛本書88頁）に陥るのである。ウォルツは、この第3イメージに依拠し、国際システムの構造的な特徴、すなわちアナーキーこそが戦争の根本的な原因であると主張している。

　ウォルツは『国際政治の理論』において自身の理論を発展させた。ウォルツによると、アナーキーは戦争の根本的な原因であるが、アナーキーが必ず戦争を引き起こすわけではない。なぜなら、アナーキー下で国家は安全保障のため他の国家と同盟を組み勢力均衡（balance of power）を図り国際システムを安定化させようとするからである（☛第Ⅱ部第6章）。しかし、ウォルツは、国際システムの安全性または戦争が起こる可能性は国際システム内の国家間の力の分布状態（distribution of power）によって異なると主張した。ウォルツによると、国際システムは、3つ以上の大国で構成される多極体制より2つの超大国で構成される二極体制が安定的であるという。二極体制下で、圧倒的な力の差から超大国は同盟国に配慮せず柔軟に政策を決定することができるからである。さらに、二極体制では、同盟の寝返りと離脱が起こりにくいことから、超大国間に柔軟な戦略を採用することができて両ブロック間の関係が安定化すると主張した。すなわちウォルツは、柔軟な二極体制が硬直的な多極体制より安定的であると主張した。そして、第2次世界大戦以降成立したアメリカとソヴィエト連邦間の二極体制を最も平和的であって安定的な体制であると評価したのである。

　以上のようなウォルツの分析は、国際システムの構造的な特徴を用いて国家の行動を分析・予測していることから「構造的リアリズム」と呼ばれている。ウォルツの「構造的リアリズム」はそれ以降の国際関係研究に莫大な影響を及ぼした。ウォルツの国際政治経済学への影響の1つが、次に紹介するロバー

ト・ギルピンの「覇権安定論」である。

覇権安定論

　覇権安定論の先駆者は経済学者であるチャールズ・キンドルバーガーである。彼は『大不況下の世界1929-1939』において第1次世界大戦後、1929年の世界大恐慌を引き起こすまでに至った国際経済体制の不安定の原因を、当時のイギリスの経済力の衰退と、圧倒的な経済力をもちながらも、世界リーダーとしての役割に消極的であったアメリカの孤立主義政策にあると主張した。キンドルバーガーの研究は、1970年代以降の国際経済体制の不安定要因を分析した国際政治経済学の研究に大きな影響を及ぼした。その代表的な研究がロバート・ギルピンの「覇権安定論」である。

　他方、ギルピンはウォルツの議論も踏まえる。ウォルツによると1970年代は、アメリカとソ連間の二極体制による安定的で平和な時期である。実際、米ソ間に冷戦は続いたが直接的な武力紛争が起こらなかった点で「安定的」であった。しかし、国際経済の観点から見ると、1970年代はニクソン・ショック（金とドルの交換停止）（1971年）、固定相場制から変動相場制への移行（1973年）そして、アメリカの保護主義貿易政策によって第2次世界大戦後、国際金融の安定と世界的な自由貿易を支えてきた体制が崩壊し、国際金融と貿易が混乱に陥るなど「不安定的」であった。

　しかし、ギルピンはウォルツの「二極体制」ではなく、「一極体制である覇権体制」がより安定的であると主張した。すなわち、国際システムは他の国家を圧倒する軍事力と経済力をもつ「覇権国」が構築し、維持することによって安定するとした。つまり、ギルピンは1970年代の国際経済体制の不安定要因を「覇権国」であるアメリカのパワーの衰退に求めたのである。

〈ギルピンの覇権安定論〉

　『覇権国の交代』や『世界システムの政治経済学』において、ギルピンによる覇権安定論は提示されている。「覇権国」とは他の国家に比べて圧倒的な軍事力と経済力をもち、自国の利益に沿って国際システムを構築して維持することができる国家をいう。第1次世界大戦前の金本位制下の自由貿易体制を構築したイギリスと、第2次世界大戦後、金・ドル本位制下の自由貿易体制、すな

わち、国際通貨基金（IMF）・世界銀行を中心とするブレトン・ウッズ体制やGATT（General Agreement on Tariffs and Trade：関税及び貿易に関する一般協定）体制を構築したアメリカがその代表的な例である。

　覇権国は自国の利益を反映するため国際システムを構築する。しかし、その国際システムは非覇権国も排除されず利用できる国際公共財としての性格ももつ。したがって、覇権国は国際システムを構築・維持するための莫大なコストを払うが、国際システムからの利益は覇権国だけではなく非覇権国にも配分される。例えば、第2次世界大戦後、アメリカは国際金融を安定させて自由貿易を促進させるために、自国を中心とした国際金融体制、すなわち、ブレトン・ウッズ体制を構築した。ブレトン・ウッズ体制下で非覇権国は低コストで国際金融の安定だけではなく具体的な短期・長期資金の融資などの利益を得ることができた。さらに、非覇権国は巨大なアメリカ市場に接近することを許された。その一方、アメリカはブレトン・ウッズ体制を維持するための莫大な財政・貿易赤字のコストを払った。

　ギルピンは次のように覇権交替の理論も提示している。覇権国が自国の利益に沿った国際システムを構築したとしても、国際システムを維持するためのコストがそのシステムから得られる利益より高くなると、覇権国は衰退する。反面、国際システムの維持にコストを払わずただ乗りする非覇権国は国力を増大させ覇権国が構築した国際システムの変化に挑む「挑戦国」となる。すなわち、国際システム内で力の分布の変化が生じる。衰退する覇権国と国際システムに自国の利益を反映させようとする挑戦国との間で国際システムの変化をめぐって対立が起こる。その対立は多くの国を巻き込む「覇権戦争」の形で現れる場合があるという。最終的には、覇権戦争で勝利した国家が新しい覇権国として自国の利益を反映させた新しい国際秩序を構築することになる。

　ギルピンの覇権安定論は、アメリカの衰退をめぐる論争を引き起こした。経済力を中心としてアメリカの国力は衰退したという見解と、経済力は衰退したが圧倒的な軍事力を保持していて依然として覇権国であるという見解が激しく対立した。

　イギリスの国際政治経済学者であるスーザン・ストレンジは構造的パワーという概念を提示してアメリカが衰退しているという議論を批判した。彼女によ

れば、構造的パワーというのは、世界政治経済における全体的な枠組み（構造）を形成、決定するような力である。構造には大きく安全保障、生産、金融、知識の4つの面がある。そして、アメリカは覇権衰退がいわれた1970年代以降も構造を形成する構造的パワーを保ってきたという。例えば覇権安定論においてニクソン・ショックはアメリカの通貨・貿易領域における国力の衰退の証ととらえられるが、ニクソン・ショック後も米ドルを基軸通貨とする国際通貨システムは事実上継続しており、構造的パワーは保たれていると見ることができる。さらにいえば、アメリカが一方的な宣言でブレトン・ウッズ体制の根幹であった金とドルの交換を停止し、以後アメリカの行動を縛るルールを設けなかったこと自体、まさに構造的パワーの発揮と見ることができよう。また、覇権のテーマは、リアリズムだけではなく、リベラリズムでも活発に議論され、ロバート・コヘインによる制度的リベラリズム、国際レジーム論などに発展した（☞次章）。

ミアシャイマーの攻撃的リアリズム

　以上のリアリストの議論に対し、力のなかでも軍事力をとりわけ重視し、戦争の勃発や大国間の対立の可能性をより高く見積もるのが攻撃的リアリズムを掲げるジョン・ミアシャイマーである。ミアシャイマーの攻撃的リアリズムではウォルツ（ミアシャイマーにおいては防御的リアリズムと分類）と同様に、アナーキーという構造下で国家は生存を主要な目標とするという仮定がおかれる。

　ただし両者は次の点で異なる。防御的リアリズムでは、国家はすでに成立している勢力均衡の現状の維持に努めるものとされ、積極的に均衡を崩そうとはしないとする。それに対し攻撃的リアリズムでは、国家、とりわけ大国が関心をもつのは相対的な力の最大化であり、適度な量で力の追求をやめることにはならないと考える。アナーキー下で国家は他国の意図について確信できず、恐怖を克服できないからである。そして大国は覇権を目指すことになるが、グローバルな覇権は不可能であることから、特定の地域を支配する地域覇権が目標になる。過去、地域覇権を達成した国家は南北アメリカに対抗者がいない状況を実現したアメリカである。そのアメリカは、自らの地域に介入する能力を備えた欧州やアジアにおける地域覇権の出現の阻止に努めてきたという。

ミアシャイマーもウォルツ同様、力の分布と戦争の可能性について検討している。二極体制が多極体制よりも安定的であるとする点はウォルツと同様であるが、ミアシャイマーにおいては、潜在覇権国（覇権を狙う野心的な国家）の有無による区分も導入されている。その上で潜在覇権国の存在する多極体制を「不安定な多極体制」として、大国間戦争が最も生じやすく、また起きた場合は長期化して深刻なものになりやすいと整理した。

　こうした考え方に立つミアシャイマーは、中国の平和的な台頭について否定的である。彼によれば、中国はインド、日本、ロシアといった周辺国との力の差を最大化しようとする。そして現状よりはるかに強力になった暁には地域覇権を目指す。他方でアメリカは自国以外の地域覇権の出現を許容しないため、中国の封じ込めを行うとし、米中戦争に至る可能性もある。またアジアでは中国という潜在覇権国に加え、ロシアや核武装した日本といういくつかの大国からなる「不安定な多極体制」が実現する可能性もあるという。

リアリズムの問題点

　リアリズムは今日においても国際関係の考察における基本的視点、出発点としてきわめて重要である。結局のところ世界を動かしているのは力をもつ大国であり、あるいは大国相互の関係であるという面は依然としてある。その一方、力の要因に傾斜していることで、協調的、平和的な国際関係の持続について悲観的な傾向が強い問題が挙げられる。例えば次章と第4章で述べるように、覇権の衰退がいわれた時期においても、GATTという国際制度が機能したことで貿易の自由化やルールづくりはむしろ進展した。第2次世界大戦以後70年以上、主要先進国間で平和が実現されたことも、次章のリベラリズムに沿った展開であるように見える。

　またわれわれが国際問題を考える上で、リアリズムのみに依拠することは諦観や冷笑的態度に結びつきがちであることにも注意が必要である。所詮、世界を動かしているのは大国間の力関係であり、アナーキー下の弱肉強食は常態であると受け入れてしまえば、国際関係を改革する情熱やエネルギーは出てきづらい。リアリズムの創始者の1人である歴史家のE・H・カーは理想主義とリアリズムを対比したが、重要なのは両者のバランスであろう。

◆参考文献

①信夫隆司「ウォルツは国際政治理論の世界に何を残したのか」『国際政治』第178号，2014年，146-155頁．
②ケネス・ウォルツ（渡邉昭夫・岡垣知子訳）『人間・国家・戦争――国際政治の3つのイメージ』勁草書房，2013年．
③ケネス・ウォルツ（河野勝・岡垣知子訳）『国際政治の理論』勁草書房，2010年．
④ロバート・ギルピン（納家政嗣監訳）『覇権国の交代――戦争と変動の国際政治』勁草書房，2022年．
⑤ジョン・ミアシャイマー（奥山真司訳）『新装完全版 大国政治の悲劇』五月書房新社，2019年．

第2章　リベラリズム

リベラリズムとは

　一般的に用いられるリベラリズムはきわめて多義的であり、様々な原理や思想が混在している。例えば国内政治における対立軸として保守対リベラルということがよくいわれる。その場合のリベラルは概ね文化やアイデンティティの多様性を認めるという社会的なリベラリズムと福祉政策の充実を訴える財政上のリベラリズムを指すことが多い。それに対し、ネオリベラリズム（新自由主義）という場合、小さな政府と規制のない資本主義を推進する立場の意味で用いられており、上述の財政上のリベラルとは相反する内容となっている。

　このように多様性に富むリベラリズムの概念自体を解きほぐすことは、専門の政治思想の研究に委ねざるをえないが、国際関係学におけるリベラリズムにおいて1つの鍵となる内容は、リアリズムの章で扱ったような国際システム上の構造的制約からの自由という点である。つまりリアリズムにおいてはアナーキーという構造ゆえに、国家は力を追求せざるをえず、したがって国家間の関係は力と力の競合、争いに傾きやすいと見る傾向があった。それに対し、リベラリズムにおいてはそのような構造による国家の行動への影響は解消、あるいは少なくとも緩和しうるとみる。構造的制約を緩和するメカニズムとして主に想定されているのは、貿易・投資などの経済相互依存、民主主義の価値・体制、国際的なルールや制度の3つである。以下ではそれらリベラリズムに含まれる3つの要素について説明したい。

3つの要素

　1つ目は商業的リベラリズムである。これは貿易や投資によって国々が相互に依存しあうことで、協調的、平和的な関係が築かれ、維持されやすいという考え方である。その起源は古典的な自由主義経済学にさかのぼる。経済学の祖として知られるアダム・スミスは分業と特化の利益を説いて自由な市場経済と貿易による共存共栄の道筋を示し、保護貿易により富や貴金属の独占を図る重商主義を批判した。19世紀の自由主義者であるジョン・スチュアート・ミルは、

さらに貿易による平和という視点を推し進め、貿易は戦争と相反する個人的利害を強烈に増大させ、戦争を絶滅に向かわせると述べている。要は貿易により国々が経済的に結びつくようになれば、喧嘩をするよりも手を組んで儲けを得ようとするはずだというわけである。スミスと親交のあったデイビッド・ヒュームも、イングランドの臣民として当時のライバル国であったフランスの繁栄を歓迎すると述べた。このように商業的リベラリズムに立てば、潜在的な敵国の成長すら、脅威ではなく自国の利益と見なすことも可能になる。第2次世界大戦後の多国間の貿易体制の構築に重要な役割を果たしたアメリカのコーデル・ハル元国務長官も「商品が国境を越えられなければ軍隊が越える」と述べており、平和を維持する自由貿易の役割を重視していた。

　現代はグローバリゼーションの時代であり（☞第Ⅴ部第1章参照）、各国は貿易のみならず、資本の流れや生産のサプライチェーンで結びついている。この状況では1国のみで必要な商品や技術を調達できる国はない。それゆえスミスやミルの時代と比べても戦争はより高くつくようになったといえる。近年、米中対立が激しくなっているが、かつての米ソ冷戦と異なる点として、米中は貿易、サプライチェーン、資本の面で深い相互依存の関係にあることがある。相互依存が戦争を防ぐとは言い切れないまでも、戦争による関係断絶のコストが高くなっていることは間違いない。

　2つ目は価値的リベラリズムと呼ばれる考え方である。これは哲学者のイマヌエル・カントらを源流としており、民主主義や人権の価値、あるいはそれらに基づく政治体制が広まることが国際関係を平和にする上で望ましいとする考え方である。デモクラティック・ピース論はその代表的な理論である（☞第Ⅱ部7章参照）。

　3つ目は制度的リベラリズムである。これは、国際制度を通じたルールの制定や普及を通じて協調的な国際関係や国際秩序の安定を図ることができるという考え方である。ここでいう国際制度というのは通常イメージされる条約や協定よりも広い概念である。国際制度とほぼ同義で使われる国際レジームの代表的な定義は、国際関係における特定の問題領域で成立する明示的・黙示的ルールのセットをいい、それを中心にアクターの期待が収斂していくというものである（スティーヴン・クラズナー）。やや抽象的であるが、何らかの問題領域にお

いて共通して認識、了解されているようなルールのセットであり、そこでいうルールには公式のものに加え、非公式のものが含まれる。そしてルールを制定し、普及させる国際組織についても国際制度ないしは国際レジームに含めることが多い。国際制度には少数国によるものも多国間のものもあるが、基本的には多数の国を包摂した多国間の制度が望ましいと考えられている。

　近年は国際制度（レジーム）の発展形として、グローバル・ガバナンスをめぐる議論も盛んになっている。グローバル・ガバナンスは直訳すれば地球規模の統治であり、概ね世界レベルで共通する課題について多角的に解決し秩序をつくり出すことの意味で用いられる。このグローバル・ガバナンスと国際制度（レジーム）は重なりのある概念である。両者の区分について、山本吉宣によれば国際レジームは特定の問題領域を対象とし、かかわるアクターは国家が中心であり、ルールによる問題解決を志向する。それに対し、グローバル・ガバナンスは問題領域が複合的、包括的であり、国家以外に国際機関、NGO、企業などの非国家アクターも重要な役割を担い、問題解決の方法はルール以外にプログラム、開発の実践など様々な方法が含まれるという。

　国際制度の重要性について考える上で、現代のグローバル化と歴史的に実現したかつてのグローバル化を比較してみよう。現代はグローバル化が進んだ時代といわれるが、これには歴史的に先例があった。19世紀後半から戦間期（2つの世界大戦の間の時期）頃までのいわゆるファースト・グローバリゼーションである。この時代について、経済学者のジョン・メイナード・ケインズは1919年の著作で「ロンドンの住民はベッドで紅茶を飲みながら電話1本で地球上の様々な産品を注文し、地球上の資源や事業に資産を投資することができた」と書いている。インターネットこそなかったものの、貿易も投資も相当グローバル化していたのである。しかしこのファースト・グローバリゼーションは脆く、世界恐慌を機に主要国はブロック経済化へ向かった。それに対し、第2次世界大戦後徐々に進んだ現代のグローバル化は、アジア通貨危機や世界金融危機など数々の経済危機を持ち堪えている。その違いの重要な要因とされているのが国際制度による支えの強弱である。ファースト・グローバリゼーションは各国が貿易自由化や金本位制を採用することで成り立っていたが、それは各国の自発的な取り組みや公式の制度がある場合も二国間の通商条約・協定によってい

た。つまり商業的リベラリズムに依拠する部分が大きかったと整理できる。しかし深刻な不況下で失業や産業競争力衰退に直面すると、国々が保護主義の誘惑に抗することは困難であった。

　他方、今日のグローバル化は貿易ルールの元締めとしてのWTO（世界貿易機関）や通貨・金融の安定化を図るIMF（国際通貨基金）、世界銀行といった多国間の国際制度が設けられたことで強靭性を増していると考えられる。世界金融危機時にはかつての戦間期の再来が懸念されたが、新たに先進国と新興国が協調する制度としてG20サミットが立ち上げられ、経済対策が実施された。このように商業的リベラリズムの流れを制度的リベラリズムが補強することで、不況や危機下での保護主義の蔓延に歯止めがかかっている。

　以下では国際関係学で取り上げられることが多い制度的リベラリズムの発展に貢献した2人の議論を紹介したい。

コヘイン：「覇権後」の国際制度

　ロバート・コヘインは制度的リベラリズムを代表するのみならず、北米の国際関係学の理論研究を長年牽引してきた研究者である。コヘインの主著『覇権後の国際政治経済学』は、リアリズムの章で扱った覇権安定論に反駁したものである。同書においてコヘインは覇権安定論について、(1)国際秩序は単一の支配的権力（覇権）により形成される、(2)いったん形成された秩序の維持には覇権の継続を必要とする、という内容に整理した。その上で(1)はある程度歴史的経験と合うものの、(2)について、成立済みの秩序は国際制度を通じた国々の協調により持続可能であると論じた。そしてコヘインは合理的に利益を追求する国々にとって、国際制度は協調の利益を増してコストを減らすとした。そうした制度による協調促進のメカニズムとしてはいくつかの経済学的な概念が挙げられているが、ここでは主なものとして囚人のディレンマの解消を見ておこう。

表2-2-1　囚人のディレンマ

		囚人B	
		協力（黙秘）	裏切（自白）
囚人A	協力（黙秘）	A（2年）、B（2年）	A（10年）、B（1年）
	裏切（自白）	A（1年）、B（10年）	A（8年）、B（8年）

囚人のディレンマとは次のような状況である。

　AとBの2人がある事件の容疑者として収容されたとしよう。取り調べにおいて、A、B双方ともに相手を信頼して黙秘を通せば、容疑は固まらず、2年で釈放されるとする。反対に取り調べにおいて、双方とも自白すると犯罪が明るみに出て2人は懲役8年となる。捜査官は自白を引き出そうとして、先に自白すれば減刑するともちかける。それに対して、Aは黙秘を通したものの、BはAを裏切り自白したとしよう。Bは減刑され1年の収容で済むのに対し、黙秘を通したAは懲役10年となる。逆も同じである。これが囚人のディレンマとして想定される状況である。この状況において、合理的なアクターは最悪の事態を避ける選択肢をとる。したがって双方は、協力が利益になる（懲役2年）ことは理解していても、最悪の事態（懲役10年）を避けるために相手を裏切り、ともに8年の懲役を受けることになってしまう。

　このように、囚人のディレンマは通常、合理的なアクターにとって協力が困難なことを説明するモデルである。それに対しコヘインは、囚人のディレンマはゲームが1回限りとされているため、裏切りが解になるのであって、これを繰り返しゲームに設定しなおせば、協力は可能になるとした。ゲームが将来繰り返されることとなれば、裏切りに対して報復がなされることになる。ゆえにアクターは将来を見据え協力が利益になることを理解するという。

　コヘインは通貨、貿易、エネルギーなど各分野における国際制度は国々が長期的にかかわる場として繰り返しゲームによる協調を実現しやすくするとする。さらに国際制度のもとでは協議の場やルール・手続が設定されることから協議のコストが低下し、互いの行動に関する情報を得られるようになるとした。

　この議論を貿易分野に当てはめると、1980年代、製造業の競争力低下に直面したアメリカは、相手国に輸出自主規制を要求するなど新保護主義と呼ばれた手法を駆使して自国産業の保護を推し進めていた。日米貿易摩擦も激しく、アメリカは日本にアメリカ製品輸入の数値目標を求めるなど、筋の悪い要求を打ち出すようになる。要はアメリカは自由貿易の支え手という覇権国らしさを失ってしまっていた。ところがこの時期に行われたGATTウルグアイ・ラウンドは難航したとはいえ、関税引き下げに加え、農産品やサービス、知的財産権といった従来十分扱われてこなかった領域のルールづくりを進めるなど大き

な成功を収めた。つまり覇権国の役割は低下したものの、各国はGATTという国際制度のもとで意義のある協力を実現できたといえる。

アイケンベリー：「勝利後」の国際秩序

　コヘインの議論は、国際制度が覇権という力の要因から独立して機能しうる点を強調するものであった。それに対し、国際制度と力の関係を正面に据え、大きな戦争に勝って力の優位を獲得した国がどのように国際制度を活用してきたかを問うたのはG・ジョン・アイケンベリーである。

　アイケンベリーは、主著の1つ『アフター・ヴィクトリー』において、ナポレオン戦争、第1次世界大戦、第2次世界大戦および冷戦の終結後の国際秩序形成を検討し、第2次世界大戦以降、立憲型秩序という性質が格段に強まったと論ずる。立憲型秩序以外の国際秩序の類型には覇権型秩序と勢力均衡型秩序がある。それら力による秩序とは異なり、立憲型はいうなればルールに基づく秩序である。すなわち、国内政治における権力闘争が憲法の制約下で行われるのと同様に、国際政治においても憲法のような基本的ルールのもと、強者による権力行使は抑制され、弱者の権利や復活の機会が守られるような秩序をいう。そこで重要な役割を果たすのは強者、弱者を包摂する国際制度である。この立憲型秩序の構築に最も適しているのは、すでに国内に同種の政治制度を備える民主主義国であるという。

　アメリカは第2次世界大戦後、NATO（北大西洋条約機構）、国際連合、ブレトン・ウッズ体制やGATTの設立を主導した。さらに第1次大戦後の国際連盟のときとは異なり、自らもそれらのメンバーとなった。このようなアメリカによる国際制度の推進は、一見したところ当たり前のようで、そのじつ不思議なことである。なぜなら、本土が戦場にならないまま第2次世界大戦を終えたアメリカは、戦後、他の主要国と比べて軍事、経済両面で圧倒的な存在であった。それゆえ国際制度などなくとも自由気ままに行動し、他国に自らの意思を押し付けることも可能な状況であったといえる。その一方、国際制度を作れば、ある程度はそのルールの拘束を受け行動に制約を受けることになる。

　この「謎」について、アイケンベリーは以下の点から説明する。まずは力の優位を長期的に温存するねらいである。アメリカは圧倒的な力をもっていたが、

その極端な力の集中は他国の復活に伴い徐々に失われると見込まれた。一方、国際制度にはルールの制定に加え、制度のもつ経路依存性（過去の選択や経緯が将来の行動を方向づけること）と収穫逓増（利益や変更のコストが時間の経過とともに増大すること）の性質により、現状の秩序や関係性を長期的に持続させる働きがある。つまりアメリカは制度の拘束を受け入れることで力の優位の温存を図ったのである。

　加えて、他の主要国への安心供与というねらいもあった。英仏など西欧諸国にとって第2次大戦後のアメリカは、自分たちが仕切っていた世界に出現した超大国であった。そこで西欧側は2つの相反する不安を抱く。1つはアメリカに支配される不安である。もう1つは逆にアメリカに見捨てられる不安である。アメリカが孤立主義に回帰してしまえば西欧はドイツの復活やソヴィエト連邦の脅威に独力で立ち向かわざるをえなくなるためである。その意味でアメリカ主導の国際制度の構築は、西欧諸国にとってアメリカの力の優位を認める代わりに、アメリカを欧州や国際問題につなぎとめる意義を有するものであった。このようにアメリカは、いわば力を威圧的に行使するのではなく、立憲型秩序における国際制度を通じた抑制を受け入れることで、他国の支持を得て長持ちさせる道を選んだというわけである。

　冷戦後、単独の超大国なったアメリカは、NATO拡大、WTOとNAFTA（北米自由貿易協定）をはじめ地域経済制度の設立など制度戦略をいっそう推し進めた。これは自由主義的秩序を拡大するとともに、自らの圧倒的な力について、国際制度による抑制を受け入れるという意思表示にもなった。そうしたアメリカの姿勢を受け、各種国際制度は冷戦の「敗者」に当たる東側諸国の支持も得ていく。すなわちソ連は統一ドイツがNATOメンバーとなることを受け入れ、2000年代以降、中国、ロシアは進んでWTOに加盟してきた。このように、旧東側諸国も国際制度をベースとしたアメリカ主導の国際秩序に利益や安心を見出すようになったという。

リベラリズムの問題点

　リベラリズムは第2次世界大戦後の経済のグローバル化や主要国間の平和の実現とよく合致する考え方であり、高い説明力を有すると見なされてきた。そ

の一方、主な問題点として次の2点を指摘できる。まず、国際制度や自由主義経済、民主主義の価値を通じた協調の推進についてのやや楽観的な態度である。アイケンベリーも前述の著書で国際制度を基調とした立憲型秩序は冷戦後も衰退することはないとの見通しを示していた。実際の先進民主主義国の外交政策でもリベラリズムは主流となり、アメリカの対中関与政策に典型的に表れたように、新興大国に対しても経済と国際制度を通じた関与を通じリベラリズムを浸透させることは可能と期待された。しかし、中国はWTOなど利益になると判断した国際制度については熱心に活用する一方、自国経済の国家統制を堅持し、民主主義を受け入れる兆しはない。インドはWTOやRCEP（地域的な包括的経済連携）交渉に見られたように貿易の自由化・ルールづくりにおける抵抗勢力の代表である。世界の平和と安全に最大の責任を有するはずの国連安全保障理事会常任理事国のロシアは平和と安全を脅かす側に回っている。

　次の点として、リベラリズムではいわば制度性善説ともいうべき立場が前提とされている。つまり国際制度は基本的に協調や繁栄、平和をもたらす善き存在と見なされてきた。その一方で、主要な国際制度はアメリカや欧州の利益や価値を反映する面が強いのも事実である。逆にいえばその他の国・地域の利益や価値は相対的に軽視されている。そうした問題はIMFや世界銀行が経済危機時にアジアやラテンアメリカ諸国に対し実情に合わない新自由主義的政策を要求したほか、新興国の台頭がいわれて久しいにもかかわらずIMFの専務理事は欧州、世界銀行総裁はアメリカ出身という慣行が変わらないといった点からも一目瞭然である。中国が2016年に創設したアジアインフラ投資銀行（AIIB）が一定の支持を得たのもそうした点への不満を反映するものであろう。

◆参考文献
① PHP「新世界秩序」研究会編『自由主義的国際秩序の危機と再生──秩序再編期の羅針盤を求めて』PHP研究所，2018年（https://thinktank.php.co.jp/policy/5190）.
② ロバート・コヘイン（石黒馨・小林誠訳）『覇権後の国際政治経済学』晃洋書房，1998年．
③ G・ジョン・アイケンベリー（鈴木康雄訳）『アフター・ヴィクトリー──戦後構築の論理と行動』NTT出版，2004年．
④ 山本吉宣『国際レジームとガバナンス』有斐閣，2008年．

第3章　コンストラクティビズム

国際政治におけるアイデア・規範

　今日の世界で、持続可能な開発目標（SDGs）（☞第Ⅴ部第10章）を知らない人はいないだろう。周知の通り、SDGsとは環境分野、開発分野、社会分野における17の国際目標である。SDGs達成度ランキングにおける自国の順位は否が応でも気になってしまう。SDGsはまさに世界各国を取り込む目標なのだ。

　SDGsは「国際社会における望ましい価値や行動基準」、すなわち「国際規範」である。世界には、SDGs以外にも、人権、民主主義、環境保護、貧困削減など、実に多くの国際規範が存在している。アイデアや規範は世界の国々や人々に影響を与えるがゆえに、様々な分野で国際規範がつくられる。国際政治におけるアイデアや規範の重要性は明らかだ。

　本章は、国際政治におけるアイデアや規範の重要性を論じるコンストラクティビズム（構成主義）のアプローチについて概観するものである。コンストラクティビズムはいつ登場したのか。どのような特徴をもつのか。その中心的な研究である規範研究とはどのように展開されてきたのだろうか。

コンストラクティビズムの登場

　1980年代末、国際関係におけるアイデアや規範の役割を説いて注目を集めたのは、コンストラクティビズムである。コンストラクティビズムは、社会学的な事実認識や説明方法を用いて、90年代の国際関係の変動やそれに伴う国家行動の変化をうまく説明したことで、リアリズム（☞第Ⅱ部第1章）、リベラリズム（☞第Ⅱ部第2章）と並ぶ、国際関係の主要なアプローチの1つとなった。

　コンストラクティビズムが登場する以前、既存のリアリズムとリベラリズムは、パワーや利益といった物質的要素に着目して、国際関係の事象を説明してきた。しかしながら、両アプローチとも、冷戦の終結を予測することができなかった。米ソ冷戦対立を勢力均衡（☞第Ⅱ部第6章）ととらえるリアリズムは、軍拡競争が続くと論じた。経済的利益を重視するリベラリズムは、ソ連が東欧諸国の民主化革命を黙認し、自らの勢力圏の喪失を容認するとは予測しなかっ

た。
　そこで、コンストラクティビズムはアイデアに着目して冷戦の終結を論じた。当時のミハイル・ゴルバチョフソ連共産党書記長は、冷戦外交から脱却し、米ソ協力を推進するという「新思考外交」を提唱した。そのアイデアが東西両陣営に受け入れられたことが、冷戦を終焉に導いたという。パワーや利益といった物質的要素のみに着目した議論に物足りなさを感じていた人々には、アイデアに着目するコンストラクティビズムの議論が新鮮に感じられたのである。
　もちろん冷戦終結にパワーや利益といった物質的要素が重要でなかったわけではない。ソ連の社会主義経済が行き詰まり、もはや軍拡競争を続けられなくなっていたという事実や、ロナルド・レーガン米大統領の軍拡路線が、経済的に疲弊するソ連を追い詰めた側面は見逃されるべきではない。コンストラクティビズムも、パワーや利益などの物質的な側面を無視するものではない。アイデアこそが、パワーが意味するものや何が利益となるのかを決めるのであり、アイデアに注目することで、アナーキーや勢力均衡に関する理解を深め、国際システムの変化を説明できるようになると主張するのである。

コンストラクティビズムの特徴
《相互構築》
　コンストラクティビズムの主な特徴の１つは、国際システムの変化を説明するために、国際関係を社会学的にとらえることであろう。国際関係は、構造（structure）と主体（agent）から構成されるものであり、両者が影響を与え合って、相互に構築するという理解である。冷戦下の米ソ軍拡競争を例に挙げてみよう。冷戦という構造が、米ソという主体に対し、互いを敵と見なすよう仕向ける（構造が主体に影響）。その認識に基づいて、米ソはともに軍備拡張に励み、冷戦構造は継続する（主体と主体間関係が構造に影響）という説明がなされる。
　でもそれならば、ネオリアリズムが冷戦下での軍拡競争の継続を論じるのとどこが違うのだろうか。ネオリアリズムが軍拡競争の継続しか論じないのに対し、コンストラクティビズムは、軍拡競争の継続のみならず、中止についても説明できるという点が大きく異なっている。ネオリアリズムが、構造が主体の行動に影響を与える局面のみを取り上げるのに対し、コンストラクティビズム

は、主体が構造に影響を与える局面も考慮に入れる。主体が構造に影響を与える局面を考慮に入れることによって、主体の認識や行動の変化が構造を変えうることを想定できるようになる。つまり、アメリカとソ連が相互の敵対認識や軍備拡張行動を改めることによって、冷戦構造が終わりを迎える可能性を想定できる。ネオリアリズムが、冷戦構造は変わらないというように、国際構造の不変性を想定するのとは対照的といえるのである。

《規範》

そしてコンストラクティビズムのもう１つの主な特徴は、独特の規範概念である。コンストラクティビズムでは、規範は「特定の共同体における、適切な行為をめぐる共通の期待」と定義される。リベラリズムによる「諸個人が抱く信条」というアイデアの定義と異なり、共同体を前提とした上での定義となっている。コンストラクティビズムの規範は、共同体を前提とすることで、リベラリズムのアイデアとは、定義だけでなく、その性質や機能の点でも違いが生じる。

第１に、規範とは「間主観性」(inter-subjectivity) をもつ。リベラリズムのいう理想や知識などのアイデアは、個人の頭のなかにある主観的なものであり、必ずしも共同体の大多数のメンバーに共有されているわけではない。これに対し、コンストラクティビズムのいうところの規範は、リベラリズムと同様に、個人の頭のなかにある主観的なものであるが、そのアイデアは、共同体の大多数のメンバーによっても共有されている。つまり、諸個人の間に共有される主観的なアイデア、すなわち、間主観性をもつアイデアなのである。例えば、平和主義というアイデアを掲げて運動を展開する活動家がいるとしよう。その活動家がキャンペーンをする前、あるいはキャンペーンに失敗した場合、平和主義は活動家個人の「アイデア」にすぎない。しかしキャンペーンに成功し、その国全体に平和主義が共有されるようになった場合、平和主義はその国の「規範」になるのである。コンストラクティビズムの規範は、社会に広く共有されている価値や行為基準なのである。

第２に、規範の２つの作用である。コンストラクティビズムは、規範には規制的作用と構成的作用の２つの作用があると考える。例えば、国際社会のなかに平和主義という規範があるとしよう。その規範があるなかでは、国家は戦争

に訴えにくくなる。これは、規範が国家に適切な行為基準を教え、国家行動を規制した、すなわち規範の規制的作用が働いたと説明される。このとき、国家による規範への共鳴の程度は問われない。これに対し、平和主義という規範が、国家に平和主義国であるというアイデンティティを体得させ、その結果、国家が平和主義的行動をとったという説明は、規範の構成的作用の働きを述べたものである。つまり、規範には、主体のアイデンティティを構成することで、主体の行為に影響を及ぼす作用があると考えるのである。コンストラクティビズムの規範が、リベラリズムのいうアイデアと大きく異なるのは、この構成的作用をもつことである。つまり、規範は、主体に共同体のメンバーであるというアイデンティティを体得させ、共同体のメンバーとしての適切な行動をとるよう促す。規範は、規制的作用と構成的作用を同時に行うことによって、主体の行動を拘束すると考えられるのである。

規範研究の展開
《ライフサイクル仮説》

　コンストラクティビズムには様々な研究があるが、その中心的な位置を占めるのは規範研究である。規範研究が大いに発展を遂げる契機となったのは、マーサ・フィネモアとキャサリン・シキンクが考案した「ライフサイクル仮説」であろう。フィネモアとシキンクは、規範をまるで生き物のようにとらえ、規範の動態をライフサイクルとして描いた。ライフサイクル仮説では、国際規範の動態は3段階に区分される。すなわち、規範が生まれる出現（emergence）の第1段階、規範が一気に拡散するカスケード（cascade）の第2段階、規範が当然視される内面化（internalization）の第3段階である。

　ライフサイクル仮説では、主体の役割に注目して規範の動態が論じられる。第1段階では、国際機関やNGOなどの規範起業家（norm entrepreneurs）が、国際社会において望ましい価値や適切な行動基準を考案し、拡散を図る。国際社会に影響力をもつ規範主導国（norm leaders）がその望ましい価値や適切な行動基準を受容することを契機に、その価値や行動基準は規範と見なされるようになる。第2段階では、規範に従うほうが結果的に国益にかなうとの判断──結果の論理（logic of consequences）──に基づいて、大多数の国が規範に従う

規範追随国（norm followers）になる。そして第3段階では、大多数の国家が、規範に従うことは国際社会のメンバーとして適切であるとの考え——適切性の論理（logic of appropriateness）——によって、規範に無意識に従うようになるのである。

　つまり、ライフサイクル仮説は、規範が共同体内に拡散していく過程を描くものであり、冷戦終結後、人権や民主主義などの、西欧諸国に起源をもつ規範が、非西欧諸国に伝播していく状況を分析するのに多く用いられたのである。

　その一方で、ライフサイクル仮説には様々な批判が寄せられた。主な批判には、規範の単線的な伝播、欧米中心主義、構造決定論の3つがある。第1の批判は、本来ならば、規範は主体との相互作用のもとで変容を遂げていくことになるが、規範が静態的なものとして扱われ、その静態的な規範を受容する主体が増えていくという想定に向けられている。実際には、規範も変わるし、規範が主体に受容されていく過程も単純ではない。第2の批判は、欧米に起源をもつ、人権や環境保護などの進歩的な価値観が拡散していく様子を扱うため、非欧米諸国に対する欧米諸国の優位性を含意するというものである。第3の批判は、「適切さの論理」が行きわたる構造のなかでは、新たな規範を生み出す規範起業家が出現することはありえず、規範起業家の役割を想定するライフサイクル仮説が成り立たなくなるというものである。

　ライフサイクル仮説はあくまでも理念型にすぎない。実際に、規範が出現し伝播していくのは、真空の空間ではなく、政治空間である。主体は政治主体であり、それぞれが固有のアイデンティティや規範をもち、政治的な駆け引きもする。政治空間では多様な政治主体が入り乱れ、規範をめぐる政治が展開されている。それゆえ規範の動態の解明に際し、どのように政治性を取り込んでいくかが課題とされるようになった。

《ライフサイクル仮説の修正》

　2000年代半ば以降、これら批判に応える形で、ライフサイクル仮説に修正を迫る研究が相次いで発表されるようになった。その多くが、主体の役割に注目し、新たな規範の動態を提唱した。例えば、国内主体が各国の文化や規範に合致するよう国際規範を「現地化」（localization）することが論じられた。また、主体が規範の意味内容を解釈する余地を考慮に入れ、規範が精緻化されたり、

変化したりする事例も紹介された。そして主体が規範を受容しない場合には、規範の「衰退」や「消滅」が起こりうることも述べられた。さらに新たな規範の出現を快く思わず、既存の規範秩序の維持を試みる「規範抵抗者」（norm antipreneur）の存在も指摘された。

　2010年代半ば以降になると、規範研究の欧米中心主義を是正する研究も出てきた。2014年、国際学術誌の1つである『Third World Quarterly』では、新興国や途上国による国際規範形成の試みについて特集が組まれた。その特集論文では、中国やブラジルなどが様々な分野において新しい規範を生み出そうとしている様子が論じられている。

　本章の冒頭に登場したSDGsに話を戻そう。SDGsというアイデアを最初に提起したのは、欧米先進国のエリートではない。中南米の中小国コロンビア外務省のポーラ・カバレロ環境・天然資源担当局長である。カバレロ氏がSDGsを提案すると、コロンビア政府はSDGsキャンペーンを積極的に展開し、ポスト2015開発アジェンダとしてSDGsが採択されるに至ったのである。SDGsをめぐる規範形成は、まさに21世紀の国際社会の多極化を象徴するものといえよう。

　今後、さらなる多極化が予想される。多極化は主体の特性や行動を変えていく。多極化の進む国際社会で、国際規範はどのようにつくられ、伝播するのだろうか。国際規範をめぐる政治から、ますます目が離せない。

◆参考文献

①政所大輔・赤星聖「コンストラクティビズム研究の先端——規範のライフサイクル・モデルを越えて」『神戸法學雑誌』67巻2号，2017年9月，147-178頁．
②西谷真規子編『国際規範はどう実現されるか——複合化するグローバル・ガバナンスの動態』ミネルヴァ書房，2017年．
③山田高敬・大矢根聡編『グローバル社会の国際関係論（新版）』有斐閣，2011年．
④"Social Constructivism," in G. Sorensen, et al. eds., *Introduction to International Relations: Theories and Approaches*, Oxford University Press, 2022, pp. 192-219.
⑤*Third World Quarterly*, vol. 35, no. 10, 2014.
⑥渡邉智明「研究諸事例におけるコンストラクティビズム——方法論としての可能性」『九大法学』86号，2003年，341-364頁．

第4章　リアリズム・リベラリズム論争

　かつてリアリズムとリベラリズムの優劣という問題は国際関係学における主要な論争点であった。実際、多くの名だたる研究者が自分はリアリスト、あるいはリベラル制度論者であるというふうに旗幟を鮮明にして論敵の主張を批判してきた。論争は大論争（great debate）あるいはネオリアリズムとネオリベラル制度論の間のネオ・ネオ論争などと呼ばれ、1980年代に最盛期を迎えた。それに対し、最近では個々の研究者が自分はリアリスト、あるいはリベラリストというように立場を表明することはむしろ稀になっている。そして必ずしも特定の立場にこだわらず、国際関係における具体的な現象を説明するために必要な理論を用いるという実用主義的、折衷的なアプローチも広がっている。とはいえ国際関係についての問題意識や見解の相違が大きくいえばリアリズムとリベラリズムのいずれの視角を通して現象をとらえるのかによって生じてくる面は依然としてある。そこで本章では主要な論争について振り返ってみよう。その上で、2つの立場を折衷的に用いる考え方についても概観しておくことにしたい。

覇権安定論と制度的リベラリズム

　第1章で述べたように、キンドルバーガーやギルピンの覇権安定論の考え方に立てば、覇権国がリーダーシップを発揮し、開放的な市場や国際通貨の管理運営など国際公共財を供給することで世界経済は安定するとされる。それに対し、制度的リベラリズムを奉ずるコヘインは、第2章で述べた通り、いったん確立した秩序は国際制度を通じた国々の協調によって保つことができると論じた。この論争について重要なテストケースとなったのは、1980年代以降のアメリカが貿易における競争力を低下させた時期であった。当時、アメリカは従来、GATT（関税および貿易に関する一般協定）が想定していなかった新保護主義と呼ばれる保護貿易的手段に訴えるようになった。また、日米貿易摩擦においては日本に対し、輸入の数値目標など管理貿易的な要求を突きつけた。要はアメリカが自由貿易の旗振り役ではなくなったわけである。覇権安定論に沿っていえ

ば、アメリカがリーダーシップを放棄した以上、国際貿易は衰退や保護主義化へ向かうと予測された。しかし、第2章で述べたように、実際には厳しい交渉を経てではあったものの、GATT ウルグアイ・ラウンドは大きな成果を上げ、貿易の自由化や新領域における貿易促進的なルールづくりが進展した。その後も、GATT は法的実効性を強化した WTO（世界貿易機関）に改組され、その紛争解決手続には中国のような新たに台頭した大国も概ね従うなど、貿易分野への法的ルールの浸透が進んだ。また冷戦後は貿易分野のみならず、経済分野全般、さらには地球環境分野に加え従来、制度化が進展していなかった安全保障分野においても国際制度が設けられ、あるいは強化された。こうした経過は、概ね覇権安定論よりも制度的リベラリズムを支持する展開であると理解されることが多い。

　その一方、制度的リベラリズムに対しては、GATT・WTO のような国際制度が覇権的な力の要因から本当に自立しているのかを問うことができる。アイケンベリーが覇権型秩序や立憲型秩序といった類型は理念型（理論的モデル）であり、現実は混合的であるとしたように、国際貿易制度についてもアメリカあるいは米欧の力によって支えられてきた面はある。WTO で着手されたドーハ・ラウンドは膠着状態にあるが、その主な理由として米欧先進国と中国、インド、ブラジルなど新興国の利害対立の激しさが指摘される。つまり、アメリカあるいは米欧の力が相対的に低下したことで国際制度の機能も低下している可能性がある。特に2017年に発足したアメリカのドナルド・トランプ政権は自由貿易に否定的であり、WTO 紛争解決手続きの上級委員会の委員補充を拒否したことで、紛争解決手続きは機能不全に陥ってしまった。

　こうした経緯からは覇権的なリーダーシップが不在であることの負の影響もそれなりに大きいように見える。他方、トランプ政権下でアメリカが TPP（環太平洋経済連携）を離脱した後、日本やオーストラリアが残りの国と CPTPP（包括的・先進的な TPP）をまとめあげたほか、日本・EU の EPA（経済連携協定）といったメガ FTA（自由貿易協定）の形成が進展した。そうした経過はアメリカのリーダーシップに頼れない状況だからこそ、他の先進国が協力して制度的リベラリズムを守ろうとした動きの表れと理解できよう。

絶対利得と相対利得

　リベラリズムにおいては通常、国家は自らの利益を追求しており、利益を得るために自由貿易のような他国との協調的関係に入ることが想定されている。この場合の自国の利益自体は絶対利得と呼ばれる。それに対し、リアリズムに立つジョセフ・グリエコからは、国家は他国との協調的関係に入るに当たり、絶対利得のみならず、自国と他国（特に競争相手）との利益の差についても考慮するという議論が提起された。この自国と他国の利益の差に当たるのが相対利得である。そして相手の国との関係が敵対的であるほど、相対利得の重要性が増すとされた。

　仮想的な例で考えてみよう。近年の外交課題の1つである日中韓3カ国のFTAについて、次のような効果が見込めるとする。FTAの実現による3カ国における最終的な経済成長押し上げ効果は日本が2％、中国が4.5％、韓国が5％となる。この場合、あなたは日本の立場に立ったとして、日中韓FTAを推進すべきと考えるだろうか。ある人は中韓2カ国の成長とは関係なく、日本にとって2％という成長効果が見込まれる以上、推進すべきと考えるだろう。これは絶対利得を重視する考え方であり、リベラリズムに沿うものである。それに対し、ある人はアジアにおける競争相手である中韓への成長効果が日本のそれを上回る以上、推進は望ましくないと考えるかもしれない。あるいは韓国はともかく、地政学的に対立する可能性のある中国に及ぶ利益がより大きい点に注目して、やはり推進すべきではないと考えるかもしれない。これら慎重派に属する人は相対利得を重視するリアリズムに近いといえるだろう。

　この相対利得は理論的に洗練された概念であり、上述の覇権安定論と制度的リベラリズムの論争において劣勢にあったリアリズム側のポイントになったといえる。とはいえ、相対利得の考え方に対しては、個々の方針決定に際して絶対利得と相対利得を厳密に区分しうるのかという疑問や、実際に相対利得が協調を妨げる程度はそれほど大きくはないという批判も提起されている。実際FTAなどをめぐる議論においても、中心になるのは自国、あるいは国内各産業にとっての得失である。いずれにせよ、相対利得の概念によって、利益（絶対利得）による国際協調の促進について楽観的態度を是正するという視点は重要である。

世界三分論

本章の冒頭で述べたように、近年ではリアリズム・リベラリズムの論争自体は下火となった。リアリズム、リベラリズムの双方とも、いついかなる状況にも当てはまるというものではなく、理論自体の正しさをいくら競っても決着はつきそうにないからである。むしろ時代の局面や問題領域によって当てはまる理論は変わりうるとの認識のもと、状況に応じて役立つ理論を使えばよいという実用主義的な態度や適宜、理論を組み合わせて複雑な現象の説明を試みる折衷主義的なアプローチも広まってきた。そうしたもののうち、ここでは世界を3つの圏域に分け、リアリズムが当てはまる圏域とリベラリズムが当てはまる圏域を区分する考え方を紹介しよう。

イギリスの外交官であったロバート・クーパーは冷戦後の世界の政治システムはポストモダン圏、モダン（近代）圏、プレモダン圏の3つに分かれているとした。ポストモダンというのは、いわば近代主権国家体制が超克され主権がある程度共有されるような状況である。そこでは国々は経済、安全保障において深い相互依存関係を結び、軍事力や勢力均衡は意義を低下させ、民主主義や人権規範が広まっている。このポストモダン圏に属するとされるのはEUや日本である。それに対し、モダン圏は国際関係で前提とされてきた近代主権国家からなる世界であり、国家主権、内政不干渉が原則である。そこでは国家の安全は軍事力によってしか保証されず、勢力均衡が秩序を保つ原理となっている。モダン圏に属するのは中国、インド等の新興国などである。プレモダン圏というのは、いわゆる失敗国家といわれるような状況である。暴力行使の独占というマックス・ウェーバーがかつて示した国家の要件すら満たされておらず、テロリストや武装勢力が跋扈している。プレモダン圏の例はアフガニスタンやミャンマーなどである。

同様に田中明彦は、政治的自由度と生活水準で国々を分類し、双方とも高い国々を自由主義圏、双方とも低い国々を脆弱圏、その間に位置する国々を現実主義圏に分類している。そして2015年において自由主義圏に属するのはアメリカ、日本などに加え韓国、台湾が挙げられる。インドとインドネシアもこの自由主義圏に近づいているとされる。脆弱圏はアフガニスタン、中央アフリカ諸国などである。現実主義圏に当てはまるのは中国、ロシア、サウジアラビアを

図 2-4-1　3 圏域と GDP

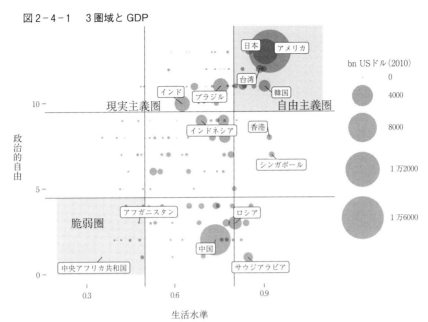

出所）田中明彦『ポストモダンの「近代」——米中「新冷戦」を読み解く』中央公論社、2020年、257頁。
　　　政治的自由はフリーダムハウスの指標、生活水準は国連開発計画による人間開発指数。

はじめその他の国々である。

　このように3つの圏域に分けて国際関係をとらえると、ポストモダン圏あるいは自由主義圏はリベラリズムの該当する世界ということになる。アメリカ、EU諸国、日本といった国々の間では経済的相互依存や争いを平和的に解決する安全保障共同体が成立しており、相互の戦争や勢力均衡が主たる行動原理になる事態は考えづらい。他方でモダン圏／現実主義圏はリアリズムの論理が支配的な圏域である。ここに属する国々は、ロシアのウクライナ侵攻や中国の南沙諸島占拠など、力の強弱に応じて軍事力をも行使しうる（クーパーはアメリカについて政府や議会が主権の部分的共有を受け入れる見込みが薄い点でモダン圏に属すると見ていた）。プレモダン圏／脆弱圏はリアリズム、リベラリズムのどちらも当てはまらず、秩序を保つ原理が存在しない圏域である。アフガニスタンやイラク戦争後のイラク、ミャンマーなどでは武力は国家のみならずテロリストや武装集団、麻薬組織に分散している状況が続いてきた。この3つの圏域の考え

方のような実用主義的、折衷的なアプローチは、ますます複雑化する国際関係の理解において重要性を増していくと考えられる。

◆参考文献
①田中明彦『ポストモダンの「近代」──米中「新冷戦」を読み解く』中央公論社，2020年．
②ロバート・クーパー（北沢格訳）『国家の崩壊──新リベラル帝国主義と世界秩序』日本経済新聞出版社，2008年．
③山本吉宣『国際レジームとガバナンス』有斐閣，2008年．

第5章　従属論と世界システム論

　リアリズム、リベラリズムといった主流派理論が水平的・国家中心的な視点に立つとすれば、垂直的・構造的な視点を提示するのが従属論と世界システム論である。いずれも、国際関係におけるマルキシズムの代表的理論とされる。

　マルキシズムとは、19世紀ドイツの経済学者であるカール・マルクスの思想を基盤に発展した政治経済思想を指す。マルクスの思想から独自の発展を遂げ、また、現実の政治体制であった社会主義体制を支えたイデオロギーとの違いも指摘されてきたことに留意し、本章では上記の定義に限定して扱う。

　従属論と世界システム論は、ともに国家や国際制度ではなく、それらを規定する土台として経済構造に着目することで、世界の様々な事象を総体的に把握しようとした。その際、マルキシズムにおける資本家と労働者との「搾取―被搾取」関係、つまり生産様式をめぐる不均衡な権力関係を、国際関係、特に先進国と途上国との関係や世界構造の分析に適用した。以下、マルキシズムの基本的なものの見方を押さえた上で、それぞれの理論を概観しよう。

マルキシズムの分析視点：経済構造から社会を読み解く

　マルキシズムの特徴は、「生産様式」という概念を用いて経済の仕組みを読み解き、そこから社会の様々な事象やその変化を説明しようと試みた点にある。具体的には、人間にとっての精神的な活動、つまり文化や政治、法律を社会の「上部構造」としてとらえ、これらが自律的に生成・変化するわけではなく、土台となる経済の仕組み、すなわち「下部構造」によって規定されると考えた。例えば、少子化の進行という現象は、恋愛観・結婚観の変化や出会いの少なさといった精神的・社会的諸問題（上部構造）からではなく、非正規雇用労働者の増加や男女の賃金格差といった経済的諸基盤（下部構造）から説明される。同様に、ハラスメントや自殺といった社会現象は、人々の精神的退廃や倫理観の欠如ではなく、例えば劣悪な労働環境や、それに伴う経済的貧困や社会的疎外を媒介に説明される。

　こうした見方はわれわれの日常にも少なからず共有されているが、実は近代

以降に生まれた新しいものでもある。中世には、貧困は個人の怠惰によるものとされ、貧困者は児童か成人かを問わず矯正や強制労働の対象とされた。19世紀に入ると貧困を社会問題としてとらえる近代的な貧困観が登場し（「貧困の発見」）、後の社会保障の礎となる。マルキシズムはこの近代的貧困観を共有しつつ、それが生み出される要因を「下部構造」となる経済のメカニズムから説明しようとした。ここで登場する、近代特有の経済システムが資本主義である。

　資本主義社会とは、人々の生活に必要な財、サービスなどあらゆる過程が私的に所有され、市場において広範に「商品」として売買される社会を指す。ある財を「商品」として扱うためには、「ある財が誰かの所有物である」という「私的所有」の概念が必要となる。しかし、近代以前の社会においては、土地や河川など多くのものには所有概念がないか、あっても共有のものであった。ところが16〜18世紀に入ると、イギリスでは土地囲い込み運動（エンクロージャー）が行われ、封建領主や商工業者による土地の私的所有が始まる。封建社会において土地に縛りつけられていた農民・農奴は耕作地を追われ、工場労働者として産業革命期の都市に大量に流入することになる。

　農村部における土地の所有と並び、都市部では、生産手段の「所有」をめぐる新たな関係が生まれた。資本主義の始まりである。資本主義のもとでは、土地や道具、工場など、これまで共有されてきた生産手段を排他的に所有する人々（資本家）と、生産手段をもたない人々（労働者）が生まれる。労働者は、労働市場において労働力を「商品」として売ることで生計を立てるようになり、資本家はその買い手となる。重要な点は、ここで労働者が生み出す価値のすべてが賃金として支払われるわけではないということにある。例えば時給1,000円で働く労働者は、実際には1時間あたり1,000円以上の利益を生み出している。残りの利益（剰余価値）は彼らの雇い主である資本家が手に入れ、さらなる設備投資に振り向けることで経営拡大を図る。資本主義は、このような生産様式のもとで資本を蓄積することで発展するが、そこでは資本家がますます富む一方、労働者は貧しい状態に留めおかれる。マルキシズムは、このような資本家と労働者との関係を「搾取―被搾取」関係と呼び、労働者は自らの労働を搾り取られる＝「搾取」状態におかれることで、経済的困窮に陥ると考えた。

　労働法も社会保障制度もない資本主義黎明期、労働者のおかれた環境は過酷

だった。中世的な「恩恵」としての慈善活動はあったが、近代的な権利概念に基づくものではなく、「搾取―被搾取」関係を持続させるものとして批判された。マルキシズムは、こうした時代背景のもとに、根本的な問題解決の手段として資本主義体制の変革を求めたのである。

従属論

　富の不平等は、国家単位、国民経済の単位でのみ生じるわけではない。UNDP（United Nations Development Programme: 国連開発計画）の『人間開発報告書1992』によると、1989年の世界では、最富裕層の20％が世界の82.7％の富を独占し、最貧層の20％が世界の1.4％の富を分け合っていた。この富の偏在を示した図は「シャンペングラス」と呼ばれ、世界に衝撃を与えた（図2-5-1）。さらに『世界不平等報告書2022』によると、2021年の世界では最も豊かな10％が世界の富の75.6％を所有し、最も貧しい50％の層がわずか2％の富を分け合っている（図2-5-2）。2つの図は縦軸と横軸とが逆になっているが、富の不平等がますます拡大してきたことがわかる。

　国境を越えたこうした富の不平等はなぜ生じ、またどのように解決できるのか。近代化論に代表される1950年代までの国際政治経済学は、途上国が先進国同様に工業化すれば経済成長し、国家間の不平等は縮小すると考えた。しかし戦後の自由貿易体制下では、両者の格差はますます拡大し、近代化論の予測は外れることとなった。

　こうしたなか、先進国と途上国の経済構造の違いに着目し、途上国が貧困に留めおかれる要因を説明したのが国連ラテンアメリカ経済委員会（ECLA: Economic Council for Latin America）の事務局長を務めたラウル・プレビッシュである。プレビッシュは、工業製品輸出国である先進国を「中心（core）」、第一次産品輸出国である途上国を「周辺（periphery）」と呼び、「周辺」の交易条件の長期的な悪化傾向を指摘した（プレビッシュ＝シンガー命題）。工業製品はその需要が伸び続けるのに対して、第一次産品の需要は変化せず、さらに供給の不安定性ゆえに輸出価格が相対的に安価になりやすい。その結果、自由貿易体制のもとで、先進国が工業製品やその技術の輸出によってますます富む一方、天然資源などの第一次産品に依存する途上国の貿易赤字は拡大する。この議論は、

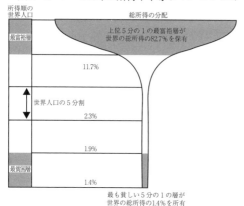

図2-5-1 1989年の所得不平等(シャンペングラス)

出所) UNDP, *Human Development Report 1992*, Oxford University Press, New York, 1992.

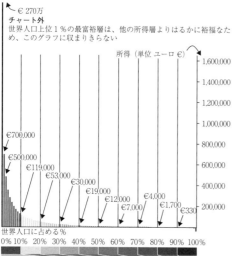

図2-5-2 2021年の所得不平等

出所) Chancel, L., Piketty, T., Saez, E., Zucman, G., et al., *World Inequality Report 2022*, World Inequality Lab.(https://wir2022.wid.world/)

自由貿易体制に内在する不平等性を指摘するものといえ、初期の開発経済学を牽引した。他方で、プレビッシュが問題としたのは途上国の経済構造であり、その解決策は「周辺」地域の輸入代替工業化であった。

プレビッシュの議論を批判的に継承し、1960年代末から1970年代にかけて発展したのが従属論である。従属論は、途上国の貧困を生み出す要因として先進国と途上国との間の「支配―従属」関係を指摘した。その第１の特徴は、この「支配―従属」関係を、プレビッシュとは異なり、一国家の経済構造に由来するものでも、単なる国家間関係でもなく、生産様式の違いに由来する国際的な二極構造としてとらえた点にある。従属論は、この二極構造が、19世紀末の帝国主義の時代、旧宗主国が旧植民地に自らの発展に最適な産業を強制したことで生まれ、今日まで維持されてきたと考えた。すなわち、途上国の低開発状態と先進国の開発状態は相互に独立したものではなく、密接に結びついているといえる。さらに

論者の1人であるサミール・アミンによれば、「周辺」地域内にも「中心─周辺」関係が存在し、不平等な構造は多層的に存在する。

　従属論の第2の特徴は、この二重構造を不変的なものとして、また国家を独立した1つの主体としてとらえていたことである。この二重構造のもとにある限り周辺地域は経済成長を遂げられないため、途上国に残された選択肢は資本主義システムからの「離脱」となる。具体的には、国際経済からの国家の完全な隔絶＝経済的自立か、もしくはブラジルの社会学者であるフェルナンド・カルドーゾが主張したような社会主義革命が目指されることとなる。

　従属論の功績は、これまで水平（＝ヨコ）的な国家間関係を想定してきた国際関係学の領域に、先進国・途上国間の「支配─従属」関係という垂直（＝タテ）的な視点を導入した点にある。国際政治経済学の一流派を形成するとともに、「南北問題」として現実の国際政治にも影響を与えた。1961年には「国連開発の10年」において「低開発国」から「途上国」への名称変更がなされ、1964年には、途上国の経済開発および南北間の経済格差是正を目指す国連貿易開発会議（UNCTAD: United Nations Conference on Trade and Development）が設立された。さらに、1973年には国連資源特別総会での途上国の自立的な経済建設を目指す「新国際経済秩序（NIEO: New International Economic Order）」が採択され、1976年の国連総会では新たな人権概念として「発展の権利」が認められるなど、国際的なレベルでの影響を窺い知ることができる。

　しかし、1980年代に入ると、韓国や香港などの新興工業経済地域（NIEs: Newly Industrializing Economies）における飛躍的な経済成長が見られるようになる。従属論の想定では「周辺」に留めおかれるはずだった地域が資本主義システムから離脱せずに実現した経済発展は、従属論の予測に反するものであり、この変化を説明できなかった従属論は以後急速に影響力を失うこととなった。

世界システム論

　イマニュエル・ウォーラーステインが提唱した世界システム論は、資本主義分析に歴史的・動態的視点を取り入れることで、従属論が説明できなかった、あるいは対象外としてきた現実の国際関係やその変化を説明可能とした。ウォーラーステインによると、近代以降の世界システムは、政治的に統合され

た「世界帝国」と、政治的には統合されていないが国際的な分業体制のもとに経済的に統合された「世界経済」の2つに分類される。このうち「世界経済」こそが、近代以降初めて成立した資本主義的な世界システム（近代世界システム）であり、国境を越えて諸々の生産活動を統合する場である。

　世界システム論の特徴は3点挙げられる。第1に、従属論の二極構造に「準（半）周辺（semi-periphery）」という概念を加え、世界システムを「中心―準周辺―周辺」という三極構造からなると考えた。第2に、この国際分業体制＝三極構造を、歴史的に変動するものととらえた。世界システム論によれば、15世紀末のヨーロッパで誕生した近代世界システムは、世界的な景気循環の波に従い、一定の周期で拡大と停滞を繰り返しつつ発展し、19世紀末までに地球全体を覆った。この過程では、中核的な役割を果たす「準周辺」地域の「中心」地域への移動や、「周辺」地域への移動が見られた。例えば、スペインからオランダ、イギリスからアメリカへといった覇権国の移り変わりは、「中心」地域の生成と確立、安定と衰退として、この分業体制の緩やかな変動から説明される。第3に、主権国家を独立した主体ではなく、三極構造から制約を受ける主体としてとらえた。国家はもちろん、外交上の慣行や国際法、国際機構などの国家間システムは世界システムにおける上部構造を形成するものにすぎず、つねに下部構造から制約を受ける（☞図2-5-3）。

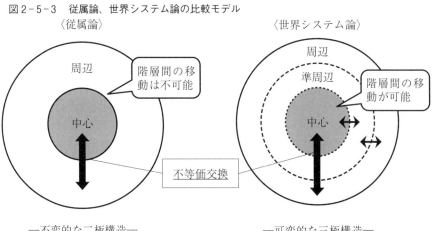

図2-5-3　従属論、世界システム論の比較モデル

出所）筆者作成。

こうして世界システム論は、従属論の視点を引き継ぎながら、現実の国際関係とその変化を説明してきた。まず、構造変動を前提とすることで、1980年代のNIEsの経済成長を「周辺」からの「準周辺」への移動として説明した。また、国家が構造に制約されるという観点からは、「資本主義体制からの離脱」という従属論の処方箋を退けた。後に社会主義体制が直面した現実は、資本主義から完全に離脱することの困難さを示すものであり、この点で世界システム論の有効性を裏づけるものであった。

さらに世界システム論は、歴史的・動態的な分析を通じて、経済的な問題だけでなく、性差別や人種差別といった政治社会的な事象も説明対象とした。例えば今日、法的・政治的には差別が認められていない一方で、男女間や人種間に大きな賃金格差があるのはなぜか。それは、資本主義の特徴である「分業」によって説明される。資本主義の成立過程では、従来共同的に担われていた労働が、性別や民族集団別に分業化された。例えば工場での生産労働には男性が、家事や育児などの再生産労働には女性が従事することで、性別役割分業が制度化された。こうした労働は階層化され、「労働評価の差」という形で不公平な分配が正当化される。介護や保育、肉体労働といった業種の低賃金は、女性や有色人種など劣位におかれた集団が担ってきたことから説明され、今なおその集団の割合が高い。世界システム論は、こうした一見ニュートラルな制度に内在する不平等を暴き出してきた。

グローバル資本の展開と〈帝国〉論

1990年代、冷戦崩壊とグローバル化のもとで国際関係における国家の役割低下が指摘されるようになった。今日では先進国内の格差拡大と新興国内の超富裕層の急増など、経済的な分断も国家間ではなく国境を越えて生じている。

変わりゆく国際関係をどう読み解くのか。アントニオ・ネグリとマイケル・ハートによる〈帝国〉論は、2000年代初頭、国家に代わる新たな主権の登場を予告した世界的ベストセラーである。〈帝国〉とは、グローバル資本と結びつき、国境を越えて人々を支配する「ネットワーク権力」とされる。それはあらゆる階級や人種、文化や性別の違いを呑み込むグローバルなネットワークを形成し、人々のあらゆる営みを管理する。〈帝国〉論において、マルキシズムの「支配―従属」図式が見出されるのは、先進国と途上国、あるいは北と南といった伝統的な国際関係ではなく、〈帝国〉とそれに生を管理される人々との間である。

巨大なITプラットフォームを提供し、世界経済の中核でもある大企業群GAFAは〈帝国〉のネットワーク権力の好例だ。それは世界に網の目のように行きわたり、私たちの生活を支配する。インターネットでの検索履歴、位置情報、書き込みなど、人々のあらゆる情報は収集され、管理、統治される。

国家はもはや世界の主要なアクターではなく、〈帝国〉のネットワークの一部をなすにすぎない。〈帝国〉に対抗しうるのは、国家を超えたグローバルな民主主義であり、その担い手として国家や階級を超えた「マルチチュード」が展望される。

従属論、世界システム論は構造主義とも呼ばれる。従属論は、勢力均衡論や国際統合論が花開いた1960年代において、世界システム論は、構造的リアリズムや相互依存論といったネオリアリズム・ネオリベラリズムの先駆が登場した1970年代において、第三のパラダイムとして国際関係学における一流派を築いた。この立場は、戦争やテロリズムなどの直接的暴力に対し、貧困や飢餓、政治的抑圧や差別などを「構造的暴力（structural violence）」と呼ぶ平和学・平和研究とも観点を共有する。両者はいずれもアクターを中心にダイナミックに揺れ動く国際関係の動態的分析が不得手な一方、経済社会構造のなかに埋め込まれ、容易には変化しない権力関係を解き明かしてきた。

　今日、世界的な不平等は、南北問題からグローバル・サウスとグローバル・ノースの関係という形で再び注目を集めつつある。新たな不平等は、いままで以上に国境を越え、また国家内部で重層的に拡大している。重要な点は、両者の関係が単に先進国と途上国との経済格差や、南半球と北半球という地理的関係ではなく、グローバルなレベルで相互に結びついたものとして提起されているという点である。「北」に住む誰かの豊かな生活は、「南」に住む誰かの貧困や政治的抑圧のうえに成り立っているのではないか。私たちはグローバル・サウスの声に、従属論や世界システム論の息吹を見出すことができる。

◆参考文献
①アンドレ・グレナー・フランク（大崎正治他訳）『世界資本主義と低開発——収奪の《中枢—衛星》構造』柘植書房，1976年．
②イマニュエル・ウォーラーステイン（川北稔訳）『新版　史的システムとしての資本主義』岩波書店，1997年．
③アントニオ・ネグリ＝マイケル・ハート（水島一憲ほか訳）『〈帝国〉——グローバル化の世界秩序とマルチチュードの可能性』以文社，2003年．

第6章　勢力均衡論

勢力均衡の定義・目的・類型

　勢力均衡（Balance of Power）とは、一般的に国家間において力の分布が均等になる状態、またはそうした状態を形成し、維持する政策のことを指す。勢力均衡の目的は、強大な力をもつ国家の出現を防ぐことと、各国の力の均衡によって戦争を防ぐことに大別される。

　勢力均衡について最初に指摘したのは、現在でもリアリズム（☞第Ⅱ部第1章）に多大な影響を及ぼし続けている古代ギリシャの思想家、トゥキディデスとされる。しかし、勢力均衡が政策として用いられるようになるのは、ウェストファリア体制確立後のヨーロッパにおいてである。ハンス・モーゲンソーやハーバート・バターフィールドは、ヨーロッパにおいて勢力均衡の機能はつねに「自動調節された」と指摘しているが、その背景には国際政治のアナーキー性と近代ヨーロッパの諸特徴がある。国際政治のアナーキー性とは、国内政治と異なり、国際政治上には中央政府が存在しないというものである。各国は、無政府状態のなかで安全を確保するために、勢力均衡を展開した。一方で、近代ヨーロッパは、3カ国以上の大国が存在する多極体系であった。加えて、ヨーロッパ諸国間には、ギリシャ・ローマ文明とキリスト教に基づく一定の文化的共通理解、各国間の「嫉妬深い競争心」（ヒューム）、破壊的な強度をもたない限定的な戦争のみを許容する姿勢があったため、アナーキー下においても勢力均衡の自動調整が他地域に比べて容易であった。

　勢力均衡の類型としては、①ある1国が軍事力の増強を図ったことで、安全を脅かされた他国が同盟を形成する同盟型、②対立する2国が、希少資源（多くの場合が中小国の領土）を分割することで均衡を図る共同分割型、③ある1国が各国の力を均等させるバランサーとして立ち振る舞うバランサー型、④敵対する2つの大国の双方が勢力下にある、またはあると考えている中小国を使って均衡を図る緩衝国家型、⑤大国が協調して勢力の均衡を維持しようとする大国間協調型、に類型化が可能である。歴史を俯瞰すると、最も頻繁にとられた

勢力均衡の形態は同盟型である。例えば、第1次世界大戦における三国同盟と三国協商が挙げられる。共同分割型の事例としては、ロシア、プロシア、オーストリアによる3回にわたるポーランド分割がその典型である。歴史上、バランサーの役割を果たした国家の事例としては、19世紀のイギリス（パクスブリタニカ）とビスマルクが外交を担ったプロイセンが挙げられる。また、緩衝国家の事例としては、イギリスとフランスの植民地政策における緩衝地帯としてのシャム（タイ）、ロシアまたはソ連とドイツの緩衝地帯としてのフィンランドなどが指摘できる。大国間協調型の代表的事例はメッテルニヒとカースルレイが主導したウィーン体制である。

　ヨーロッパにおける勢力均衡は、ビスマルクの失脚以後にプロイセンが強国化したことにより第1次世界大戦という壊滅的な戦争を招いたこと、第1次世界大戦後に君主・首脳による旧外交が否定され、外交が「大衆化」した結果、文化的な共通理解が弱体化したことで自動調節機能が崩壊した。

　勢力均衡の機能不全を受けて、第1次世界大戦後から国際社会において真剣に検討され始めたのが、集団安全保障（☛第Ⅳ部第1章）の構想であった。勢力均衡と集団安全保障の違いは、①勢力均衡の主体が主権国家だったのに対し、集団安全保障は国際機構のイニシアティブのもとで主権国家が協調して行動する点、②勢力均衡は武力行使が合法とされたが、集団安全保障は武力行使を禁止した点、③国際機構下で協定を結んだ諸国家のなかで、どの一国でも侵略国となった場合はそれ以外の国々によって集団制裁が加えられる点、であった。しかし、第1次世界大戦後に設立された国際連盟は、アメリカとソ連という大国が不参加で集団安全保障の機構として機能しなかった。第2次世界大戦後に設立された国際連合は、その憲章第7章において、平和への脅威に対しては軍事的措置をとることを許可したが、安全保障理事会の5大国であるアメリカとソ連を中心とした冷戦が展開されたことで、集団安全保障は思ったような成果を上げられなかった。なぜなら、5大国の1国でも拒否権を行使した場合、安保理決議は否決されるためである。実際に国際連合によって国連軍が組織されたのは、ソ連が安全保障理事会を欠席した1950年の朝鮮戦争のみであった。

政策としての勢力均衡：バランシング

　第1次世界大戦後に国際政治学が学問として成立して以降、勢力均衡は長い間国際関係論の主要な研究テーマの1つであり続けている。そのなかでも、構造的リアリズム（ネオリアリズム）（☞第Ⅱ部第1章）の登場以降は、政策として勢力均衡のあり方が再検討され、勢力を均衡させること、すなわちバランシングについて多様な見方が登場した。バランシング、そしてバンドワゴニング（後述）という対外政策は、裏を返せば「バランシングやバンドワゴニングのために当該国家がどのようにその対象以外の国々と同盟するか」という同盟理論について考えることでもある。ここでは、対象、質、資源という3つの視点からバランシングを整理してみよう。

　まず、バランシングの対象、つまり「誰」に対して対抗するかという点に関して見ていきたい。勢力均衡論はリアリズムを理論化したモーゲンソーから構造的リアリストの祖であるウォルツに至るまで、「弱い側に付くことで強者とのバランスを図る行為」と定義されてきた。ここでの強者とは、国際政治上で最もパワーを有する覇権国（超大国）のことであり、バランシングの対象は覇権国となる。別の見方をすると、パワーこそが勢力均衡のための源泉であった。この見方に対して疑問を呈したのがスティーヴン・ウォルトである。ウォルトは、バランシングを「（最も）脅威と考える側に対抗する勢力に付く行為」と定義する。よってバランシングの対象は覇権国に限らず、当該国家に隣接する大国や国際社会の規範に従わない諸国家、内政が不安定な権威主義国家や破綻国家なども含まれることになる。ウォルトは脅威認識こそ勢力均衡の源泉と考え、「脅威均衡」論を提示した。

　一方、バランシングの質に注目すると、ハード・バランシングとソフト・バランシングという区分が可能となる。冷戦という米ソを中心とした「緩やかな双極」体系においては、中小国が最も強い国家、または最も脅威を感じる国家に対抗するために、同じ陣営に属する諸国家と軍事同盟を取り結ぶハード・バランシングが想定されてきた。これまで論じてきた勢力均衡はすべてハード・バランシングの事例であった。しかし、冷戦後の時代においてはアメリカが唯一の超大国となり、単極体制と呼ばれる状態に移行してからは、軍事力、経済力ともに圧倒的な力をもつアメリカに対して軍事力に基づくハード・バランシ

ングを展開することが困難になった。ここで登場したのがソフト・バランシングの議論である。ソフト・バランシングの目的とは、超大国であるアメリカの能力が圧倒的に優越であることを受け入れた上で、他国がアメリカのパワーの乱用に警笛を鳴らす、またはその能力を制限しようとし、強引な単独行動を減じさせることである。例えば、クリストファー・レインはソフト・バランシングの手段を、①地域機構の結成や定期的に開催される首脳会談、または非公式の協約などによってアメリカのパワーの行使を限定する、②国連や国際制度を活用してアメリカの行動をコントロールする、③領域の使用を許可しない（例えば、アメリカに対して領内にある基地の使用を許可しない）、④軍事力ではなく、経済的な力を行使する、⑤他国から正当性を得る、という5つに分類している。

ソフト・バランシングの議論と同様に、冷戦後に検討されるようになった問題は、各国が「何をバランシングの資源とするのか」という点であった。一般的にバランシングは他国との同盟を資源とする外的バランシングと、内政を資源とする内的バランシングに大別される。外的バランシングは、自国のパワーだけでは対抗できない超大国、または脅威認識が高い国家に対して、他国と同盟を結ぶことでパワーを増幅し、対抗するという戦略である。これはハード・バランシングの資源であり、冷戦期までの勢力均衡の多くの事例は外的バランシングであった。一方、超大国または脅威認識が高い国に対して、自国においてそれらの諸国家よりも優位な分野、つまり非対称性を使って対抗するのが内的バランシングである。内的バランシングは超大国に対して、それ以外の諸国家がソフト・バランシングする際にしばしば見られる形態である。

超大国アメリカの影響力が減退しつつある今日、レイン、ジョン・ミアシャイマー、ウォルトといった構造的リアリストがアメリカの政策の1つとして提唱しているのが、「オフショア・バランシング」である。これは、世界大での直接的な軍事力の展開は極力避け、同盟や多国間主義を通して潜在的脅威に対抗するというアメリカの目的を達成するとともに、当該地域においてアメリカの影響力を維持する政策であり、同盟国に責任を委託するものである。例えば、直接的な関与を極力避けようとしたバラク・オバマ政権の中東政策は、オフショア・バランシングの事例であった。

これまで説明してきたバランシングは、他国に対してバランシングするため

に同盟するというものであったが、スティーヴン・デーヴィッドは、冷戦末期に、政情が不安定な「第三世界」のリーダーたちが大国と同盟する理由は、「当該国家を取り巻く国際政治上の脅威に対抗するためだけではなく、国内政治の脅威にも対抗するためである」と主張し、むしろ国内脅威への対抗こそ優先的な安全保障上の課題とする「オムニ・バランシング」を提唱した。全方位を意味する「オムニ」という表現を使用しているものの、その基本は対外と対内の双方向に対するバランシングということである。ただし、国内の脅威も国外の脅威も1つとは限らないので、オムニと銘打っている。「第三世界」という概念は、現在では「グローバル・サウス」と表現され、そのなかの一部の中東、アフリカ、東南アジア、南アジア、旧ソ連圏の国々では、国内脅威への対応を最優先とする「オムニ・バランシング」の説明が当てはまる。

勢力均衡以外の政策：バンドワゴニング

前の節では国家の政策としての勢力均衡、つまりバランシングについて概観したが、バランシングだけが国家がとりうる政策ではない。アーノルド・ウォルファーズが指摘したように、国際政治上の弱小国は安全を確保するために、同盟によって強大な国家に対抗するよりも強大な国家の側に付く政策、すなわち「バンドワゴニング」を選択する場合もある。バンドワゴニングにも、覇権国に付いて現状維持を目指す場合と、潜在的な覇権国に付いて現状が打破され、潜在的覇権国が覇権国となった際にそのお零れにあずかろうとする場合（シュウェラーはこれを獲物に群がるジャッカル〈日本でいうハイエナに相当すると思われる〉にかけ、ジャッカル・バンドワゴニングと呼んでいる）がある。バンドワゴニングの行動の源泉もバランシングと同じように、パワーと脅威認識である。

同盟のディレンマと戦略的ヘッジング

バランシングにしろ、バンドワゴニングにしろ、生存や利益確保のために他国と同盟を締結した多くの中小国は、同盟締結後も安全保障確保のためにつねに「同盟のディレンマ」に悩まされることになる。その代表的なものが、同盟締結後、または同盟関係が強く認識される危機に際して生じる、「巻き込まれる恐怖」と「見捨てられる恐怖」の間のディレンマである。「巻き込まれる恐

怖」とは、同盟を理由にある国家が利益を共有していない、または部分的にしか共有していないにもかかわらず紛争に引きずり込まれることである。一方、「見捨てられる恐怖」とは、自国が危機に陥った際に、①他国が同盟の再結成を行う、②同盟関係が廃止になり、当該国家が同盟から脱退する、③当該国家が明確な同盟の遵守に失敗する、④サポートが期待される不測の事態においてサポートの獲得に失敗すること、を指す。このように、国際政治上で中小国は、同盟締結の前も後も安全保障の問題に悩まされ続けるのである。

安全保障のディレンマ（security dilemma）
「同盟のディレンマ」としばしば混同される「安全保障のディレンマ」という概念がある。相互に軍事的緊張関係にある隣国や近隣のA国とB国が自国の安全保障に不安を抱き、交互に軍拡を進めたり他国と同盟関係に入ることにより、自国の安全保障が強化されるのではなく逆に自国の安全保障が脅かされる結果になる皮肉な状況をいう。

　2010年代以降、同盟のディレンマに悩まされる中小国（大国の場合もありうるだろう）がとる戦略的ヘッジング（Strategic Hedging）が理論化された。戦略的ヘッジングは単純化すれば、2つの大国と良好な関係を築き、1つの大国との関係が悪くなった場合でももう1つの大国と協調行動をとれるよう、保険をかける外交戦略である。近年ではバランシング、バンドワゴニングとともに言及されることが多い。

勢力均衡の現在地

　冒頭で述べたように、勢力均衡はその状態を指す場合と戦略を指す場合がある。冷戦後の世界では、せいぜい特定の地域での勢力均衡を達成するのが現実的で、世界大で勢力均衡という状態を醸成するのが困難になってきている。オフショア・バランシングの議論はそうした実情を反映している。その背景として、グローバリゼーション（☞第Ⅴ部第1章）による国際政治の相互依存関係の深化や非国家アクターの影響力の増大が指摘できる。覇権国アメリカと覇権挑戦国中国の勢力争いは近年激化しているが、両国の相互依存関係の強さを考えると、冷戦期のように世界を分割する二極化をもたらすことは考えにくい。一方、戦略としての勢力均衡（およびバンドワゴニング）はいまだに有効な戦略として、現実政治のなかで用いられている。加えて、覇権の端境期ともいえる現在、リスクを冒さず、アメリカ、中国、もしくは当該地域の地域大国の間で

ヘッジングを選択する国も増えているように見える。

　世界が複雑化するなかで、状態としても戦略としても勢力均衡の規模は縮小しているが、それでも勢力均衡はいまだに国際政治において重要な概念であり続けている。

◆参考文献
①今井宏平『戦略的ヘッジングと安全保障の追求——2010年代以降のトルコ外交』有信堂，2023年．
②スティーヴン・ウォルト（今井宏平・溝渕正季訳）『同盟の起源——国際政治における脅威への均衡』ミネルヴァ書房，2021年．
③クリストファー・レイン（奥山真司訳）『幻想の平和——1940年から現在までのアメリカの大戦略』五月書房，2011年．
④ケネス・ウォルツ（河野勝・岡垣知子訳）『国際政治の理論』勁草書房，2010年．
⑤高坂正堯「勢力均衡」田中明彦・中西寛編『新・国際政治経済の基礎知識』有斐閣，2004年，4-5頁．
⑥スティーヴン・ウォルト（奥山真司訳）『米国世界戦略の核心——世界は「アメリカン・パワー」を制御できるか？』五月書房，2008年．
⑦細谷雄一『国際秩序——18世紀ヨーロッパから21世紀アジアへ』中公新書，2012年．

第7章　デモクラティック・ピース論

　どのような国々が戦争をしやすい（またはしにくい）のだろうか。過去の戦争をすべて調べ上げ、交戦国のタイプについて一定のパターンを見出すことができれば、戦争が起こりにくい世界に近づくための方策が見つかるかもしれない。この章で取り上げる「デモクラティック・ピース」の研究は、交戦国の政治体制に着目した。そして「民主主義国同士は戦争をしない」という研究結果にたどり着き、大いなる期待と論争の的となってきたのである。

民主主義国同士は本当に戦争をしないのか

　民主主義と平和を明示的に結びつけた思想は、18世紀ドイツの哲学者イマヌエル・カントにさかのぼるといわれる。国際関係学において理論的・実証的な研究が盛んに行われるようになったのは1970年代以降で、冷戦後の1990年代からは学術論争だけでなく政策論争をも巻き起こしてきた。

　「民主主義国同士は戦争をしない」というデモクラティック・ピース論の仮説は、驚くほど単純である。それだけに学界の内外で大きな反響を呼んだ。本当に例外なく、これまで民主主義国同士は戦争をしたことがないのか。どうやって証明したのか。そこでいう「民主主義国」や「戦争」の定義は何か。

　こうした疑問に、研究者たちは社会科学の手順に従い、ていねいに答えた。結論は単純だったが、そこに至るまでの研究は慎重に行われたのである。まず民主主義国の定義をはっきりさせ、民主主義国同士のペアとそうでないペアを区別す

「民主主義国」と「戦争」の定義

　デモクラティック・ピースの研究では当初、「民主主義国」は次の3要件を満たす国と定義された。①定期的に選挙が実施され、野党も政権獲得を目指して参加できること（形だけの選挙ではないこと）、②成人の10％以上が投票権をもつこと、③議員が選挙で選ばれた立法府が、行政府と同等以上の権限をもつこと――である。

　「戦争」は国家間の武力紛争に限定され、内戦のような国内紛争は除外された。その上で、軍事要員のなかで（つまり一般市民の犠牲者は除いて）戦死者が交戦国合わせて1,000人を超えた場合とされ、偶発的・小規模な武力衝突は除外された。

　当然、これらの定義には多くの疑問が呈されたが、それは研究者たちも予想していたことだった。研究者たちは何よりも、分析方法を開示することで論争を活性化し、研究が前進することを期待したのである。分析データは COW (Correlates of War：戦争の相関関係) というデータベースで公開され、後続の研究で広く用いられた（☛ QR 2-7-1）。

QR 2-7-1

る。次に戦争の定義を提示し、戦争が起きている状態とそうでない状態を区別する。そして19世紀からの約200年間を1年ごとに区切り、それぞれの年にあった戦争が、民主主義国同士によるものであったかどうかを調べる。その上で統計学的手法を用いて繰り返し分析し、「戦争をする／しない」という変数は、「民主主義国同士か否か」という変数と確かに相関関係にあることを示した（☞コラム「民主主義国」と「戦争」の定義参照）。

　反響は賛否両論で、分析の方法や結果について懐疑的意見も少なくなかった。それでも、研究の意義が疑われることはなかったといえるだろう。研究者たちは使用した情報をデータベース化し、誰でも利用できるように公開した。それを土台に、関連する研究が次々に生まれていった。

民主主義国同士はなぜ戦争をしないのか

　ではなぜ、民主主義国同士は戦争をしないと考えられるのか。主に2通りの説明がなされてきた。

　1つは「制度的説明」で、民主主義的な政治制度の特徴から説明する。民主主義国では、議会、マスコミ、世論などの役割が大きく、政治指導者が思うままに決定を下すことが許されない。戦争のような大問題では、とりわけ慎重な判断が求められる。民主主義国同士であれば、ともに開戦に慎重になるため、対立があっても交渉に乗り出す余裕が生まれる。一方、非民主主義国では独裁者が即時開戦を決断するかもしれず、相手国（民主主義国であれ非民主主義国であれ）も奇襲攻撃を恐れて武力行使に踏み切るかもしれない。

　もう1つは「規範的説明」で、民主主義という規範の働きから説明する。民主主義国では、暴力ではなく話し合いによって利害対立の解決を図るべきだという規範が根づいている。民主主義国同士であれば、互いに相手国も平和的手段による問題解決を望むだろうと考え、交渉で妥協点を模索する。一方、民主主義の規範を共有しない国にはそのような自制を期待できず、互いへの猜疑心から、対立が戦争にエスカレートする可能性がある。

　これらの説明は、あたかも民主主義国が非民主主義国よりも「平和的」であるかのような印象を与えるかもしれない。デモクラティック・ピース論は民主主義国をペアで見たときの理論であり、民主主義国を一国として見たときの性

質までは断定していない。しかし論争が続くなかで、学界の周辺においてそうした印象がもたれることは避けられなかったし、以下で述べるように、戦争をなくすための政策提言を期待する声も高まっていった。

民主化は平和への道か

　民主主義国同士が戦争をしないのであれば、世界で民主主義国の割合が増えるほど戦争が起きる危険は減ることになるだろう。そのように考えた人々は、非民主主義国の民主化を支援することが、たとえ時間はかかっても、世界の安全保障に貢献すると主張した。冷戦時代の核抑止論に代わり、ポスト冷戦時代には「民主化支援」が、欧米諸国や国際機関が唱導する安全保障戦略となっていった。

　しかし、そのような政策提言を疑問視する研究も現れている。近年の研究の1つは、成熟した民主主義国と、民主化に向けて歩み始めたばかりの国を区別して分析データに組み入れた。その結果、民主化の途上にある国は、長らく独裁体制が続いている国よりも戦争を起こす可能性が高いことがわかったのである。民主化途上国は政治的・社会的に不安定な過渡期にあり、国内の求心力を強める必要がある。国民の愛国心を呼び起こす手っ取り早い方法の1つが外国との戦争であろう。それゆえ民主化途上国は、それなりに安定した長期独裁政権よりも、戦争を始める動機を強めてしまうかもしれない。だとすれば、外部からの民主化支援は（少なくとも短期的には）その国を平和的にするどころか攻撃的にしてしまうおそれがある。民主化支援のあり方を慎重に考え直す必要があるだろう。

　そしてまた、そもそも民主主義国が数々の戦争を行ってきたことは明白である。相手は民主主義国ではなかったかもしれない。だが民主主義の制度や規範が、いつでも戦争にブレーキをかけるとは限らないことは認めざるをえないのではないか。「民主主義を守るため」という大義名分のもと、民主主義国が戦争を辞さなかったケースは散見される。民主主義は戦争を思いとどまらせるかもしれないし、戦争を後押ししてしまうかもしれない。民主主義と戦争・平和の関係は簡単に結論づけることはできないだろうし、実際、デモクラティック・ピースの研究者たちはきわめて慎重な見方をしている。

民主主義国同士は戦争をしない——もしそうなら、そのことがどのような意味をもつのかは、いまだに戦争が絶えない今日の世界に生きる私たちが考え続けるべきことだろう。

◆参考文献
①ブルース・ラセット（鴨武彦訳）『パクス・デモクラティア——冷戦後世界への原理』東京大学出版会，1996年．
②イマヌエル・カント（宇都宮芳明訳）『永遠平和のために』岩波文庫，1985年．
③石田淳「国内政治体制と国際紛争——デモクラティック・ピース論再考」『平和研究』22号，1997年，35-43頁．
④山田敦「民主主義と平和の理論——デモクラティック・ピース論争について」『一橋研究』21巻4号，1997年，35-58頁．
⑤ Michael E. Brown, et al. eds., *Debating the Democratic Peace*, The MIT Press, 1996.

第Ⅲ部
アクターについて考える

第1章　主権国家

　30年戦争の帰結として、いわゆるウェストファリア体制が樹立され、欧州においてわれわれが今日知る主権国家を構成員とする国際社会の原型が生まれたとされる（☞第Ⅰ部第1章）。国際関係論は、こうした主権を有する国家間関係（interstate relations）の分析を出発点としてきたので、主権国家の存在はなかば所与のものとして扱われ、その意義や根源について特段の分析が行われることは少なかったといえる。

　しかし、①国際組織や多国籍企業、NGO、テロ集団、メディアなど主権国家以外の主体の役割の増大、②既存の国家像とは異なる形態の国家が登場する機会の増加に伴い、主権国家は議論の俎上に載せられるようになってきた。

　いうまでもなく、主権国家は国際関係の最も基本的なアクターである。しかしながら、留意しなければならないのは、主権・国家ともに所与のものではなく、歴史的・社会的に構築されてきた観念であるという事実である。例えば、絶対王政時代の欧州における主権のとらえ方は、現在のそれとは、かなり異なる。また一般用語として国家（state）は、国民（nation）、政府（government）などと混同して使用されることもある。別の視点からいうならば、われわれが日常において使用する「日本」とは、人々を指すのか？　われわれが住む諸島を指すのか？　それとも日本国政府を指すのか？　どのような条件がそろった場合に人間集団は「国家」と呼ばれ、主権を有するのか？　簡単なように見えて実は答えるのは非常に困難である。こうした疑問に答えるためにも、まず基本的な用語の整理から作業を始める。

主権、国家、国民

　まず考えなければならないのは、国家、主権、国民、政府などの諸概念は社会的構築物であることから、それぞれ別個の過程を経て成立した概念であり、それが結び合わされて主権国家、国民国家として国際関係論のなかで使われていることである。

　国家は、決して当たりまえのものではない。国家という政体は、変動し続け

る国際関係のなかで誕生することもあれば、消滅することもある。例えば、国連に加盟した最も新しい国家である南スーダンは、2011年にスーダンから分離独立するという形で誕生した。近年、ロシアのウクライナ侵攻では、住民投票によるウクライナ南部4州の独立・分離が主張され、その後に条約を通じてロシアに併合されたという説明がなされた。しかし、国連総会ではこれを非難する決議（A/RES/ES-11/4）が採択された。さらに、一見、国家の体をなしていても現実には「国家」として扱われないものもある。過激テロ集団であるIS（いわゆるイスラーム国）は、一時期イラク・シリア国内に支配地域を有し、2014年に独立を宣言、ラッカを首都とした上で、政府機構を整え、独自通貨を発行、「徴税」を含む行政行為など国家であるかのようにふるまっていたともいえる。しかし、国際社会でISを国家として認めた国はない。こうした事例は、当たりまえとされてきた国家の内容や成立に関心を抱かせる。

　ところで国家の語源は16世紀にラテン語のstatus、すなわち（君主の）地位・付随物を表す用語に由来する。この頃より君主（絶対君主）は、王権神授説もしくは家産説に則り、国家の意思そのものを神の地上の代理として代表すると主張した。ブルボン朝フランスの絶対君主ルイ14世の「朕は国家なり」は、こうしたなかで発言されたものである。ウェストファリア体制以降、カトリック教会の影響から逃れた各国の君主はこの考えをさらに進めた。理論としては、ジャン・ボダンの『国家論』が、こうした国家のみがもちうる絶対的な権力の源泉を「主権」として初めて提示した。主権概念は、さらにホッブズ『リヴァイアサン』、ヘーゲル『法の哲学』などを経て、ロック『市民政府二論』、ルソー『社会契約論』などに至る。このような主権という語が示すものの変容を簡単にまとめるならば、主権の所在が個人（君主）から集団（国民、人民）へと移り、その根拠が市民と国家の間の社会契約という擬制（フィクション）に求められたことであろう。社会契約の観念は、現在では民主主義論と結びつき、主権と国家を正統化している。

　では、主権とは具体的に何をいうのか？　国家や国家機関のみが行える事柄とは何か？　国民に税金を課すこと、領域内において法律を制定・執行すること、通貨を発行すること、外国において外交官がいくつかの特権や免除を享有すること、そして警察や軍隊などを通じて暴力を合法的に行使することが挙げ

られる。例えば、マックス・ヴェーバーは、『職業としての政治』のなかで国家を「ある一定の領域の内部で正当な物理的暴力行使の独占を（実効的に）要求する人間集団」と定義している［☛参考文献①、9頁］。暴力という観点に着目するならば、かつては、外国との紛争を解決するために戦争を行う自由も、このリストに含まれていた。このほかに最近では、情報通信技術の急速な発展に対応するために「デジタル主権」という概念・政策がEUを中心に提唱されている。

　以上の諸行為は、個人やNGO、企業には正当に行えない事項であり、抽象的概念である主権が具現化したものである。

　もう少しまとめるならば、主権は、一般的に、①対外的側面と、②対内的側面（対内主権・領域主権）とに分かれる。対内的側面とは、国内において住まう人民、活動、そして領域それ自体に対して支配を行使することを意味する。対外的側面とは、外国との関係において独立かつ対等であることを意味する。国際関係論においては後者が重視されることはいうまでもない。

　いま1つ重要な用語となるのが、国民（nation）の概念である。国民は、ラテン語「生まれる」（*nasci*）に由来する。中世欧州において *natio* は、「故郷をともにする者」くらいの意味で使われた。例えば、中世の大学では、同じ出身地をもつ者同士が集まり、*natio* を構成し、互いの生活を助けあった。現在の大学における県人会のような感覚であろうかと考える。こうした地縁や言語、文化、宗教をともにしている集団は、政治的単位である国家と結びつきやすく、国家における主権の担い手として機能している。多くの概説書では、単に国家ではなく、国民国家（nation-state）が国際関係の基本単位であるとするのは、このためである。

　国家、主権と同様に、国民も社会的構築物であり、必然的に存在する実体ではない。ベネディクト・アンダーソンは、心理的要素が強く反映される「国民」を「想像の共同体」と呼んだ（☛参考文献③）。こうした国民（nation）をつくり上げる思想や運動をナショナリズムと呼ぶ。ナショナリズム運動のなかには、グリム兄弟がドイツ人のアイデンティティを構築することを半ば目的として共通の文化として各地の童話を収集したことや日本でも近代化の過程で「国語」、「国歌」、「国花」、「和食」、「大和心」などが模索されたことも含まれる。

これらには、「ドイツ人」、「日本人」をつくり上げる目的が背景にあったと考えられるのである。しかし、こうした「われわれ（we-ness）」をつくり上げることは、同時に「他者（others）」をつくり上げることでもある。こうした外国人もしくは「他者」の創出は、政治的な意図や差別と結びつきやすく、場合によっては紛争の遠因ともなる（☞第Ⅰ部第6章「ナショナリズム」参照）。

国家の成立条件

　国家成立の条件について、ドイツの国法学の影響をうけた憲法学や政治学は、伝統的に、1．主権、2．領土、3．国民の存在を挙げてきた。主権についてはすでに触れたので、ここでは現代的な基準（モンテビデオ条約）において論じられている要素を見ていくことにする。

　① 永続的人民（国民）

　まず国家が成立するためには、実体としての人間集団が必要である。しかも、それは旅行者や外国人などの一時的な滞在を想定するものではなく、これら人間が国家領域において日常生活を営み、子孫を育み、永続的に定住することを意味する。例えば、「日本」とは、日本人と呼ばれる「人々」を指す場面を思い起こしてもらいたい。これら住民は、特定の国家と「国籍」という法的な紐帯を含む、様々な要素をもって結びつくことによって「国民（nation）」と呼ばれる。ただし、これら国家との様々な結びつきのなかで法的な国籍を付与するか否かは国家の裁量に委ねられており、その基準は国家によって異なる。このことから、元々は外国人でありながら、日本国籍を後天的に取得すること（〇〇系日本人）も可能であるし、逆に両親が日本人でありながら日本以外の国籍を有することも可能である（日系〇〇人）。こうしたことを考えるならば、法的・行政的な意味での日本人と他の心理・社会・文化的要素によって構成される日本人には若干のズレが生じることになる。

　② 確定した領域

　次に、国家が成立するためには住民が活動をする物理的空間が必要となる。こうした活動範囲（国家領域）は、技術進歩に伴い広がっていき、かつては領土を中心的に指していたのに対し、現在では、領土から12海里までの海域（領海）および、領土・領海の上空（領空）を含むようになった。例えば、「日本」

QR3-1-1

とは、日本人が居住する「空間（本州、北海道、四国、九州の4島など）」を指す（QR☞3-1-1　海上保安庁領域図）。国家は、その領域において排他的かつ包括的な主権の行使が認められている。また、海洋に関しては、排他的経済水域、大陸棚など、厳密には国家領域ではないものの沿岸国が漁業、天然資源、科学的調査などに関して主権的権利が行使できる新たな区域が設定されている。以上から考えると国家や主権が何よりも領域を基盤とした主体であることがわかる（領域主権）。領域もしくは国境（ならびにこれに付随する天然資源などに対する権利）をめぐる争いが現在も国際紛争解決の大きな主題であることは、不思議なことではない（☞第Ⅳ部第2章「領土・国境問題」参照）。

③　政府（統治機関）

「日本」が人民および領域を実効的に統治する機関である「政府」を意味する場合を取り上げる。こうした統治機関の形態、選出方法などは各国内の管轄事項とされ、多様な政体がありえる。ただし、人民の意思が反映されていないと考えられる従属国や傀儡国、さらに一部地域の支配のみをもって正当な国家の樹立を主張することは認められにくい。戦前の満州国や1976年南アフリカによって樹立されたトランスカイ共和国が多くの国家によって承認されなかった事例は、この条件（民族自決）を満たしていなかったと理解される。

以上の3要素に加えて、国際法では外交能力が追加的に条件として加えられている。外交能力という基準に照らすならば、アメリカ合衆国の州（states）は、外交を連邦政府に委任しているから国家ではない。また、EU諸国は、EU大統領や議会があっても自らの主権の一部である外交能力を維持しているので依然として国家である。

国家承認

先に見た客観的な要件の充足に加えて従来は承認という他国の行為があって初めて国家は国際社会において成立するとされた（創設的効果説）。こうした行為は、欧州に始まった国際社会が拡大し、非西洋・非キリスト教諸国を取り込んでいくなかで文明国・未開国・野蛮国という国家の3類型を設け、文明国のみを一人前の国家として扱う慣行からきている。第2次世界大戦後の脱植民地化の波のなかで現在では、外国による承認行為は、学説上、必ずしも必要であ

るとはいわれなくなった。もし、すべての国家の承認を必要とするならば、独立される側である宗主国の承認をも必要とすることとなり、現実的であるとはいえないからである。

しかし、現在でも、表面上は、国家の形式を整えても他国より国家として認められていないものもある。例えば、日本は北朝鮮（朝鮮民主主義人民共和国）を国家として承認していない。外務省の渡航情報のホームページには、記載がなく、「国家（state）」ではなく「地域（region）」として扱われている。パレスチナも2011年にユネスコに加盟し、2012年に国連総会で「オブザーバー組織（PLOとして）」から「オブザーバー国家」へと格上げされた（決議67/19）。そして2024年、ガザ地区でイスラエルとの戦闘が続くなかで、正式な加盟国としての申請がなされたが、安保理において米国の拒否権行使により否決された。同様に、国家（政府）承認が問題となる事例として台湾やコソボ、ソマリランドなどがある。国連において未承認国は、「地域」として表現される。

国家の多様性

ここまで、定義や成立要件に着目して、国家、主権、国民の相互の関係を検討してきた。最後に、主権国家の多様性と変動について考えてみよう。

先に国家および主権の根拠を何におくかという問題（主権論争）について言及したが、「国際法の父」と呼ばれるグロティウスも、このような主権論争に参加し、後の論者にとっても重要な貢献をなしている。

グロティウスは、主権の主体を2つ（「共通的主体（*subjectum commune*）」と「固有的主体（*subjectum proprium*）」）に分け、前者については国家（*civitas*）が、後者に関しては、「各民族の法律慣習に従って」委ねられた集団が主権を有するべきであるとした。このような考え方は、国内政治と国際政治を分離し、国際政治においては一律に国家が主権者であるが、国内政治における政治体制や主権の所在は各国に委ねられるという見解を導き出した。その意味で、国際社会の構成員は皆、主権国家であるが、その国家の内実は一様ではなく、民主・共和制国家のほかに、主権を依然として君主が有する君主国家や首長国などが存在する余地もある。また、国家の統治能力などに着目し、疑似国家、破綻国家、失敗国家などという表現も近年では見受けられる。こうした主権という視点だ

けではとらえきれない国家の多様性をどのように考えたらよいのだろうか？

　冒頭に述べたように、主権国家の存在は、国際関係論（とりわけリアリズム）のなかではなかば所与のものとして扱われてきた（☞第Ⅱ部第1章「リアリズム」参照）。しかし、折に触れて、この概念も問い直されてきたといえる。そのきっかけは、次の2つである。1つは、冷戦以降の国際関係において最も大きな変化の1つである多国籍企業やシンクタンク、NGOなど非国家アクターの影響力の増大である。これら非国家アクターの活動は特に開発、貿易、環境、人権などの分野において顕著であり、とりわけNGOは近年では国際司法裁判所における「核兵器使用の合法性事件」や国際刑事裁判所の設立、対人地雷の禁止など安全保障の分野においても影響力を発揮し、従来の国家中心の分析枠組みの限界を明らかにした。また、これらを説明するべく1990年代より「連帯の革命」、「パワーシフト」、「新しい中世」、「国家の退場」が主張され、非国家アクターの活動を分析の射程に含める理論枠組みも構築されてきた。いま1つは、欧州に端を発する主権国家のモデルと適合しない国家の登場をきっかけとするものである。ここでは、後者を中心として、主権国家の類型をいくつか紹介する。

　第2次大戦中、最も世界を驚かせ、動揺させたのは、ドイツやソ連において登場した全体主義と呼ばれる政治体制であった。全体主義体制は、自由民主主義体制と比較し、個人と全体の利益が対立するなかで全体を優先することを基調とする。この体制を可能にしたのは、カリスマ（個人的魅力）を有する政治指導者のみならず、単一のイデオロギーを基調とする独裁政権が大衆に幅広く働きかけることであった。また、自由民主主義体制と全体主義体制の中間に位置する権威主義体制の存在を論じられる。権威主義体制は、国民による政治活動に関して限定された多元主義を採用し、全体主義ほど規制は厳しくない。また、全体主義ほど大衆による動員はなく、むしろ国民による消極的な支持を求める。自由主義体制、権威主義体制、全体主義体制という基本的な枠組みは、1930年代後半のスペイン内戦におけるフランコ政権を念頭においているが、現代でもアジア、アフリカの開発途上国の分析において活用されることがある。

　ほかに1960年代に旧植民地諸国が次々と独立するなかで、ロバート・ジャクソンは新たな主権国家の形として疑似国家（quasi state）議論を展開した。ジャ

クソンは、主権を消極的主権（negative sovereignty）と積極的主権（positive sovereignty）に分け、前者は外部干渉からの独立（主権の対外的側面）を意味し、後者は、消極的主権を実現するための統治能力や手段を意味する。第三世界の国家の多くは、消極的主権は与えられた一方、積極的主権をもっておらず自治能力を欠いている。こうした国家は伝統的な見地からは、真っ当な国家というよりは国家のようなもの（疑似国家）であるとしている。同様に、世界システム論、従属論（☞第Ⅲ部第5章）などマルキシズムの立場からは、国家関係の経済的な側面に着目し、国家を「南北」、「旧宗主国」と「旧植民地」あるいは「中央（首都）」と「周辺（衛星）」というように分類した。

またフランシス・フクヤマは、冷戦終焉に際して、対抗しうる体制がないことからの自由民主主義体制の勝利を『歴史の終焉』で宣言し、最終的にすべての国家が民主化へと向かうことを示唆した。しかし、イデオロギーは別にして、現実には自由民主主義体制でない主権国家はいくつもある。

また冷戦以降は、国家の統治能力の非対称性に着目した上で、国際社会が介入の必要性を示唆するような破綻（崩壊）国家（collapsed state）や失敗国家（failed state）という枠組みも提示されている。ハーバード大学の「失敗国家プロジェクト」においては、「弱い国家」「失敗しつつある国家」「失敗国家」とし、破綻国家を失敗国家の極端な一形態としている。「脆弱な国家 fragile state（破綻国家、失敗国家の別名）」の定義については、米国のシンクタンクである平和基金（Fund for Peace）は、以下の要件を挙げ、ウェブページ上に脆弱国家のランキング（Fragile State Index）を毎年公表している（☞ QR 3-1-2　平和基金）。

QR 3-1-2

・自国領域内における実効支配または正当な武力の独占状態の喪失
・集団的意思決定を行う上での正当な権威の崩壊
・適切な公的サービスを提供する能力の欠如
・国際共同体の正式な一員として他の国と外交活動を行うことができないこと

　他に有名なものとしては、NGO フリーダムハウスによる自由に関する国家ランキング（Map of Freedom）や英エコノミスト誌が提供している民主主義に関する国家ランキング（The Economist Intelligence Unit's Index of Democracy）などがある。こうした民間機関による主権国家のランキングづけは、近年では珍しいものではない。

対外的には主権をもちつつも、統治能力において著しく欠如が見られる国家は、過激派やテロ組織、海賊（☛第Ⅲ部第9章）にとっての安全地帯（safe haven）ともなりうるので国際支援や介入の対象としても注目されている。

最後の分類として民主主義諸国間の比較分析ないし変動を理解するために、ロバート・ダールが提示したポリアーキー論を紹介する（☛参考文献⑤）。ダールは、民主主義という理念的な概念枠組みをあえて避け、公的異議の申し立て可能性（公的な場で自由に政府批判をできるか）と包括性（政治への参加の度合い）を軸として、国家を4つに類型化した（☛ QR 3-1-3）。

QR 3-1-3

この図式を通じて見出せることは、同じ民主主義体制が終着点であったとしてもたどり着く経路が複数かつ異なる可能性があるということであろう。逆に、破綻国家のようにポリアーキーを維持する能力を失い、異なる方向へと向かうことも理論的には可能であるかもしれない。例えば、民主的に選出されたハンガリーのオルバン首相は、2014年の演説で自由民主主義からの離脱を宣言している。ハンガリーのように民主化しているものの、法の支配や個人の自由を軽視する傾向はロシアやポーランド、フィリピン、トルコなどにも見出せる。こうした政治体制をジャーナリストのファリード・ザカリアは非自由主義的民主主義（illiberal democracy）と称している。こうしたことは、自由民主主義体制を最善とするこれまでの構図に疑問を投げかける。

ここまで論じてきたように、国際関係において主権国家が重要なアクターであることについて異論を挟むものはいない。ただし、主権国家が「どの程度」までに重要であるかについては、いまだ議論の余地がある。また同じ主権国家としては、つねに一定であっても、その中身である「国民」や政治体制が一定であるとは限らない。

QR 3-1-4

◆参考文献（追加参考文献☛ QR 3-1-4）
①マックス・ヴェーバー（脇圭平訳）『職業としての政治』岩波書店，2013年．
②篠田英朗『「国家主権」という思想――国際立憲主義への軌跡』勁草書房，2012年．
③ベネディクト・アンダーソン（白石隆・白石さやか訳）『想像の共同体――ナショナリズムの起源と流行』書籍工房早山，2007年．
④J. リンス（睦月規子他訳）『全体主義体制と権威主義体制』法律文化社，1995年．
⑤ロバート・ダール（高畠通敏・前田脩訳）『ポリアーキー』三一書房，1981年．

第 2 章　国際機関

　国連に代表される国際機関は、主権国家に次いで国際関係に大きな影響を与えているアクターであるといえるかもしれない。例えば、国連は安全保障、経済・社会、人権、開発などの分野において欠くことのできない存在となった。また、国際機関は、アクターとしてばかりでなく、国際制度や国際レジームなどの一部として注目されてきた。本章では、まず国際機関の定義、構成、類型、意思決定方式など形式的な分析から始め、次いで国際関係理論における国際機関のとらえ方や国際社会における役割を検討する。

　国際機関の起源をたどるならば、1815年のライン川航行中央委員会などの国際河川委員会や19世紀の国際行政連合と呼ばれた国際電信連合、万国郵便連合、国際無線通信連合などに行きつく。これらの機関は、当時の産業革命に端を発する経済活動の拡大と欧州諸国間の調整を進めていくなかでの必要性から生まれたといえる。しかし、国際機関が現在の形態として登場してくるのは第1次世界大戦後の国際連盟と国際労働機関（ILO）、そして第2次世界大戦後の国際連合およびその専門機関の設立である。

　国際機関の英語は、International Organizations である。これを直訳するならば「国際的な団体」であるが、実務において International Organizations の一般的な訳語としては、国際組織、国際機関、国際機構、国際団体などがあり、公定訳（政府が公式な文書などで使う訳語）のなかでも専門機関、国際組織などの用語が見出され、一様ではない。さらに条約などを検討するならば、英語のみを見渡しても international institution、international body、specialized agencies、inter-governmental organization などが使われている。これらの用語は、皆同じものを表す用語である。ここでは、国際機関と用語を統一することにする。

　まず国際機関を厳密に定義するならば、「複数の国家によって、共通の目的達成のために、国家間の条約に基づいて直接設立された、独自の主体性を有する、常設的な団体を指す。国際組織、国際機関、国際団体、政府間機構などともいわれる」［国際法学会編『国際関係法辞典（2版）』2005年「国際機構」259頁］。この定義の重要な要素は、やはり、①「複数の国家によって（国家間の）」と、

②「常設的な団体」であるという部分であろう。こうした要素を考えるならば、まず国家がかかわっていなければならないという点で多国籍企業やNGOの世界的ネットワークなどは除かれる。また常設的な団体でなければならないという点で様々な国際会議やシンポジウム、外交交渉は除かれる。

国際機関の「青写真」としての設立文書と黙示の権限論

　国際機関の定義には「国家」という要素が深くかかわっている。このことが端的に見出せるのが、国際機関の正当性、権限、権力の根拠に関する問いである。国連をはじめとする国際機関に関する研究の多くは、その関心の出発点を「国家主権と国際機関の対立」すなわち、国際機関が国家主権もしくは国家のパワーを制限するのかという点に求めてきた。現代の国際機関は、国家のように、条約の締結権や国家責任の請求資格などを認められている。また、その職員は、個人やNGOなどとは異なり、国家機関である外交使節のように一定の特権免除が与えられている。第Ⅲ部第1章「主権国家」において見たように、現代民主国家は主権性もしくはその根拠を国民や国民との社会契約などにおくが、国際機構の根拠は何に求められるのだろうか？

　国家に憲法があり、会社に基本定款があるように、国際機関にもその趣旨や目的、基本的なルールや権限を示した文書（設立文書）がある。設立文書は条約の形をとる。つまり、その本質は、国際機関に参加する国家の明示的な合意である。加盟国は、自らが合意した内容に対し、誠実に履行する義務を負う。例えば、国連憲章（国連を設立する文書）第4条1項では、加盟の条件として「この憲章の掲げる義務を受諾し、且つ、この機構によってこの義務を履行する能力及び意思があると認められる」ことを挙げている。こうした義務のなかには、例えば財務負担（第17条2項）、安全保障理事会決議の履行（第25条）、（実現したことはないものの）集団安全保障体制における国連軍への部隊の供与（第43条）などが挙げられる。その意味で、国連が自らの任務を遂行するにあたって、安定した財政基盤を有し、有能な事務局を擁し、紛争にあたっては調査団などの人員を派遣することを可能とするためには国家の存在が大きい。その意味で、国家と国際機関を対置する構図は必ずしも正しくない。

　また、国際機関の根拠が国家の合意にあるということは、その「青写真」で

ある設立文書を分析することで、国際機関の目的、機能、権限などが理解できることを意味する。例えば、国連ならば国連憲章第1条、北大西洋条約機構（NATO）ならば北大西洋条約の前文というように、設立文書のなかに当該国際機関の目的が見出せる。

しかし、設立文書が起草された時代と状況がかけ離れてしまった場合は、どう考えるか？　例えば、国連憲章は、1945年に採択・発効したが、第2次大戦後に当初想定されていた「国連軍」を主体とする集団安全保障体制は、朝鮮国連軍という変則的な形で実施されたほかは、実現しなかった。このことからダグ・ハマーショルド事務総長（当時）は、国連平和維持活動（PKO）制度を創設したが、PKOは国連憲章上規定がなく、紛争の平和的解決（第6章）と強制行動（第7章）の間、俗に「6章半」と呼ばれていた（☞ QR3-2-1　国連憲章）。こうした規定に基づかない活動であったことは、フランスやソ連など一部の国にPKO費用の負担金の支払いを拒否させることとなり、財政難に陥った国連は、1962年に国際司法裁判所（ICJ）にPKO任務の根拠について勧告的意見を諮問した（「ある種の経費事件」）。ICJはPKOの経費が第17条2項（加盟国に国連の経費を負担する旨の規定）のいうところの国連の経費にあたるか否かを判断するにあたって、国連の目的とPKO活動が合致しているか否かという基準を採用し、いわゆる黙示的権限論を展開した。こうした理論は、もともと国連が法人格を有するかという問いに応えたものであるが、PKOなど他の制度にも採用され、国連レジームに一定の柔軟性を与えているといえる。その意味で、国連はじめ国際機関は、国家の意思を根拠としながらも、国際関係のなかで一定の自律性と状況の変化に対応する柔軟性を有しているといえる。他の事例としては、IMFの設立当初は固定相場制を念頭においた監視機関であったのが、変動相場制への移行後は、その主たる任務を金融危機の回避を目的とした途上国への条件つき融資などへと変更していることが挙げられる。

QR3-2-1

国際機関の三部構成

国際機関の定義のもう1つの要素は、「常設的な団体」である。同じように国家代表が集まり、特定の問題について討議する場であっても、国際機関で行う場合と国際会議・交渉で行う場合ではどのように異なるのか？　換言するな

らば、どの程度の制度化をもって国家間の定期的な会合は、国際機関と呼ばれるようになるのか？

例えば企業のなかでも人事部、総務部、営業部といったように様々な部署があり、企業によっては特定の部署がなかったりする場合もある。国際機関もその性質や任務の違いから、内部構造や制度は一様ではなく、非常に複雑である場合もある。しかしながら、一般的には以下の3つの内部機関の存在が国際機関としての制度化の指標とされる場合が多い（三部構成）。

① 総会（最高決定機関）

加盟国の代表者が参加し、国際機関の活動全般に関するあらゆる問題（新たな申請国の加盟承認、理事国の選出、重要な問題の審議、議決など）を審議する権限をもつ。最も権威があり、国際機関の「正当性」の部分を司る。しかし、交渉にかかる費用や手間ひまの問題などから理事会や各委員会に比べて、頻繁には開催されない場合が多い。

② 理事会（執行機関）

加盟国の一部の代表者が参加し、国際機関の内部規則によって定められた事項を審議する権限をもつ。国際機関の「権力」の部分を司る。総会よりも頻繁に開催されることが多い。国連では、連盟時代のように1つの理事会を設けるのではなく、安全保障理事会、経済社会理事会、信託統治理事会など複数の理事会を設けて各分野における重大事項を討議する体制をとっている。ただし、信託統治理事会は、すでに活動を実質的に停止している。

③ 事務局

国際性、中立性を旨とし、個人の資格で任用された国際公務員によって構成される。事務局は総会や理事会の指揮・監督のもとに、それらの機関の会合の準備・運営、必要な資料の収集・整理、様々な文書の作成・配布などの支援的活

ハイブリッド型の団体

ここまで紹介した国際機関の定義はあくまで理念的なものである。現実には、国際機関とNGOとの狭間にあるような機関やNGOから国際機関へと移行するものもある。例えば、国際自然保護連合（International Union for Conservation of Nature: IUCN）は、スイスに登録された社団法人（NGO）である。その会員は、個人、各種NGOのネットワークとともに国家会員がある。国家が会員となっているNGOなのである。しかし、米国では特権と免除を享受したり、国連からはIGO（国際機関）扱いされている。実際、その目的達成のためにIUCNは、NGOと国際機関両方の立場を戦略的に使い分けている可能性があると考えられている。こうしたNGOと国際機関の狭間にある、ハイブリッド型の団体としては、国際会計基準審議会（ISAB）、インターポールなどが挙げられる。

動を行う。ただし、単なる「事務屋」ではない。事務局は国際文書の素案などの作成を通じて討議の枠組みに大きな影響を与えることも多い。また国連の場合は事務総長が周旋・仲介などをすることにより現実の国際紛争解決により深くかかわっているといえる。歴史的に有名なものについては、レインボー・ウォーリアー事件での仲介・裁定やキプロス、東ティモール、イラク、リビア、中東、ナイジェリア、西サハラにおける事態での斡旋がある。

国際機関の類型

定義の部分で見てきたように、国際機関を常設的な政府間機関とするならば、その種類にはどのようなものがあるだろうか。ここでは、国際機関の理解を深めるためにいくつか異なる基準を用いて類型化する。

① 加盟国の数もしくは活動範囲

1つ目の分類は、当該国際機関の活動範囲が地球規模か（普遍的国際機関）、それとも一定の地域に限定されるか（地域的国際機関）というものである。前者の代表としては国連や国際通貨基金（IMF）、世界銀行などが挙げられ、後者には欧州連合（EU）やアフリカ連合、アジア開発銀行などを挙げることができる。

② 活動の専門性

2つ目の分類は、当該国際機関の活動内容が国際社会のあらゆる事象を対象とするか（一般的ないし総合的国際機関）、それとも経済、人権、環境、保健などといった特定の分野にその活動が限定されているのか（特殊的ないし専門的国際機関）というものである。例えば前者には国連やEUなどが含まれ、後者には世界貿易機関（WTO）やIMF、国際刑事裁判所（ICC）や国際民間航空機関（ICAO）などが挙げられる。

③ 設立の根拠

最後の分け方は、国際機関の設立の根拠とかかわっている。多くの国際機関は、直接的に国家が合意した条約（設立文書）に根拠をおいているが、なかには国際機関の決議によって設立される二次的ないし派生的国際機関というものもある。例えば、旧ユーゴスラヴィア刑事法廷（ICTY）は、旧ユーゴ紛争での重大な国際人道法違反の責任者を訴追することを目的として安保理決議第827号（1993年）によって設立された。ほかにも国連総会決議によって設立された

機関としては国連開発計画（UNDP）や国連環境計画（UNEP）、国連合同エイズ計画（UNAIDS）などがある。これらの設立は、国家が締結した条約によるものではないが、（国家の合意を根拠とする）国際機関によるものであるので依然としてその根拠として国家の合意があると推定される。

国際機関における意思決定手続き
国際機関の代表的な意思決定手続きについては、以下の3つがある。
① 国連総会（1国1票制度による多数決制度）
国連総会では、安保理常任理事国である5大国（P5）からナウル、ツバルのような小さな島国の代表まで参加している。これらの国力の格差はいうまでもないが、形式的に考えるならば等しく国家であるので、等しく1票を与えられるべきであるという形式的平等の観念を反映し、制度が設計された（国連憲章第18条2項、3項）。重要な問題、すなわち国際の平和・安全の維持、主要機関の理事国の選出、加盟国の特権停止、除名など重要問題は出席かつ投票した国の3分の2で決定され、その他の問題は、過半数で決定するという単純多数決・特別多数決の並列方式がとられている。ただし、近年の決議の多くは全会一致を目指すコンセンサス方式に基づいている。
② 安保理（P5の拒否権を含んだ多数決制度）
国連憲章第24条にあるように、安保理は、「国際の平和及び安全の維持に関する主要な責任を」負うものとし、国連の安全保障制度のなかで非常に大きな権限を有する。安保理は、常任理事国（P5）を含む加盟国15カ国で構成される（第23条）が、原則的に意思決定は、常任理事国の同意投票を含む9理事国の賛成投票によって行われる。すなわち、常任理事国である米国、イギリス、フランス、ロシア、中国の1カ国でも反対票を投じたならば、安保理の決議は採択されず、結果的に国連や集団安全保障制度自体が機能不全に陥ってしまう危険性がある（図3-2-1）。
近年では2022年2月25日、ウクライナ侵攻でロシアに攻撃の停止と部隊の撤退を求める決議案が常任理事国である同国の拒否権によって否決された。その後、安保理は緊急特別総会の開催を決定する決議2623号を採択し、議論は総会へと移ったが、改めて安保理の機能不全を印象づけることとなった。

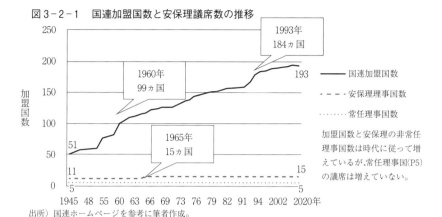

図3-2-1　国連加盟国数と安保理議席数の推移

出所）国連ホームページを参考に筆者作成。

③　IMF、世銀など国際経済機関（加重表決制度）

　IMFや世銀などの国際経済機関では、各国の基礎票に加えて、国家の能力や出資額（クォータ）や保有株式の数に比例する形で投票権を追加的に配分するという加重投票制を採用している。こうした国際機関への財政的貢献が意思決定に反映する方式に見出される理念を、形式的平等に対して機能的平等と形容することもある。

国際機関の役割

　これまで国際機関は、国家より派生していながら、国際公共財としての役割が期待されてきた。それは、第2次大戦以降のリベラルな国際秩序の要の1つであったとさえいえる。国際機関は、場合によっては自律的なアクターとして国家と対立し、国際機関同士でも対立・競合することがある。こうしたことからマイケル・バーネットとマーサ・フィネモアは、国際機関の権威の根拠として国家合意のほかに道義性、専門性などを挙げている。その意味で、国際機関は、非常にポリティカルな存在でもある。では、国家と国際機関との外交関係は一般的にどのように考えることができるか。横田洋三は、国家と国際機関の外交関係について以下のようにまとめている［横田、2006年、39-41頁］。

①　国際機関における外交

　国際機関の会議で展開される外交のことであり、当該機関は各国が外交活動を繰り広げる「場」を提供するにすぎない。しかしながら、こうした場での情

報交換や取引は、各国の外交における取引費用を低減させ、予測可能性を高めることで国際関係全体を安定させる役割をもつ。

② 国際機関を通しての外交

一国で実現できない外交目的を、国際機関を通じて実現しようとするもの。新国際経済秩序宣言や新国際情報秩序宣言に見出せるように、1960年代以降に新興独立諸国が自らの立場を国連や他の国際機関を通じて主張したことが例として挙げられる。

③ 国際機関に対する外交

主として国際機関の非加盟国と国際機関の間で発生する外交の形態を指す。こうした外交の形態は、国連の制裁の対象となった加盟国間でも発生しうる。

④ 国際機関を生かす外交

国際社会の公益を実現するために、国際機関を外交の場として活用することを指す。自国の国益ではなく、国際関係の安定のためにPKOへ部隊を送ることがこの外交の形態の例として挙げられる。

このほかに国際社会の目標を達成するために、国際機関が様々なアクターや仲介者に支援を行うオーケストレーターとしての役割を強調する学者もいる。

国際関係理論と国際機関

国際機関は、伝統的なリアリズムやリベラリズムばかりでなく、英国学派、コンストラクティビズムなど様々な学派が主題として取り上げてきた。ここでは、代表的なアプローチとしてリアリズムと制度論の立場を見ていく。

① リアリズムの立場

国家中心主義を旨とする伝統的なリアリズムにとって国際機関や国際法は、国際政治に付帯的な現象であり、本質ではない。ゆえに国連をはじめ国際機関を大国の政策を正当化する装置もしくは諸国の利益の調整装置として見る傾向が強かった。国際機関内における大国支配の傾向は、安保理の拒否権ばかりでなく、本章で扱った素材では加重投票制度などにも見られるであろう。その意味で、リアリズムの考える国際機関での外交とは、「国際機関を通しての外交」と「国際機関に対する外交」のみを指すことになる。国際機関を国益追求の場としてとらえる傾向は、1970年代、80年代になると覇権安定論やレジーム

論の立場へと受け継がれ、国際機関を含む国際制度がどのように創設され、いかに国家間協調が可能であるかが論じられるようになった。こうした議論のなかで国際機関は、当該機関が生み出す規範や原則、政策決定手続き、予測可能性などを含めて国際制度、国際レジームの一部として認識されることも多い。

② 制度論の立場

国際レジーム論、グローバル・ガバナンス論、新制度論などの学派は、国際機関を行為主体としてばかりでなく、国際社会における制度の一部として扱う傾向が強い。国際制度とは、非公式協議や勢力均衡、内政不干渉原則、外交関係・領事関係制度のように国際関係を安定化させることを目的とした仕組み・決まりのことである。国際機関は、制度の一部として以下のような機能を国際社会に提供していると考えることができる。

① 各国間の交渉における取引費用（transaction cost）を低減させる。
② 交渉の主体に情報を提供することで、不確実な状況を減少させ、コミュニケーションを円滑化する。
③ 国際関係における交渉や学習の条件を整える。
④ 様々な国家実行を正当化したり、批判する。
⑤ 国際約束の遵守、国家活動を監視する。
⑥ 規範を形成することで、国家のアイデンティティと利益を形成するような環境を整える。

こうした視点は、現実の国際機関にかかわる分析をする上でも有益である。その意味で、リアリズム、制度論などの立場は、方法論としての合理選択論やコンストラクティビズムと結びついて、これまで古典的な制度研究もしくは規範的（法学）な研究に終始してきた国際機関研究に分析的な側面でさらなる進展をもたらし、アクターとしての国際機関の理解に新たな知見を加えることになると考える（☛第Ⅱ部「理論から考える」の各章を参照）。

◆**参考文献**（追加参考文献☛ QR 3-2-2）
①吉村祥子・望月康恵編著『国際機構論［活動編］』国際書院，2020年.
②山田哲也『国際機構論入門』東京大学出版会，2018年.
③渡部茂己・望月康恵編著『国際機構論［総合編］』国際書院，2015年.
④横田洋三編著『新国際機構論（上・下）』国際書院，2005年，2006年.

QR 3-2-2

第3章　EU

　第2次世界大戦後の米ソ対立が激しくなるなか、国際関係においては地域主義が重要性を増していった。東西対立の最前線となっていたヨーロッパでは地域の安定を目指すべく、アメリカ中心のNATO（北大西洋条約機構）やソ連中心のワルシャワ条約機構が誕生した。また経済共同体を基盤としたEC（欧州共同体）も発足し、ヨーロッパの統合は地域主義の世界モデルとなって現在に至る。
　冷戦が終結し、ECからさらなる統合の深化を遂げて現在に至るEU（欧州連合）は最も成熟した地域統合だと評されるが、統合の道のりは必ずしも平たんなものではなかった。ヨーロッパにおける国際統合EUはどのような道のりを経て現在に至ったのか、また21世紀のEUは域内・域外の諸問題にどのように立ち向かおうとしているのか？

不戦共同体としてのヨーロッパ統合

　第2次世界大戦後のヨーロッパ諸国にとって差し迫った課題は、アメリカが台頭した世界においていかに戦後復興を遂げるかにあった。この課題に取り組み始めたのがフランスのコニャック商人、ジャン・モネである。モネは、長年にわたり戦争を繰り返してきたドイツとフランスが二度と戦争をしないような仕組みをつくるべく尽力し、モネの提案に沿う形でフランスのロベール・シューマン外相は1950年、戦争に不可欠な材料である石炭と鉄鋼の生産をドイツ・フランスさらにはその他ヨーロッパ諸国で共同管理することを提案した。この共同管理機関は国家を超える枠組みとなり、ヨーロッパの経済復興のみならず加盟国間の戦争回避システムとなることが期待された。こうして1952年に発足したのがドイツ・フランス・オランダ・ベルギー・ルクセンブルク・イタリアの6カ国によるECSC（欧州石炭鉄鋼共同体）である。
　モネとシューマンは石炭と鉄鋼分野の国家間協力の進展は、周辺諸国にも波及し、また他の政策分野での協力へと拡大していくドミノ現象となって現れることを期待していた。彼らの期待通り、その後EEC（欧州経済共同体）とEURATOM（欧州原子力共同体）も発足し、経済面での統合、原子力の平和利用

に関する研究等の協力を推進する枠組みができ上がった。1958年にはローマ条約が発効し、統合の基盤となる法体系が生まれた。そして6カ国は共通農業政策や共同市場の創設に合意し、関税同盟を目指すこととなった。

様々な政策分野での共通化が試みられるなか、1967年にはECSC・EEC・EURATOMの三共同体がEC（欧州共同体）と総称され、ヨーロッパの統合は効率化を図ると同時に、その内実も深まっていく。

ヨーロッパ統合の深化と拡大

その後、ヨーロッパの統合は「深化」と「拡大」をキーワードに、さらなる発展を遂げていく。1973年には当初ヨーロッパの統合に懐疑的であったイギリスやデンマーク・アイルランドが加盟し、80年代にはギリシャ・スペイン・ポルトガルが加盟を果たし、12カ国の統合体となった。

日米との国際競争に対抗するためには統合の深化が不可欠となっていたヨーロッパは、1985年に域内市場白書を発表し、ヒト・モノ・カネ・サービスの自由な移動を可能にするヨーロッパ域内の市場統合を1992年末までに実現させることを目標とした。

市場統合の実現とともに、1993年にはマーストリヒト条約が発効し、ローマ条約の改定が図られたと同時に、EUが創設されることとなった。マーストリヒト条約により、EECをECに改称して経済・通貨同盟を設立すること、欧州の単一通貨ユーロを導入することが決定した。また、経済のみならず政治面での統合もいっそうの発展が見込まれることとなり、外交・安全保障政策、司法・内務政策に関する加盟国間での協力が規定された。

冷戦の終焉を契機に、1995年にはオーストリア・スウェーデン・フィンランドといった中立国が加盟を果たした。この頃から加盟国の増大に備えた法的基盤を整えることが急務となり、1999年にはアムステルダム条約の発効によりマーストリヒト条約が改正された。21世紀に入ると、さらなる拡大が間近に迫ってくる。2003年にはニース条約が発効し、アムステルダム条約で不十分だった拡大に向けての法整備がなされた。統合の深化を推し進めるべく、EUでは憲法をつくろうという議論も始まった。

その後、2004年にはハンガリー・ポーランド・チェコ・スロヴァキア・スロベ

図3-3-1　EU加盟国（27カ国、2024年5月現在）

出所）駐日欧州委員会代表部　https://eumag.jp/eufacts/member_countries/

ニア・マルタ・キプロス・エストニア・ラトビア・リトアニアの10カ国が加盟を果たし、2007年にはブルガリア・ルーマニアが加盟し、27カ国の大所帯となる（☞QR3-3-1）。

QR3-3-1

統合をさらに深化させるべく、EUに憲法を導入するということについては、フランスやオランダが国民投票で否決したことから実現には至らなかったが、憲法条約を改定する形で進められた改革条約となるリスボン条約（☞QR3-3-2）が2009年に発効した。この結果、欧州理事会の常任議長職と外務・安全保障政策上級代表職、いわゆる大統領職と外務大臣職が設置された。これにより、EUは対外関係における「新たな顔」を常駐させ、国際社会で外交・安全保障問題を積極的に展開していく道筋を整えた。

QR3-3-2

2013年にはクロアチアが加盟し、トルコやセルビア、モンテネグロ、北マケドニア、アルバニアが加盟交渉に向けて準備の途上にある。また、ボスニア・ヘルツェゴビナ、コソボが潜在的加盟候補国となり、ウクライナやジョージア、

モルドバも EU との連合協定を結ぶなど、EU ではさらなる拡大が予定されていた。また、2002年から流通が始まった単一通貨ユーロは過半数の加盟国で導入されており、ヨーロッパ統合は深化と拡大を続けながら発展を遂げてきた。

世界情勢の変容で揺れ動く EU

　2016年以降、ヨーロッパ統合の創設以来初めての事態が次々と巻き起こった。世界にも衝撃を与えたのが、イギリスの EU 脱退が国民投票で決定したことだ（Brexit）。イギリスは従来ヨーロッパの一員でありながら、EU の様々な規則の適用除外（Opt Out）が認められるなど、大陸ヨーロッパとは一線を画していた。ユーロを導入することなく、アメリカとの関係強化に向けた独自外交を展開してきたのもイギリスの特徴である。Brexit 問題は、シリアから大挙して押し寄せる難民への対応で温度差が生じている EU 各国の対立と相まって、EU 域内外から統合崩壊の可能性を示唆する言及を生み出すこととなった。

　EU はギリシャ経済危機に直面した際（Grexit）にも崩壊の可能性がささやかれたが、EU は新たな制度構築でこの危機を乗り切った（☛QR3-3-3）。ギリシャ経済危機を契機に、EU はユーロ圏諸国の経済危機に備えた欧州安定メカニズム（ESM）を新たに導入した。これにより、ユーロ圏諸国を結束して救済し、一国の債務不履行がヨーロッパ全体に影響しないような予防システムが構築された。

QR3-3-3

　また、ヨーロッパ統合の重要な基盤となっているシェンゲン協定が中東地域からの難民の大量流入につながっている。シェンゲン協定とは1985年に署名されたヨーロッパ統合のメンバー国の多くと EFTA（欧州自由貿易連合）4 カ国による協定国間での人の自由な移動を保証する原則である。シェンゲン協定によってヨーロッパのみならず、ヨーロッパ域外の人々もシェンゲン域内では自由に行き来できることから、シリアや中東地域からヨーロッパへ移民・難民が大挙して押し寄せた。大量の難民流入を受けて、EU 加盟国の一部ではシェンゲン域内国境の検問を一時的に復活させるなど、EU 加盟各国内で難民対応をめぐって様々な軋轢が生まれた。

　このようななか、難民受け入れ問題の解決につながるかもしれない協定が EU 加盟候補国トルコからもたらされた。2016年3月、トルコと EU はトルコ

からギリシャへの難民流入について、EU が費用を分担することで非正規移民と難民認定されなかった人々をトルコに送還することで合意した。この合意では、難民をヨーロッパに送り込む密航業者の撲滅と EU の対外国境の保護を目的とした EU と NATO の協力手続きも盛り込まれたことから、停滞していたトルコの EU 加盟交渉が前進する可能性が高まった。ところが、2016年7月にトルコでクーデター未遂事件が発生したことを契機に、エルドアン大統領の強権政治が復活し、EU 加盟交渉は再び停滞している。

気候変動・感染症・戦争とヨーロッパ統合のゆくえ

以上のように21世紀 EU の懸案事項は、ヨーロッパ域内問題はもちろんのこと、世界の紛争への対応とそれに伴ってヨーロッパに流入する難民の急増への対応、さらに気候変動・エネルギー問題への対処と多岐にわたる。経済・通貨統合を経て、政治統合にも着手し、外交・安全保障の共通化をも進めながら現在に至る EU は、今後どのような可能性を秘めているのか？

地球温暖化対策が世界共通の待ったなしの課題となっているいま、気候変動問題への対応は EU の持続的発展のために不可欠と位置づけられている。また、ロ

Brexit が Bregret へ

2016年のイギリス国民投票で EU 離脱が決まると、世界は大きく動揺した。1973年に EU（当時の EC）に加盟したイギリスはヨーロッパの一員となりながらも、大陸ヨーロッパとは距離をおいてきた。そのイギリスはイングランド・スコットランド・ウェールズ・北アイルランドの4国から構成されている王国であったことから、イギリス自体も内部の分離独立の動きに長年悩まされてきた歴史がある。

1997年の住民投票で自治議会を再び設置することを決定したスコットランドは、大陸ヨーロッパに近い多党制議会を構築しながら、スコットランド民族党が大勢を占めるに至った。ただし、住民の独立への機運はそれほど高くないと判断したキャメロン政権は、スコットランドに住民投票の実施を認め、2014年には独立の是非をめぐる住民投票が実施されたが、僅差で独立は否決された。

スコットランドの独立の機運が高まっていたなか、キャメロン政権は国内の不満を吸収するべく、こんどは EU 離脱の是非をめぐる国民投票の実施を公約するという2度目の賭けを行った。この結果が Brexit である。

2020年1月末、EU は誕生以降初めての「縮小」の手続きに入り、イギリスと新たな関係の構築に向けて協議を重ね、クリスマスに何とか離脱協定に合意した。

英国が EU 圏でなくなることが決定的になると、英国に進出していた多くのグローバル企業が一斉に大陸ヨーロッパへオフィスを移転させたことから、中東欧の主要都市では不動産市場が活況を呈するようになった。

そのようななかで2020年1月31日に EU を離脱した英国は、2020年末までの移行期間を経て、EU から完全なる離脱を果たした。この移行期間中に締結された英国・EU 間の通商・協力協定（TCA）が2021年5月1日に発効し、ヨーロッパ域内貿易を維持しようとする EU と英国の意思は明確になったが、両者の境界線では今なお摩擦が絶えない。Brexit をめぐる世論調査では Bregret（Brexit を後悔＝ Brexit は間違いだった）の声が日増しに大きくなっており、英国は域内外で難しい課題に直面している。

シアや他国からのエネルギー輸入の割合が高いEUでは、他国へのエネルギー依存からの脱却と自らのエネルギー生産の増大が急務となっており、EU2050という2050年目標での気候変動・エネルギー問題への対応のためのロードマップを作成し、積極的に取り組む姿勢を示している。気候変動・エネルギー問題への対応はEUにとって経済・外交・安全保障政策においても最重要課題の1つである。地球温暖化対策としてパリ協定の発効に向けてEUが一丸となって尽力したこともあり、EUは世界でこの分野の牽引役となるという大きな目標に向けて走り出した。2019年末には「ヨーロッパ・グリーン・ディール」を発表し、気候変動への対応策をEUの成長戦略として発展させていくことを明確にした。

そのようななかでの新型コロナウイルスの感染拡大はヨーロッパにも大きなダメージとなった。パンデミック当初多くの犠牲者を出したイタリア・スペインとオーストリア・オランダとの間で、EUコロナ復興債創設で見解の相違があったが、妥協の末、7,500億ユーロの復興基金案で合意した。

コロナパンデミックがいまだ収まらない2022年2月、ロシアによるウクライナ侵攻が始まった。ヨーロッパ諸国からの支援が急務となったウクライナは隣国ジョージア・モルドバとともにEU加盟を申請し、ウクライナ・モルドバは2024年6月に加盟交渉に着手した。さらにモルドバは親ロシア派の関与が疑われるなか、EU加盟の国民投票を実施し、僅差で可決したが、EU加盟への道は険しいままである。また、ロシアからのエネルギー供給不足に陥ったEUはエネルギーのロシアへの依存から脱却するべく、RePowerEU計画を発表した。この計画で、EUはさらなる省エネ、エネルギー調達の多角化、再エネ推進を打ち出した。2024年5月に世界に先駆けてAI規制法を成立させたEUは、気候変動政策に続いてAI分野でもEU基準をグローバルスタンダードへと押し上げながらグローバルアクターの地位を死守している。

◆参考文献
①アニュ・ブラッドフォード（庄司克宏監訳）『ブリュッセル効果　EUの覇権戦略——いかに世界を支配しているのか』白水社，2022年．
②浜矩子『統合欧州の危うい「いま」』詩想社，2020年．
③松尾秀哉他編著『教養としてのヨーロッパ政治』ミネルヴァ書房，2019年．

第4章　ASEAN

　ヨーロッパ同様アジアでも地域統合の模索が続いているが、その試みの歴史は浅く、発展の過程や形態は前章のEU（欧州連合）とはずいぶん異なったものとなっている。アジアにおいてはどのような地域主義が生まれ、将来はどのような可能性をもっているのか？

ASEAN誕生
　ASEAN（東南アジア諸国連合）は東南アジア地域での協力の必要性から、1967年にマレーシア・タイ・フィリピン・シンガポール・インドネシアの5カ国によって地域協力機構として創設された。経済成長、社会・文化的発展の促進、政治協力や経済協力を推し進めていくことが期待されていた。その後1984年には独立を果たしたブルネイが加わったが、緩やかな地域機構という性質から、その後目立った変革は見られなかった。

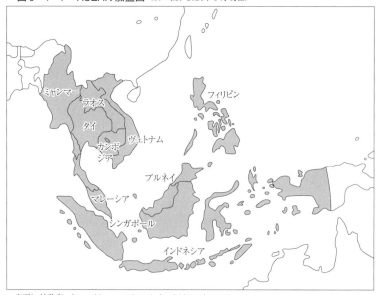

図3-4-1　ASEAN加盟国（10カ国、2024年5月現在）

出所）外務省　https://www.mofa.go.jp/mofaj/area/asean/

冷戦の終焉で東南アジア情勢は安定してきたが、世界情勢の激変で、市場競争にさらされると、各国は自らの経済力・競争力強化が不可欠となる。そのようななか、ASEAN 域内の特恵関税協定が締結され、貿易自由化を推進する地域組織へと転換し、1995年にヴェトナム、1997年にラオスとミャンマー、また1999年にはカンボジアが加盟した。

ASEAN地域協力の新たな展開

ASEAN の拡大が次々と進んでいった1990年代後半、ASEAN は域外との関係の発展も模索し始める。1996年にはヨーロッパとの関係強化を目指すべく、シンガポールのゴー・チョクトン首相の提唱で ASEM（アジア欧州会合）が開催された。ASEM には ASEAN と EU の加盟国のほか、日本・中国・韓国・オーストラリアなどのアジア・オセアニア諸国も参加し、アジアとヨーロッパの政治・経済・文化といった幅広い関係強化を目指す2年に一度の定例会合となって現在に至る。

また、1997年には ASEAN と日・中・韓の3カ国による、通称 ASEAN＋3首脳会議が初めて開催された。この年はアジア諸国が通貨危機に見舞われた年でもあり、金融危機への対応策が検討されていた1998年、ASEAN のホスト国であったヴェトナムは ASEAN 首脳会議に日中韓の首脳を招待し、支援を求めたのである。これら3カ国の ASEAN 首脳会議への参加を契機に、ASEAN＋3首脳会議が東アジア地域の定例首脳会議となっていく。

21世紀アジアの統合

21世紀に入ると、ASEAN＋3首脳会議では東アジア地域の協力強化に向けてどのような将来像を描くべきかが議論され始める。東アジアという枠組みには ASEAN＋3以外にどのような国々が想定されるのかが ASEAN 域内外で活発に議論された。その結果2005年の ASEAN 非公式外相会議で EAS（東アジア首脳会議）の開催と会議への参加条件が決まり、オーストラリア・ニュージーランド・インドの3カ国が EAS に参加することとなる。いわゆる ASEAN＋6の始まりである。ASEAN＋6は経済関係の強化を行っていくことでも合意し、RCEP（地域的な包括的経済連携）の交渉が開始された。

図3-4-2　地域統合相関図

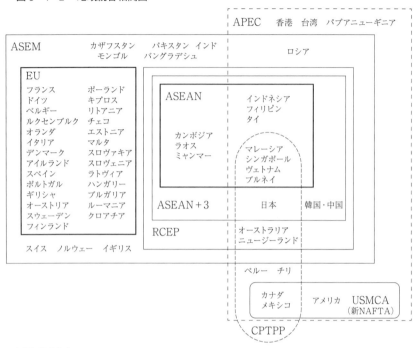

出所）筆者作成。

QR3-4-1

　ASEANはさらなる発展を目指し、2008年にはASEAN憲章（☞QR3-4-1）が採択され、地域の平和、安全、安定を維持強化すること、経済的に統合された単一市場の創設、域内での貧困を削減し域内発展格差を縮小することが目標とされた。そして2015年末には安全保障共同体・経済共同体・社会文化共同体を含むASEAN共同体を実現させることを宣言した。これを受けてASEAN加盟各国はアジアの統合をさらに前進させようとしている。

　また21世紀に入ってからASEMでは、テロ対策やエネルギー問題、防災、気候変動問題など、その時々の世界各国の関心領域についての意見交換が進められている。ASEM誕生から20周年となった2016年のASEM会合では、南シナ海やその他海洋地域の安全保障、ヨーロッパの移民・難民問題、北朝鮮の核・ミサイル開発問題なども含む多岐にわたる分野について議論された。中国

の南シナ海への海洋進出の動きも意識されたこのASEM会合は、ASEMの今後10年に向けてのウランバートル宣言を発表して閉幕し、この宣言では「法の支配」と「国際法の執行」が参加国共通の関心領域であることが示された。

新型コロナウイルスの世界的な感染拡大が続いていることを受けて延期となっていたASEM首脳会議は、2021年11月にオンライン形式で開催された。ここではパンデミックからの復興と多国間主義の強化について議論された。

世界の地域主義

世界の地域統合の最先端がEUであったが、アジアでも地域統合の可能性についていろいろな議論が展開されて現在に至る。ASEANの発足に始まり、ASEANに周辺諸国が関与する形での東アジア共同体構想やそれに類似した議論がASEANの内外で沸き起こってきていることにも象徴されるように、アジアのみならず周辺地域を巻き込んだ「ASEANプラスα」の新たな形態が模索されている。

このような動向はヨーロッパやアジアに限定されるものではなく、その他地域でも様々な形態の地域統合が存在し、またこれから誕生する可能性も秘めている。

アメリカはカナダ・オーストラリア・ニュージーランド・日本・韓国・ASEAN発足当初からの加盟国とともに1989年にAPEC（アジア太平洋経済協力）を発足させ、アジア太平洋地域での関係強化を図っていた。しかしながら1990年代に入りヨーロッパの経済統合が深化し、これに危機感を募らせたアメリカは、

TPPとRCEP

TPP協定（環太平洋パートナーシップ協定）は2006年にシンガポール・ニュージーランド・チリ・ブルネイの4カ国でスタートし、従来の自由貿易協定で扱われてきた関税の撤廃や削減に加え、知的財産や投資といった非関税分野、さらには環境や労働といった分野をも含む包括的な協定を締結することが目標とされた。アメリカ・オーストラリア・ペルー・ヴェトナム・マレーシアが2010年に、2012年にはメキシコ・カナダが交渉を開始し、日本も2013年夏から交渉会合に加わった。

日本ではTPPで貿易自由化が進めば、日本製品の輸出額が増大することなどが利点として期待できるが、逆に他国からの輸入農産品の増大で日本農業へのダメージ等も懸念されている。トランプ政権がTPP離脱を表明した一方で、Brexit後のイギリスをはじめ中国・台湾、ウクライナまでもが加入を模索するなど、TPPの行方は世界の関心を集めている。

他方RCEP（Regional Comprehensive Economic Partnership）はASEAN・日本・中国・韓国・インド・オーストラリア・ニュージーランドの経済連携を目指すもので、2013年から交渉が始まった。TPPとの大きな違いは中国が加わっている点である。

日本やオーストラリアなどTPP交渉国はRCEPにもTPPに匹敵する高い水準での貿易自由化を主張し始めた。当初市場開放に慎重姿勢を示していた中国はRCEP経済圏での主導権を握ることを視野に入れて交渉に乗り出すも、2019年になると中国からの安い製品の大量流入を危惧するインドが高水準の関税自由化に難色を示し、交渉から離脱した（☞第Ⅴ部第1章「グローバリゼーション」）。

1994年にカナダ・メキシコとともに NAFTA（北米自由貿易協定）を創設し、EUの経済ブロック化への対応策を打ち出した。

2017年に誕生したトランプ政権は、アメリカの対メキシコ貿易赤字の増大を理由に NAFTA の再交渉を表明した。この結果、2020年7月に発効した USMCA（アメリカ・メキシコ・カナダ協定）が新 NAFTA として機能していくこととなる。

南米地域にはコロンビア・ペルー・エクアドル・ボリビア・チリの5カ国によるアンデスグループという地域経済統合が1969年に誕生していた。96年になるとアンデスグループは CAN（アンデス共同体）として改組発展していくこととなる。また1995年にはブラジル・アルゼンチン・ウルグアイ・パラグアイの南米4カ国が MERCOSUR（メルコスール：南米南部共同市場）を開設した。MERCOSUR は21世紀に入り、ブラジル・アルゼンチンの保護主義化で機能不全に陥っていたが、両国の政権交代で再び推進機運が高まり、2019年6月、EU・MERCOSUR 間の自由貿易協定（FTA）が政治合意に至った。

中東地域では1970年代から80年代にかけてのソ連のアフガニスタン侵攻やイラン・イラク戦争などの安全保障上の危機からサウジアラビア・クウェート・カタール・バーレーン・アラブ首長国連邦・オマーンの6カ国による湾岸協力会議（GCC）が1981年に発足した。

21世紀のアフリカ地域には AU（アフリカ連合）が誕生した。AU はかつてのアフリカ統一機構（OAU）の改組・改編であり、EU をモデルとした発展を目指したアフリカ大陸諸国の大半が加盟する大規模なものである。

ASEAN のこれから

以上のように国際関係のなかの地域統合という動きが全世界的なトレンドとなってきているいま、地域統合を通じた世界各地の政治的・経済的安定に向けての模索は今後も続くことが予想される。21世紀世界では、地域統合の最先端とされるヨーロッパの EU と、アジアの ASEAN という老舗の統合を中心に、新たな地域統合の創設や、既存の地域統合の再編を通じて新たな国際関係が模索されるとともに、国家間関係の再編が繰り返されることとなろう。

昨今の世界情勢の激変で EU 統合が行き詰まりを見せるなか、現在進行形で

発展を続けているASEANの行方は、その他アジア諸国や世界各国の将来に大きな影響を及ぼすことが予想される。

ただし、ASEAN諸国は政治的に未成熟な国々が多い点、そして島国も多く、地理的につながっていない点でEU諸国とは大きく異なる。国境近辺には紛争のリスクが潜在的にあり、各国の世界の大国との関係性も大きく異なっていることから、ASEAN域内の諸問題のみならず、ASEAN域外との関係を10カ国が共同歩調で構築できるのかどうかも大きな課題の1つである。また、同じアジアの一員である中国の近年のASEANへの接近は、日本の対ASEAN関係（直接投資やASEAN各国のインフラ設備への技術的支援等）と競合する場面も多く見られる（☛QR3-4-2）。特に中国主導のAIIB（アジアインフラ投資銀行）にASEAN諸国が早期に参加表明したことで、ASEANを舞台とする米中の対立も激しさを増してきた。2020年の新型コロナウイルスの感染拡大による世界のパラダイムシフトとアメリカの政権交代は、ASEAN周辺の国際関係にも様々な変化をもたらしつつある。2022年1月に発効したRCEPの行方にも注目が集まっている。

また、2020年にはアメリカの主導でIPEF（インド太平洋経済枠組み）が誕生した。米日豪印韓とニュージーランド、フィジーの7カ国に加えてASEAN加盟の7カ国の計14カ国のIPEF参加国は、米中対立の狭間でバランス外交を強いられている。そのようななか、2024年5月にはコロナパンデミック等で2019年を最後に途絶えていた日中韓首脳会談が開催された。これを機に三か国定例会議が復活すれば、ASEAN＋3などの地域連携が再開する可能性もあり、今後のアジア・世界情勢にも注目していく必要がある。

◆参考文献
①金子芳樹・山田満・吉野文雄編著『「一帯一路」時代のASEAN——中国傾斜のなかで分裂・分断に向かうのか』明石書店，2020年．
②拓殖大学海外事情研究所『海外事情』7・8月号，2024年（第二特集＝ASEANと日本の50年）．
③馬田啓一・浦田秀次郎・木村福成編著『TPPの期待と課題——アジア太平洋の新通商秩序』文眞堂，2016年．

第 5 章　国際 NGO

NGO とは

NGO（non-governmental organization）とは、「非政府の立場から、非営利目的で、市民により自発的に形成され、公共の利益を求める組織」である。その要件を抽出すれば、非政府性、非営利性、自発性、組織性、そして、公益性になろう。そして、国際的な NGO にとっての公益とは、平和、人権、開発、環境など一国だけでは対処できない問題の解決に、世界の不特定多数の人々のために取り組むことである。

NGO とほぼ同義に使われる NPO（non-profit organization）は、非営利性を特に強調する場合に用いられる。日本では、1995年の阪神・淡路大震災後、市民による自由な社会貢献活動をより活性化させ、公益の増進に寄与することを目的として、1998年に特定非営利活動促進法（「NPO 法」）が成立した。そのため、国内を主たる活動の場とする NGO の場合は、NPO で表現されることが多い。

量から質の時代へ

NGO の歴史は、第１次世界大戦前にさかのぼることができる。技術の進歩により戦争犠牲者数が増えるとともに、平和を求める市民による運動、連帯は強まった。赤十字国際委員会の創設（1863年）のきっかけは1859年のイタリア統一戦争であったし、平和強行連盟や国際連盟協会は、平和のための国際機構の設立を訴え、国際連盟の創設に少なからぬ影響を及ぼしている。また、国連憲章起草の最終段階である1945年の「国際機構に関する連合国会議」（UNCIO）では、F・ルーズベルト大統領が42の NGO をコンサルタントとしてアメリカ

資料Ⅲ－5－1　国連憲章と NGO

第71条（民間団体）
　経済社会理事会は、その権限内にある事項に関係のある民間団体と協議するために、適当な取極を行うことができる。この取極は、国際団体との間に、また、適当な場合には、関係のある国際連合加盟国と協議した後に国内団体との間に行うことができる。

QR 3-5-1
（☞ QR 3-5-1）

代表団に加えていた。そして、国連憲章の第71条には、NGOの参加制度が明記され、協議的ステータス（consultative status）が与えられた。

　1950年代から60年代にかけて植民地が次々独立を遂げるとともに、貧困や開発の問題など、現地の状況に柔軟に、そして即応できるNGOの活動の場が増えていった。さらに、環境問題への関心が高まるなか、1972年に開催された「国連人間環境会議」は、NGOが数の上でもまたその重要度を知らしめたという意味でも大きな転換点と位置づけられよう。環境NGOとして有名なグリーンピースや地球の友（Friends of the Earth）が創設されたのも、会議前年の1971年である。

　1991年にソ連邦が崩壊し、自由主義・資本主義の勝利という形で冷戦が終わると、軍事的安全保障の問題の陰にともすれば隠されていた貧困、人権、環境問題などに世界大で取り組む機会が到来した。

　そして、世界政府はないけれど何らかの統治がある（governance without government）という考え方や、グローバリゼーションが引き起こす地球的規模の問題をいかに解決するかという問題意識から、グローバル・ガバナンスという概念も論じられるようになった。ここで、ガバナンスの担い手は、国家や国際機関と同様に、NGO、企業、市民などが含意されている。

NGOの多様性：規模、活動

　個別NGOの規模は、会員数や予算が極小国家のそれをはるかに超えるワールドビジョン、世界自然保護基金（World Wide Fund for Nature：WWF）、ヒューマン・ライツ・ウォッチ、グリーンピースなど大規模NGOもあるが、小規模NGOが大多数である。

　その設立理念、活動領域、活動手法なども多様である。現地での実際の支援活動、国内外での広報・啓発活動、情報発信、資金援助、人材育成、アドヴォカシーなど、NGOの設立理念や目的によっても活動内容は異なる。例えば、1971年に創設された国境なき医師団は、ナイジェリアのビアフラ内戦中に赤十字の医療支援活動に携わっていたフランス人医師たちが、赤十字の中立的態度が現地の医療活動を困難に陥らせるといった限界に直面し、メディアを通して事実を伝え、世論の喚起を行うことも必要であると考え、帰国後に立ち上げたものである。世界の医師や看護師が常時登録されており、必要に応じて世界中

の紛争地域や被災地に派遣される。

また、パキスタンのアフガニスタン難民キャンプでの医療活動から始まったペシャワール会（☞ QR3-5-2）は、アフガニスタンへもその活動領域を広げていくなかで、2000年に同国が大干ばつに見舞われた際には、飲料水や灌漑用の井戸の掘削事業を行い、灌漑用水路の建設事業、農業などにも活動を広げている。2019年には、代表の中村哲医師が現地で銃撃に遭い亡くなったが、このことは紛争地でのNGOが危険と隣り合わせであることを物語っている。

国際規範形成とNGO

人権NGOのアムネスティ・インターナショナル（☞ QR3-5-3）は、自らの信念や人種、宗教、肌の色などを理由に囚われの身になった人々を「良心の囚人」であるとし、彼（女）らの釈放を求めて自国政府や当該政府に政策の転換を迫るアドヴォカシー活動を行っている。情報収集、情報発信、広報・啓発活動なども同時並行的に行われる。特に、1970年代後半より人権問題として死刑反対の運動を展開したことによって、国際的にも死刑廃止の潮流が生まれ、1989年には、「死刑の廃止を目指す、『市民的及び政治的権利に関する国際規約』の第二選択議定書」が採択された。このように、NGOは国際規範の形成にも大きく役割を果たすこともある。

なお、日本は先進国のなかでも死刑が存続している数少ない国の1つである。アムネスティ・ジャパンは、国内での抗議行動とともに情報発信を行うことによって、今度はアムネスティ・インターナショナルから国連人権理事会などへの働きかけへとつながっていった。そして、2008年には同理事会の行う各国レビューにより、日本政府は死刑制度の見直しなどを外から迫られることになった。こうしたNGOの国際的な活動、連携を通して再度、政府への影響力がめぐってくることを「ブーメラン効果」という。

ネットワーク化するNGO：オタワからオスロへ

NGOはネットワーク化することによって国家の安全保障にかかわる条約形成に大きな役割を果たすことになった。

NGOのネットワーク化が最も耳目を集めたのは、1997年の対人地雷禁止条

約に至るオタワ・プロセスである。1992年にヒューマン・ライツ・ウォッチ、地雷の被害者を支援するハンディキャップ・インターナショナルなどわずか6つのNGOが結集して展開された「対人地雷禁止国際キャンペーン」(ICBL) (☛ QR3-5-4)は、情報発信、国内外でのロビー活動を展開し、国際世論を喚起していった。対人地雷禁止という"同じ志"(like-minded)をもつ国家がキャンペーンに参入するようになり、1996年には、NGOと国家による国際条約づくりのための会議がカナダのオタワで開催された。この場での国家間の合意はできなかったが、最終日にカナダの外務大臣が「来年12月にオタワで対人地雷を全面的に禁止する条約の調印式を行おう」との呼びかけを行うと、この機会をとらえたICBLはさらに運動を強化し、翌年には、NGOも会議を見守るなかで、「対人地雷禁止条約」が121カ国によって採択されるに至った。

さらに、このオタワ・プロセスをモデルとして、2003年に立ち上げられたのがクラスター爆弾の廃絶運動のNGOネットワークCMC(クラスター爆弾連合)であり、2008年に「クラスター爆弾禁止条約」が採択された(オスロ・プロセス)。そして、2017年には、「核兵器廃絶国際キャンペーン」(ICAN ☛ QR3-5-5)と有志国の協働によって、「核兵器禁止条約」が採択された。なお、同条約は2021年1月に発効したが、核兵器国やその同盟国が批准していないことから、ICANはそれらの国に対する抗議活動を行っている。

このようにして、NGOはネットワーク化することで力を結集させ、規範形成に大きな役割を果たしており、ICBLは1997年、ICANは2017年にノーベル平和賞を受賞した。NGOの活動は、各国での条約批准へ向けた呼びかけをはじめ、条約発効後も、実施のモニタリング、実際に敷設された地雷、爆弾の撤去、被害者の社会復帰の支援など多岐にわたり、条約の採択は1つの通過点にすぎない。

NGOと国際機関の協働

NGOと国際機関の関係で見ると、例えば、国連難民高等弁務官事務所(UNHCR)にとってNGOは、重要な事業実施パートナーである。NGOによっては、紛争以前の難民が発生する前から現地での開発活動などに従事していて、現地の情勢を熟知している場合もあり、国際機関がより有効な活動を行うのに欠かせ

ない存在となっている。

　また、国連のなかでも限られた大国が特権的地位にある安全保障理事会は、NGO からは最も遠い存在と考えられていた。しかし、1992年に安保理議長国となったベネズエラのアリア国連大使は、常任理事国との関係で安保理の説明責任、透明性を高めることに熱心であった。そして、1997年以降は「アリア方式」として、理事会メンバーと NGO との非公式会合が始まり、現在では、ほぼ毎週、事務次官レベルとの協議が行われている。参加する側の NGO は、アムネスティ・インターナショナル、オックスファム、国境なき医師団、セーブ・ザ・チルドレン、ヒューマン・ライツ・ウォッチなど限られたものである。安保理は紛争地に自ら乗り込んで調査を行うことができないなかで、NGO の情報は希少で、その中立的な立場が緊急の人道支援をより迅速に浸透させる上で有効なケースもある。

NGO の今後の課題

　NGO が国際社会での影響力を増大させてきたということは、責任主体として、透明性や説明責任、そして正統性をも求められることを意味する。

　専門性が高く、財源が豊かな NGO ばかりが存在するわけではない。財源として、政府による資金提供、企業などの大口の融資、広告収入、あるいは、個人の会費や募金に依存をしている場合もある。いずれにしても、誰に対して責任をもつ主体なのか、資金供与を受ける政府なのか、市民に対する責任なのかは、今後とも問われる部分であろう。特に、安保理のアリア方式などを通して、NGO の見えざる"格差"や国家への取り込まれの可能性もつねに存在する。

　同様に国際機関、国家と NGO の協働は、前者が NGO のいうことに耳を傾けるようになったという側面の一方で、NGO の側も、国際交渉場裡において妥協を強いられる場面もある。ネットワーク型の NGO の場合は、大枠の目標で合意ができても、政策の細部では必ずしも一致しているとは限らず、妥協点をどこに見出していくかは難しい。例えば核兵器問題についても、ゼロを目指すのかあくまでも削減なのか、党派的な対立がもち込まれて運動自体が失速することもありえる。結局、NGO が誰を代表しているのかという問題が浮上してくる。政府は各国の国民を代表し、民主主義国家であれば民意を損なえば少

なくとも理論的には政府を交代させられうるのに対し、NGO にそうした仕組みはない。現地に入って特定の活動を行う NGO と異なり、ネットワーク型の NGO では成果が見えにくいだけに、いっそうの透明性と説明責任が求められることになろう。

◆参考文献
①松島恵利子『大地をうるおし平和につくした医師――中村哲物語』汐文社，2022年.
②川崎哲『核兵器　禁止から廃絶へ』岩波ブックレット，2021年.

132　第Ⅲ部　アクターについて考える

第6章　多国籍企業

　今日、多国籍企業が国々の経済発展や生活水準に及ぼす影響はますます大きくなっている。この多国籍企業とは、複数の国で生産設備、子会社を所有または支配し、事業を展開する企業をいう。そのうち国際政治経済における重要なアクターについて概観する上で、まず国連貿易開発会議（UNCTAD）による世界トップ多国籍企業のリストを見ておこう（表3-6-1）。これは本国以外に所有する資産額の順で並べたランキングである。多国籍企業（金融を除く）のうち、2023年の1位は日本のトヨタ自動車である。表3-6-1からわかるように事業の海外展開を重視したこのUNCTADのランキングでは、トップ10社はすべて米欧日の先進国企業である。ここから見てとれるのは、海外での経済活動におけるイギリスをはじめとする欧米の歴史的蓄積であろう。業種に着目すれば、石油という戦略的に重要な分野における欧米企業のプレゼンスの大きさも浮かび上がる。

　アメリカの経済誌・フォーチュンの公表する年ごとの総収益ランキングのトップ10もあわせて見ておこう。こちらは企業の収益性の評価であるため「多国籍」の程度というより活動や利益の大きさを示すものとしてとらえてほしい。ここから明らかなのは、中国の国有企業のプレゼンスである。その収益力はす

表3-6-1　世界トップ100（海外資産高）の多国籍企業の上位10社 (金融業を除く、2023年)

順位	企業	本国	業種
1	トヨタ自動車	日本	自動車
2	シェル	イギリス	鉱業・石油
3	フォルクスワーゲン	ドイツ	自動車
4	ドイツ・テレコム	ドイツ	通信
5	トタルエナジーズ	フランス	石油
6	BP	イギリス	鉱業・石油
7	ステランティス	オランダ	自動車
8	エクソン・モービル	アメリカ	エネルギー
9	アンハウザー・ブッシュ	ベルギー	食品・飲料
10	マイクロソフト	アメリカ	コンピュータ

出所）UNCTAD World Investment Report "The world's top 100 non-financial MNEs, ranked by foreign assets, 2023" (☞ QR 3-6-1)

QR 3-6-1

第 6 章　多国籍企業　　133

表 3-6-2　フォーチュン・グローバル500の上位10社（2023年）

順位	企業	本国	業種
1	ウォルマート	アメリカ	小売
2	サウジ・アラムコ	サウジアラビア	石油
3	国家電網	中国	電力
4	アマゾン	アメリカ	小売
5	中国石油化工集団	中国	化学
6	中国石油天然気集団	中国	エネルギー
7	エクソン・モービル	アメリカ	エネルギー
8	アップル	アメリカ	コンピュータ
9	シェル	イギリス	鉱業・石油
10	ユナイテッド・ヘルス	アメリカ	医療保険

出所）Fortune, *Global 500*, 2023（☞ QR 3-6-2）

QR 3-6-2

でに米欧日の多国籍企業に肩を並べている。中国政府が「走出去」や一帯一路などの対外経済政策を展開するなか、その潜在力はきわめて大きいといえよう。

底辺への競争

多国籍企業が国家の政策選択や自律性に影響しつつあることを示唆する現象も生じている。アメリカのドナルド・トランプ政権は2018年、レーガン政権以来となる大型の税制改革を実施し、法人税率を35％から一気に21％に引き下げた。日本の安倍晋三政権も2015年から法人実効税率の引き下げを進めた。なぜ深刻な財政赤字や公的債務を抱える日米などで税率を引き下げるのだろうか。自国企業の競争力向上や国内生産を促すねらいがあるのはもちろんだが、長期的な流れとして、以下のように多国籍企業の選択の幅が広がってきたという背景がある。交

華為と米中対立

実際に中国企業が国際政治経済において大きな存在感を示した例に華為（ファーウェイ）をめぐる問題がある。華為は1987年に創立され世界有数の通信機器メーカーに成長した中国の民営企業であり、研究開発への膨大な投資でも知られる。表 3-6-1 に引用した UNCTAD のランキングでは世界37位に位置する。特に基地局ではスウェーデンのエリクソン、フィンランドのノキアとともに世界 3 大供給者となっており、圧倒的な価格競争力を武器にシェアはトップである。スマートフォンでも2019年には世界シェア 2 位となった。しかし、情報セキュリティへの懸念や通信技術の軍民両用性、創業者の任正非が人民解放軍出身である点などから、近年、アメリカは華為への警戒を強めている。2018年には任正非の娘である孟晩舟 CFO（最高財務責任者）がカナダで違法な銀行取引の容疑で逮捕された。2019年にはアメリカ商務省の輸出管理法に基づくエンティティリストに華為が入り、アメリカ製の半導体やソフトウェアの輸出が禁止される。そしてアメリカは国内および同盟国の通信ネットワークからの華為の排除を進めていった。アメリカ製の技術にアクセスできなくなったことで華為のスマートフォンのシェアは以後大きく低下した。一方、基地局については中国市場でトップシェアを維持するほか、新興市場での需要が大きく、世界シェアは2023年においても世界首位を保った。

通・情報通信技術の発展により、企業は特定の国に縛られず、自由に活動の立地を選択できるようになった。企業が研究開発、原材料調達、組立・製造、販売など工程ごとに最適な立地とパートナー企業を選定するというサプライチェーンの構築も広がっている。

このように企業活動はかつてよりも容易に国境を越えるようになった。そのことで一般に企業の国家に対する交渉力は強まったと考えられる。というのも、国家にとって、経済的繁栄、社会の安定や安全保障のため、雇用、投資、技術、外貨を獲得することはきわめて重要である。そして、それらをもたらす主なアクターは多国籍企業にほかならないためである。

したがって、国家にしてみれば自由に国境を越える多国籍企業に投資先として選んでもらう必要がある。そのため、企業に友好的な政策をアピールしていかざるをえなくなっているのである。この立場を推し進めた「底辺への競争 (race to the bottom)」という議論によれば、企業は利益を追求する存在であるため、一般に操業コストの低い国・地域を好む。だから各国は企業に選好されるために税率引き下げ、労働・環境基準等の規制緩和を進めていかざるをえない。かくして企業・投資誘致競争は、国々を低税率、労働・環境規制の緩和という「底辺」に向かわしめることになるという。

実際、開発途上国の多くは低賃金や搾取的な労働環境を受け入れざるをえなくなっている。例えば、ファスト・ファッション衣料製造の末端を担うバングラデシュの縫製工場やIT製品の受託生産を行う鴻海精密工業の中国工場は、労働環境の劣悪さがたびたび問題視されてきた。

税制をめぐっても様々な利害の対立が生じている。例えば、アイルランドは2003年来、先進国で最低水準である12.5%という法人税率を掲げ、多国籍企業の誘致を進めてきた。その結果、多数の多国籍企業がアイルランドに欧州拠点をおくに至った。

関連して、多国籍企業が移転価格やタックス・ヘイブン（租税回避地）を活用することにより、国家の徴税能力が損なわれる事態も深刻になっている。移転価格とは企業グループ内の取引に付される価格である。その際、所得の移転先としてよく用いられるのが、非居住者に対し低税率や規制軽減、秘密保護を提供するタックス・ヘイブンである。タックス・ヘイブンの代表的な例として

は、カリブ海のケイマン諸島や英王室属領のジャージー、ガーンジー島などがある。タックス・ヘイブンを活用した多国籍企業などによる課税逃れは、税負担の不公平感を各地で生んでいる。

近年は、アメリカの大手IT企業GAFA（グーグル、アップル、フェイスブック、アマゾン）などをめぐるデジタル課税が争点となっている。IT企業は法人税課税の基礎となる物理的施設をあまり持たないことから、巨額の利益に見合う課税の困難さが問題となってきた。そうしたなか2021年にOECD（経済協力開発機構）とG20では法人税の最低税率を15％とすることが合意され、アイルランドも受け入れた。また施設の有無にかかわらず、サービス利用があれば負担を求めることができるデジタル課税について合意がなされた。もっともIT大手の施設の集中するアメリカにとっては税収の流出が生じる見込みであり、曲折の懸念もある。国際協調による国家の徴税能力の回復が期待される。

その一方、底辺への競争による多国籍企業の国家に対する優位性の向上は、国家・企業関係の一面を表すにすぎないことにも注意が必要だろう。というのも多国籍企業は通常、立地選択にあたって、低税率や規制の緩さのみを重視するわけではないからである。各種インフラ、投資保護、契約の執行などの法的環境、人材の技能・教育水準なども重要であり、それらは通常、賃金や税率の高い先進国で充実している。また多国籍企業の海外進出の動機として、現地の市場開拓に重きがおかれる場合、むしろ進出先が高賃金・高所得国であることはプラスの要因になる。実際、投資や起業のしやすさに関する世界銀行のビジネス環境ランキングで上位に位置してきたのは、ニュージーランド、シンガポールなどの高賃金国であった（☞ QR3-6-3 ビジネス環境の現状）。

QR3-6-3

さらに、企業の国家に対する交渉力は進出前の段階に比べて、進出後には徐々に低下していくとする「退化する交渉のパターン」という議論もある。一般に進出前において企業側は、複数の国・地域を天秤にかけることで、現地政府に譲歩を迫ることが可能である。その一方、いったん進出してしまえば、その後は受け入れ国の主権の範囲で活動することになり、その支配に服さざるをえない。そして、企業は相応のコストをかけて拠点を設けた以上、簡単に出ていくわけにはいかないのが普通である。これらの面から、特に第Ⅱ部第1章で学んだリアリズムの立場に立つ論者は、多国籍企業が台頭したからといって、

国家の政策選択における自律性はそれほど損なわれているわけではないと主張する。

多国籍企業とグローバル・ガバナンス

　今日、多国籍企業による海外直接投資は、貿易や通貨・金融と並び、経済グローバル化を支える重要な柱になっている。それにもかかわらず、この分野においては、WTO（世界貿易機関）やIMF（国際通貨基金）に相当するような多国間国際制度は存在しない。1990年代にはアメリカのビル・クリントン政権の主導でOECDにおいて企業投資の保護や紛争解決に関する多角的投資協定（MAI）の協議が開始された。だがこのときは、課税の自主権や文化産業の扱いなどに関する各国の思惑の相違から、協議は頓挫してしまった。

　その後、国連のコフィ・アナン事務総長の提唱により、2000年より企業が自発的に参加する取り組みとしてグローバル・コンパクトが開始された。国連グローバル・コンパクトは2021年には世界約160カ国の約17,500社の参加を得ている。そして人権、労働、環境、腐敗防止に関する10原則のもとで、持続可能な成長を可能にする枠組みづくりへの取り組みが進められている。この国連グローバル・コンパクトのもとで、企業の経営戦略とSDGs（持続可能な開発目標）を接合する行動指針としてSDGコンパスもまとめられている。このグローバル・コンパクトは、グローバルな社会的目標推進に、利益を追求する存在である企業を取り込むことに成功した点で、グローバル・ガバナンスの模範的な事例であろう。半面、その内容は人権の擁護や雇用差別の撤廃など原則レベルにとどまっており、かつ法的拘束力を伴わない。ゆえに、その実効性には限界も指摘される（☞QR3-6-4国連グローバル・コンパクト）。

QR3-6-4

　さらにグローバル・イシューの多くが高度に複雑化、専門化するにつれて、国際制度の策定プロセスが多国籍企業に乗っ取られるという「虜（capture）現象」も生じている。この「虜」は、本来、社会的見地から企業活動に規制を課すべき公的機関が、むしろ企業の利益に沿った政策選択をしがちになることをいう。理由は大きく2つある。1つには「情報の非対称性」の問題である。これは規制策定に必要な情報の多くが当の企業側にあることを指す。例えば、世界金融危機の際にはCDO（債務担保証券）、CDS（クレジット・デフォルト・ス

ワップ）など専門用語が飛び交った。それら高度に専門的な分野の規制づくりは、金融機関側の知識や情報に依存したものにならざるをえない。

　次に多国籍企業は政府当局や国際機関に圧力をかける上で活用可能な経済的・政治的資源を豊富に有していることがある。政官財の関係を示す「鉄の三角形」というモデルが示しているように、企業は政治献金、選挙時の票のとりまとめや退官後のポストなどを見返りに主要国の政治家や官僚に自らの望む政策の実現を働きかけることができる。例えばトニー・ブレア英国元首相は退任後、米大手銀行JPモルガン・チェースの顧問に就任している。WTOのロベルト・アゼベド事務局長は退任後、米飲料大手のペプシコ幹部に転身した。

　よく挙げられる虜現象の例に、知的財産の問題がある。ノーベル経済学賞受賞者のジョセフ・スティグリッツによれば、アメリカの製薬業界は、WTOのTRIPS協定（知的財産権の貿易側面に関する協定）や各種FTA（自由貿易協定）における知的財産権のルールづくりを主導した。そのことで、医薬品の高値維持やジェネリック製品導入の遅延を勝ち取ってきたという。その帰結は、疫病に苦しむ開発途上国にとって深刻である。新型コロナのワクチンについては、WTOでの協議は難航の末2022年TRIPSの知財保護規定を一時的に免除する合意がなされた。とはいえ、業界側は合意の前例化や中国などへの技術流出への懸念を強めるなど対立の火種は残った。

　このようにグローバル・ガバナンスにおける多国籍企業の関与には二面性がある。一面では、多国籍企業が経済力や専門知識を用いて、グローバルな社会的目標に貢献することが期待される。その半面、多国籍企業が情報面での優位や経済的・政治的資源を用いてガバナンスを自らの利益に沿う方向へと誘導し、社会的な目標——上記の例でいえば国際金融システムの安定や開発途上国における医薬品の普及——の推進を妨げる懸念もあるといえよう。

◆参考文献
①ロナン・パラン，リチャード・マーフィー，クリスチアン・シャヴァニュー（青柳伸子訳）『［徹底解明］タックスヘイブン』作品社，2013年．
②ジョセフ・E・スティグリッツ（楡井浩一訳）『世界に格差をバラ撒いたグローバリズムを正す』徳間書店，2006年，第4章．
③ロバート・ギルピン（古城佳子訳）『グローバル資本主義』東洋経済新報社，2001年．

第7章 宗　教

　国際社会における様々な紛争の背景には、宗教的な対立が存在していることがたびたび指摘される。しかし、国際社会には数多くの宗教対立が存在するが、すべての対立が戦争に至るわけではない。つまり、なぜ宗教対立を超えて戦争に至ったのかについて考える場合には、宗教という要因が国際関係にどのような影響を与えたのか考えなければならない。

　では、国際関係を分析する際に、宗教という要因はどのように扱うべきなのだろうか。本章では、ウェストファリア体制（☞第Ⅰ部第1章）──神の権威によって裏づけされていた伝統的秩序が解体され、主権国家を唯一のアクターとする国際関係──の登場によって宗教的要因が排除された脱宗教化の議論を見直し、宗教という要因から国際関係をとらえ、国際社会における協調や対立に宗教がどのような影響を与えたのか歴史的視点から検討する。

ウェストファリア体制下における脱宗教化

　中世ヨーロッパでは、諸侯たちが政治や外交を行う際に教会からの承認を必要としたように、ローマ教皇を頂点とした宗教的な権威による正統性が求められた。しかし、30年戦争に決着をつけたウェストファリア講和によって、中世ヨーロッパの一元的秩序が崩壊し、新しい多元的秩序に取って代わられることになった。このときに、平等な主権を有する主権国家からなる国際社会が誕生したといわれている。この新しい秩序では、宗教的な権威ではなく、国家の行動規範として国際法が重要視されるようになった。そのため、ウェストファリア体制は、国際関係における脱宗教化の過程でもあり、これ以降、宗教に代わってパワーや利益が国家の行動を規定するという考え方が主流を占めるようになった。そして、国際関係の要因としての宗教という視点が顧みられることは少なくなっていく。

　しかし近年、パワーや利益を重要視する国際関係の見方に対して様々な疑問が投げかけられてきた。その代表的な議論がサミュエル・ハンティントンによる『文明の衝突』である。ハンティントンは宗教を直接論じたわけではないが、

西欧、ラテンアメリカ、東方正教会、ヒンドゥー、儒教（中華）、日本、イスラーム、アフリカという価値観の異なる8つの文明が世界に存在しており、冷戦終結後の世界では、異なる文明間の摩擦が紛争の原因になると述べた。実際に、2001年にアメリカ同時多発テロ（9・11事件）が発生し、紛争や暴力の原因としての宗教の重要性を世界は改めて認識することとなった。

　こうした宗教の「復権」に照らせば、これまでウェストファリア体制によって国際社会の脱宗教化が進展したととらえられてきたが、実際には主権や大国のパワーのもとで封じ込められてきただけであったのではないだろうか。

近代国際関係とキリスト教中心の世界観

　18世紀頃の近代国際関係の主なアクターはヨーロッパの主権国家であった。そのため、中世ヨーロッパにおけるローマ教皇を頂点とする一元的な秩序は解体されたものの、キリスト教を中心とする世界観は、依然として国際関係を形づくっていた。また、ヨーロッパの主権国家はヨーロッパの外の領域であるアジア、アフリカなどで積極的に活動し、国際関係はヨーロッパ内のシステムとヨーロッパ外のシステムの二重構造になっていた。その際、ヨーロッパ諸国は自らを「文明国」と位置づける一方、非ヨーロッパ世界を「未開」や「野蛮」として国際法を適用しない階層性を設定していた。

　この文明の論理を支えていたのがまさにキリスト教であり、「未開」や「野蛮」といった領域に対して文明をもたらす担い手として活躍したのがキリスト教の宣教師たちであった。幕末の日本にも多くの宣教師が来日するようになり、西洋の科学技術とともに、文明の論理（キリスト教的価値）がもたらされた。日本が欧米諸国と締結した「不平等条約」の根底には、「野蛮」な非キリスト教国として対等な関係を拒否する発想があったとされる。このような階層性があるものの、宣教師たちの活動を通じて、キリスト教を中心とした国際的なネットワークが構築され、世界の一体化が深まっていった。

　こうしたキリスト教の国際的なネットワークは、国境を越えた国際世論の形成を促し、国際関係に変化をもたらしたことで知られている。19世紀に入ると、アメリカの平和主義者たちによって、国際法廷（☞第Ⅲ部第10章）についての様々な構想が打ち出されるようになり、宗派を超えたキリスト教団体などを通

じて、平和運動の底流がつくり出されていった。1899年と1907年に開催されたハーグ平和会議での一連の議論を通じて、常設仲裁裁判所の設立が実現したのも、こうした平和運動を背景にしたものであった。

QR3-7-1

　第1次世界大戦では、ウッドロー・ウィルソン大統領の「14カ条」（☞ QR3-7-1）に見られるように、彼の強いリーダーシップによって国際連盟が設立された。ウィルソン大統領は敬虔なクリスチャンとして知られていた。そして、物質的な利益から国際関係をとらえるのではなく、「人間の権利」としての平和という大きな文脈でとらえるべきであると考えており、キリスト教的価値を反映した民主主義を世界に当てはめることで平和が達成可能であると考えていた。そのため、ウィルソンの外交は「宣教師外交」とも呼ばれている。ほかにも、第1次世界大戦期には、婦人国際平和自由連盟（WILPF）など、国際組織の設立によって平和を実現しようとするキリスト教ネットワークを通じた平和運動が広がりを見せた。

　このように近代国際関係では、中世ヨーロッパのようなローマ教皇を頂点とする一元的な宗教秩序は存在しなかったが、文明の論理のもとにキリスト教を階層区分の基軸に据えた国際関係が構築された。また、ウィルソンの「宣教師外交」によって普遍的な国際組織が設立されるなど、キリスト教は国際協調を促進する根底の価値でもあった。

キリスト教相対化の時代

　第2次世界大戦後、米英ソが中心となって大国間の協調を前提とした国際連合が設立された。しかし、次第に米英とソ連は相互に不信を抱くようになり、国際関係は冷戦の論理が基調となり、キリスト教という要因は主権国家と力の分布（二極構造）というリアリズム的な論理の影に隠れるようになっていった。

　このことを最もよく物語っているのが、中世ヨーロッパで絶大な権力をもったカトリック教会が、1929年にバチカン市国という主権国家として国際社会に登場したことであろう。第2次世界大戦後、バチカンは共産主義が拡大することを脅威ととらえ、カトリック政党を通じてイタリア政治に関与する一方、プロテスタント中心の国であるアメリカとの協力も惜しまなかった。つまりカトリック教会とはいえ宗教イデオロギーに固執するのではなく、リアリズムの論

理のもと、主権国家として冷戦で生き延びることを優先したのである。

　1970年代以降、イスラーム主義が台頭したことで、国際社会におけるキリスト教の価値の相対化はさらに進展した。1979年にイラン革命が起こり、初めてイスラームを統治の原理とする共和国が誕生し、シーア派の高位聖職者ホメイニー師が最高指導者に就任した。テヘランのアメリカ大使館占拠事件を経て、イランでは反米強硬派が政権に就くことになった。さらに、中東地域ではアフガニスタンに侵攻したソ連に対抗しようとするムジャヒディーン、エジプトのムスリム同胞団などイスラーム教の原点に立ち戻ろうとする「原理主義」が台頭することになった。

　そして、国際社会に最も大きな影響を与えた事件が、国際テロ組織アル・カイーダによるアメリカ同時多発テロである。アル・カイーダは、もともとはムジャヒディーンを中心としたイスラーム義勇兵の集まりであったが、1990年代後半にイスラーム原理主義を掲げるタリバンと同盟関係を築き、世界各地で大規模テロを実行するようになったテロ組織であり、過激な反米イスラーム主義を掲げている。このテロ攻撃の後、アメリカは「対テロ戦争」に乗り出した。ブッシュ（子）大統領は、テロ攻撃の翌日に可決された国連安保理決議（☞QR3-7-2）に基づいて、アフガニスタンに武力介入し、タリバンを掃討すべく「不朽の自由」作戦を展開した。

QR3-7-2

宗教の復権

　最後に現代の国際関係において宗教がどのような影響を与えているか2つの視点から検討する。

　第1に、各国で設立された宗教的な背景をもつ政党や団体が言論活動や政策決定に対して影響を与えているという点である。国際社会の分断が深まるなかでこうした動きは世界各地に見られるが、特に注目すべきはアメリカとインドである。アメリカでは、伝統的なキリスト教勢力が支持を失うなか、福音派（エバンジェリカル）というキリスト教プロテスタントの非主流派が、白人ナショナリズムと結びつき「政治化」したことが、2016年のトランプ大統領当選へとつながったといわれている［松本2021］。また、インドのヒンドゥー・ナショナリズムも、近年のインド外交に強い影響を与えている。2014年にナレン

ドラ・モディーが率いるヒンドゥー・ナショナリズムを背景とするインド人民党（BJP）が政権を獲得すると、インド独立以来の政教分離の国是は失われた。こうした動きは、インドがグローバル経済に組み込まれていった時期に符号しており、外資主導の経済成長や格差が、ナショナリズムを刺激したとされている。トーマス・フリードマンは、グローバル化は経済や情報技術によって、世界を均質（フラット）なものにすると論じたが、その均質化への反動として宗教というアイデンティティが表出するようになったと見ることができるだろう。

第 2 に注目すべきは、「イスラーム国（IS）」の登場である。IS は2014年に建国を宣言した後、シリア北東部にも勢力を広げ、アッバース朝以来の伝統的な「カリフ制」の復活を目指した。IS はムハンマドの時代には存在しなかった宗教実践を排除し、イスラームの教えが忠実に守られる世界を目指して、暴力をもって支配を試みた。また、IS は世界中の支持者たちに対してテロ攻撃の実施を呼びかけた。実際に、フランス、カナダ、トルコなどで IS に関連するテロ事件が発生した。テロ組織が国家を自称し特定の領域を支配し、情報メディアのネットワークを介してテロを扇動するようになったことは国際社会における新しい事象である。

国際関係のアクターとしての宗教

歴史をひもときながら宗教という軸で国際関係を分析すると、一言に宗教といっても、その主体、役割、影響が多様であることがわかる。特に第 2 次世界大戦後、つまりキリスト教相対化の時代以降、主権国家としてのバチカン、外交政策に影響を与える政党や宗教団体、主権国家の枠組みを越える国際テロ組織としての宗教など、アクターとして様々な姿を有している。したがって、国際関係における要因としての宗教を分析する際には、宗教間対立という大きな問題意識に過度に落とし込むのではなく、それぞれのアクターのもたらす影響について丹念に追うという姿勢が重要であろう。

◆参考文献
①池内恵『イスラーム国の衝撃』文春新書，2015年．
②サミュエル・ハンチントン（鈴木主税訳）『文明の衝突』上下巻，集英社文庫，2017年．
③松本佐保『アメリカを動かす宗教ナショナリズム』ちくま新書，2021年．

第8章　エスニック集団

　2020年、アメリカ・ミネアポリスでアフリカ系男性ジョージ・フロイドが警察官による不適切な拘束によって死亡すると、事件への抗議を超えて人種差別の是正を訴える「Black Lives Matter」の声がアメリカのみならず世界中で響き渡った。人種やエスニシティ（民族性）は現在の世界政治においても重要なイシューである。国際政治におけるアクターという観点に絞ると、主に2つの観点からエスニック集団について論じられている。

　第1に、国家などの政治的単位におけるローカルな存在としてのエスニック集団の観点である。現代における武力紛争の多くは非国家アクターの関与する事案であり（☞ QR3-8-1）、冷戦の時代においてもエスニック集団が紛争の当事者となることは少なくなかった。冷戦が終結して大国間の対立への注目が相対的に低下した1990年代、ジェノサイド（特定のエスニック集団に対する大量虐殺）を伴った凄惨なエスニック紛争に対して、国際社会は対応を迫られた。

QR3-8-1

　第2に、経済活動やロビイングなどを通じて国際政治に影響を及ぼす、グローバルなネットワークを形成した移民集団としての観点である。例えば、ユダヤ人の国境を越えた経済活動やアメリカにおける政治的影響力は、昔から知られている。また近年、グローバリゼーションや出身国の経済発展を背景として、中国系やインド系の移民が存在感を強めている。

エスニック集団とネイション

　エスニック集団とは何を意味するのか。国際政治を学ぶにあたっては、国民や民族と訳されるネイションとの違いを理解することが重要であろう。

　ネイションとは、政治的単位に結びついたアイデンティティを共有する人々の集合である。ゲルナーやホブズボーム、アンダーソンらのナショナリズム論によると、領域に基づく国民国家（nation state）を構成する主体として創造（あるいは想像）された、近代的な概念である。

　ネイションが近代の産物として理解されるとしても、文化や歴史などに基づいてアイデンティティを共有する人々は近代以前にも存在していた。それがエ

スニック集団である。

単純化すると、エスニック集団は近代以前から存在した文化的・歴史的共同体であり、ネイションは近代に創られた政治的共同体である。現代において、国家などの政治的単位と結びついた集団がネイションとして扱われるようになったため、結果的にエスニック集団と形容される人々は国家などの政治的単位において非主流の存在と位置づけられていることが多い（☞第Ⅰ部第6章「ナショナリズム」参照）。

アントニー・スミスのエスニシティ論

スミスは、近代において形成されたネイションの起源に、文化や歴史に根づいた共同体があったことを論じた。スミスはそうした集団のことをエスニー（エトニーとも表記される）と呼び、集団の特性、特にアイデンティティや他者との関係性のことをエスニシティと呼んだ。

近代の特殊性を強調したナショナリズム論とは異なり、スミスの議論では前近代からの連続性が強調された（☞参考文献⑤）。

エスニック紛争の表出

冷戦時代にもエスニック紛争は存在したが、しばしば冷戦構造において（東西両陣営の代理戦争として）理解され、エスニック紛争としての側面は軽視された。しかし冷戦終結後、旧ユーゴスラヴィアのボスニア紛争や、ルワンダ内戦におけるジェノサイド（1994年）に国際社会は衝撃を受けた。こうした人道的悲劇への反省から、人道的介入の必要性が論じられ、のちの「保護する責任（R2P＝Responsibility to Protect）」をめぐる議論へと至っている（☞第Ⅳ部第7章参照）。

旧ユーゴスラヴィア紛争

ユーゴスラヴィア連邦は、「1つの国家、2つの文字、3つの宗教、4つの言語、5つの民族、6つの共和国、7つの国境」をもつといわれた多様性に富んだ国家であった。

1991年に連邦を構成する共和国の一部が独立を宣言したことを契機に、相次いで紛争が発生した。スロベニア紛争（91年）、クロアチア紛争（91〜95年）、ボスニア紛争（92〜95年）、コソボ紛争（96〜99年）、マケドニア紛争（2001年）の5つの紛争に分けられる。特にボスニア紛争では、ボスニア人、セルビア人、クロアチア人という3つのエスニック集団が衝突し、甚大な被害が生じた。

結果的に7つの国に分裂した。

QR 3-8-2

エスニック紛争とはエスニック集団を当事者の一部とする紛争であるが、その原因がエスニック集団間の対立にあるとは限らない（☞QR 3-8-2）。エスニック集団の分布だけでなく、政治、経済、文化など様々な基底的原因がありうる。さらに、紛争の発生には、契機となる直接的な原因が存在する。多くの事例研究において、直接的原因としての政治的要因の重要さ、つまりは政治指導者の作為や不作為による影響の重大さが指摘されている。

第8章　エスニック集団　　145

グローバリゼーション時代のエスニック集団

　人々のグローバルな移動は現代に限った現象ではない。世界史は人の移動の歴史であり、古代から人々は、植民や侵略、難民、奴隷貿易など様々な形で、(現在でいうところの) 国境を越えた移動を繰り広げてきた (☛第Ⅴ部第7章「人の移動」参照)。国際移住機関 (IOM) の推計 (2024年) によると、世界人口に占める移民の割合は、1960年の2.7％から2000年の2.8％までほとんど増えていなかったが、21世紀に入ってから漸増し、2020年時点で世界人口の3.6％にあたる約2億8,000万人、つまり約30人に1人が移民という状況となっている。

　エスニック集団によるネットワークは現代特有のものではなく、ユダヤ人は古代から、中国系移民やインド系移民は本格的には近代以降、それぞれの地域において国際的なネットワークを構築して貿易や金融業に従事してきた。しかし現代のグローバリゼーション (☛第Ⅴ部第1章) の進展において連結性が飛躍的に高まるなかで、これらのネットワークがさらに存在感を強めている。

　例えば世界における国際送金の動向を見ると、移民労働者から出身国への送金が主要な要素となっており、受け取り額の上位をインドなど移民の多い国が占めている (☛資料Ⅲ-8-1)。対外投資にも移民の影響が見られる。こうした移民による経済活動は出身国の経済成長に貢献しており、結果的に国際政治の構造にも影響している。移民先の国内における政治的影響も、特に多様なエスニック集団によって構成されるアメリカで論じられている。ユダヤ人の影響力は広く知られたところであり、近年は人口規模と経済力の増大するアジア系エスニック集団 (☛QR3-8-3) の影響にも関心が向けられている。

QR3-8-3

QR3-8-4

ユダヤ人ネットワーク

　ユダヤ人の歴史 (☛年表QR3-8-4) においては、ローマ帝国のもとでユダヤ人が2度の反乱を起こしてイスラエルの地から追放された出来事を、「離散 (ディアスポラ)」と呼んでいる。ユダヤ人たちは、地中海一帯を中心に、ヨーロッパ、北アフリカ、中東の各地に広まった。移住先地域によって、東欧やドイツ周辺の「アシュケナジム」と、イベリア半島の「セファルディム」とに大別される。

　ヨーロッパ各地に移住したユダヤ人たちは、現地社会に同化せず、エスニッ

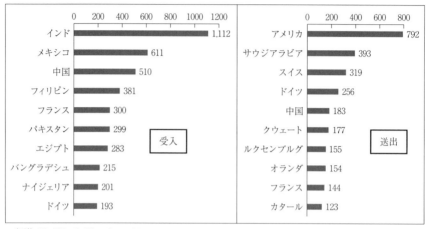

資料Ⅲ-8-1　移民による送金

外国送金受入・送出額上位10カ国（2022年、単位：億米ドル）

出所）World Bank, Migration and Remittances Data.

ク集団としての特性を維持した。キリスト教社会においてユダヤ人は「キリスト殺し」の偏見を向けられ、差別や迫害の対象となった。都市においてはゲットーと呼ばれる隔離地区に居住させられ、職業も制約されたために当時キリスト教徒が忌避した金融業に多く従事した。迫害の最も過酷な例は、ホロコーストと呼ばれたナチス・ドイツによるユダヤ人をターゲットとした大量虐殺であり、600万人以上が犠牲になった。

ヨーロッパにおける国民国家建設の動きやそれと関連する迫害の高まりを受けて、19世紀末からイスラエル国家の建設を目指すシオニズム運動が始まった。1917年、イギリスはユダヤ人による「国民の郷土（ナショナル・ホーム）」の建設を支持した（バルフォア宣言）。移住したユダヤ人は1948年にイスラエルの建国を宣言し、以後アラブ人との争いが現在に至る。

世界各地に広まっていたユダヤ人は、欧米先進国以外の多くの居住地から大挙してイスラエルへと移住した。2023年現在、ユダヤ人を先祖にもつユダヤ教徒、すなわちコアなユダヤ人と定義される人々は全世界に約1,570万人いるとされ、そのうち約40％がイスラエル（パレスチナも含む）、約36％がアメリカに居住している（☞資料Ⅲ-8-2）。

ユダヤ人は現在においても国際経済に多大な影響力を有するエスニック集団と見なされている。その代表例は、現在イギリスやフランス、スイスを拠点に金融業を営むロスチャイルド家である。また、イスラエルと並ぶユダヤ人の主要居住国であるアメリカにおいて、ユダヤ人はロビイングを通じて強大な政治的影響力を保持するものと考えられている。

イスラエル・ロビー論争
ミアシャイマーとウォルトは「イスラエルに利する方向に米国の外交政策を向かわせるべく、影響力を行使している諸団体や個人の緩やかな連合体」と定義されるイスラエル・ロビーが、アメリカの対外政策に過大な影響を及ぼすことにより、アメリカの国益を損ねるだけでなく、イスラエルの長期的な利益も損ねていると論じた。高名な国際政治学者である両著者による分析を契機として、この問題をめぐる議論が活発化した（☞参考文献②）。

華人・華僑

古くは宋代において、中国から東南アジアに渡って海上交易を担った人々の存在が確認される。しかし華人や華僑などと呼ばれる中国系移民の大規模な移住は、19世紀以降に行われた。奴隷貿易が廃止されたことを契機として、植民地において不足した労働力を補うように、「華工」や「苦力(クーリー)」と呼ばれた労働者が中国南部から東南アジアやアメリカ大陸などに渡った。中国南部の出身地域によって、広東人、潮州人、客家、海南人、福建人などのグループが形成された（☞QR3-8-5）。アメリカ（1892年）やオーストラリア（1901年）では移民を制限する法律が成立したため、以後は東南アジアへの移住が多数となった。

中国系移民をめぐる様々な呼称
中国系の海外移民には様々な呼称がある。「華僑」とは19世紀末から用いられている中国系移民を表す代表的な言葉であるが、現在は中国の国籍を保持したまま国外に定住する中国系移民やその子孫のことを意味し、一般にはあまり用いられなくなっている。「華人」は現地の国籍を取得した中国系移民やその子孫を意味し、定義上は華僑と区別されるものの、現在は華僑も含む総称として用いられることも多い。ほかには、華人と華僑の総称としての「海外僑民」、華人・華僑の子孫を意味する「華裔」（おもに移民3世以降）、ビジネスを営む華人・華僑を指す「華商」、現地におけるエスニック集団としての性質を強調した「華族」などの呼称がある。

QR3-8-5

中国で改革・開放政策が開始された1979年以降、華人・華僑は新たな段階を迎えた。主に東南アジアの華人・華僑から香港やマカオを経由して中国本国へと投下された資本は、中国の急速な経済発展に貢献した。留学を経て現地に定住する移民も増加し、こうした新たな移民は「新華僑」と呼ばれた。特にアメリカへの移住は1990年代以降急増しており、近年は富裕層の移住も多い。かつ

ての華人・華僑は経済活動に注力してきたが、代を重ねた世代には、現地社会に浸透し、政治的な役割を果たす人物も増えている。

2020年現在での華人・華僑人口は、世界全体で約6,000万人と推定されている（☞資料Ⅲ-8-3）。7割以上はアジアに、次いで2割弱がアメリカ大陸に分布している（☞表QR3-8-6）。

QR3-8-6

インド系移民

華人・華僑と同様に、インド系移民も古くから交易を担う存在としてインド洋沿岸や東南アジア各地に存在していたが、大規模なインド系移民の始まりは奴隷貿易の廃止が契機であった。労働力として主に大英帝国の領域（南・東アフリカ、東南アジア、太平洋島嶼など）に広がったのが、第1の波であった。第2の波は、1947年のインドの分離独立後に非熟練労働者や商人として渡った人々である。当初は先進国が主な移民先で、70年代以降は中東諸国への移民が急増した。彼らによるインド本国への送金は、長らく低迷したインド経済を下支えした。80年代から現在に至る第3の波を形成したのは、先進国に多く渡った専門知識や能力を備えた人々であった。イギリスでは医療、アメリカではIT分野における活躍が目覚ましい。インド外務省によると、2024年5月時点のデータで世界に3,542万人のインド系移民がいる（☞資料Ⅲ-8-4）。

新しい世代のインド系移民は、商人や単純労働者に象徴されたかつてのイメージを変容させている。アメリカのインド系移民は、高所得・高学歴のエスニック集団としての特徴を示している。人口規模も急拡大しており、アメリカ国内におけるアジア系コミュニティとしては中国系と並ぶ最大規模となっている。特に経済界での活躍が目覚ましく、名だたる世界的なアメリカ企業のトップにはインド系の経営者たちが名を連ねている。例えば、マイクロソフト社のサティア・ナデラCEO兼会長、グーグル社ならびに親会社のアルファベット社のスンダル・ピチャイCEO、ユーチューブ社のニール・モーハンCEO、スターバックス社のラクスマン・ナラシムハン元CEOはいずれもインド出身である。政治への進出はこれまでほとんど見られなかったが、最近は米印原子力協力協定（2008年）の成立に向けた働きかけなどにより、インド系住民による政治組織が注目されつつある。2021年にはインド系2世のカマラ・ハリスがア

資料Ⅲ-8-2　ユダヤ人の広がり

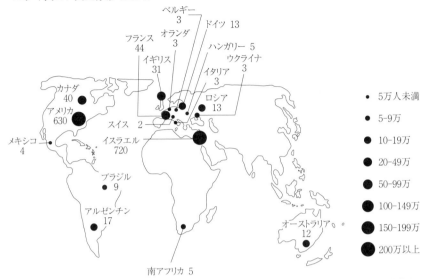

ユダヤ人コア人口分布（2023年）

注）数字は万人。ユダヤ人のコアとは、ユダヤ人の先祖をもち、かつユダヤ教の信者である人のことを指す。ユダヤ人人口2万人以上の国のみ掲載。イスラエルにおける人口にはパレスチナ在住者を含む。
出所）The Jewish Agency for Israel ウェブサイトのデータに基づいて筆者作成。

資料Ⅲ-8-3　華人・華僑の広がり

華人・華僑の分布（2021年）

注）数字は万人。
出所）山下清海『華僑・華人を知るための52章』明石書店、2023年、44頁。

資料Ⅲ-8-4　インド系移民の広がり

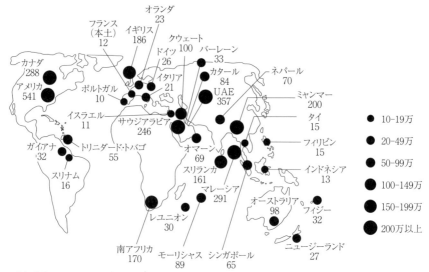

インド系移民の分布（2020年）

注）数字は万人、インド系移民10万人以上の国のみ掲載。
出所：内藤雅雄他編『南アジアの歴史』有斐閣，2006年，304頁の図をもとに，インド外務省ウェブサイト掲載の2024年5月時点のデータに基づいて修正。

メリカ副大統領となり，2022年にはイギリスでもインド系でヒンドゥー教徒のリシ・スナクが首相に就任した。

◆参考文献
①立山良司『ユダヤとアメリカ――揺れ動くイスラエル・ロビー』中公新書，2016年．
②ジョン・J・ミアシャイマー，スティーヴン・M・ウォルト（副島隆彦訳）『イスラエル・ロビーとアメリカの外交政策』（Ⅰ・Ⅱ），講談社，2007年．
③長崎暢子『インド――国境を越えるナショナリズム』岩波書店，2004年．
④山下清海『華僑・華人を知るための52章』明石書店，2023年．
⑤アントニー・D・スミス（巣山靖司・高城和義監訳）『ネイションとエスニシティ――歴史社会学的考察』名古屋大学出版会，1999年．

第 9 章　テロ組織・海賊

　国際政治における1990年代の注目アクターが前章で扱ったエスニック集団であったとすると、2000年代に入ってから注目を集めたアクターはテロ組織であった。2001年9月に発生した同時多発テロ事件（9・11）以後、国際政治が対テロ戦争を柱として展開した。

　海賊もまた、古くから国際政治のアクターであるが、テロ組織とともに国際政治のアクターとしての認知が近年高まっている。2010年前後にソマリア沖周辺でシーレーンを脅かした海賊に対しては、主要国による協力のもとで対策が行われ、日本政府もその取り組みに加わった。

　こうした非合法組織が世界政治に影響を及ぼしうる状況は、グローバリゼーション（☞第Ⅴ部第1章）による連結性や敏感性、脆弱性の高まりを反映している。ここにグローバリゼーションの負の側面を見出すことができよう。

「テロ」とは何か

　日本語でいわれる「テロ」とは「テロリズム」の省略形であり、フランス革命時に恐怖を意味するラテン語からつくられたことばであった。

　ではテロリズムとは何か。各国政府や研究者によって様々な定義が行われている。一例として宮坂直史［2002］は、「主として非国家アクターが、不法な力の行使またはその脅しによって、公共の安全を意図的に損なう行為につき、国家機関と社会の一部ないし大部分が恐怖、不安、動揺をもって受け止める現象」と定義している。語源からして、恐怖を引き起こすということがテロリズムの核心にある。上記の定義は目的を限定していないが、政治的目的に限定する定義も多く見られる。また「主として非国家アクター」として国家アクターによるテロも排除されていないが、非国家アクターに限定する定義もある。

　テロリズムの定義が定まっていないため、ある事件をテロ事件と見なすかどうかについて見解が分かれることも少なくない。

資料Ⅲ-9-1　テロ発生件数と犠牲者数の推移

テロ件数とテロによる犠牲者の数は、1980年頃に増加している。対テロ戦争全盛の2001年頃は、前後の時代に比べてむしろ発生件数が少ない。地域別に見ると、時代とともにトレンドに変動が見られる。1980年代はアメリカ大陸（特に中南米）での発生件数が多く、1970年代から90年代にかけてはヨーロッパでも多く発生していた。2005年以降は中東・アフリカと南アジアで顕著に多くなっている。

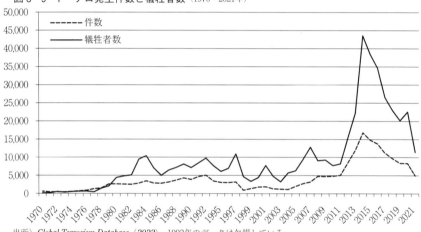

図3-9-1　テロ発生件数と犠牲者数（1970～2021年）

出所）*Global Terrorism Database*（2022）．1993年のデータは欠損している。

反政府勢力はテロ組織か

テロリズムの定義が確定的でないため、テロ組織の認定に恣意性があることを留意しなければならない。

例えば、アパルトヘイト時代の南アフリカにおいて、反政府闘争に軍事的手段を用いたネルソン・マンデラ率いるアフリカ民族会議（ANC）は、ときの同国政府やアメリカ政府によりテロ組織として扱われていた。しかしアパルトヘイト廃止後、**ANC**は与党となり、マンデラは大統領に就任し、テロリストではなく英雄として歴史に名を刻んでいる。

既存の国家からの自立を目指す勢力を、政府はテロ組織として糾弾することがある。中国政府はウイグルやチベットの独立勢力を、トルコ政府は独自国家樹立を目指すクルド人組織を、それぞれテロ組織と認定し、熾烈な弾圧を行っ

ている。2022年2月以降のウクライナ戦争を契機にスウェーデンがNATO加盟を申請すると、同国がクルド人組織関係者のトルコへの引き渡しを拒否していることを理由にトルコのエルドアン大統領は加盟を批准しない姿勢を示していた。民族自決の原理に照らしたとき、彼らをテロリストと呼べるだろうか。国家主権と人権の相克にも関わる問題である。

テロ組織の目的と形態

　テロ組織の目的は一様でない。現代的なテロ組織のルーツは、1968年にハイジャック事件を起こしたパレスチナ解放人民戦線（PFLP）など、60年代後半から70年代にかけて世界各地につくられた共産主義テロ組織に求められている。71年に結成された日本赤軍もこうした例である。冷戦終結後、共産主義のテロ組織は下火になり、民族的主張や宗教的主張を掲げるテロ組織が台頭した。変わったところでは、環境保護や動物愛護を目的として過激化した組織もある。これら目的区分の複数に当てはまるテロ組織もあり、PFLPはアラブ民族主義と共産主義を併せもっていた。

　テロ組織の形態もまた多様である（☞図3-9-2）。9・11を実行したとされるアル・カーイダは、ビン・ラーディンをトップとするようなヒエラルキー型組織ではなく、ネットワーク型と理解されている。また、時代とともに性質は変容しうる。ジャーナリストのバークによると、1980年代末のアル・カーイダはビン・ラーディンら自立した反米テロリストたちの運動の原理であった。96年

図3-9-2　テロ組織の構造・ネットワークの類型

出所）宮坂直史「テロ組織」細谷千博監修、滝田賢治・大芝亮編『国際政治経済——「グローバル・イシュー」の解説と資料』有信堂、2008年、105頁。

以降は、アフガニスタンに形成されたビン・ラーディンらによる拠点を意味した。そしてアメリカ主導の対テロ戦争によって中核組織を破壊されてからは、その主義・主張に共鳴する人々のイデオロギーになった。

吹き荒れるテロの嵐と「イスラーム国」

図 3-9-1 が示すように、2010年代、世界にはかつてないほどのテロリズムの嵐が吹き荒れた。特に世界に衝撃を与えたのは、2014年に建国を宣言し、イラク西部からシリアにかけて支配地域を広げた「イスラーム国（IS）」である（☞第Ⅰ部第4章「中東の国際関係史」参照）。2015年1月、イスラーム国は世界中の支持者に対してテロ攻撃の実施を呼びかけた。以後、実際に世界各地でイスラーム国に関連すると見られるテロ事件が相次いだ。2015年11月にフランスのパリで発生した同時多発テロ事件では130人が犠牲となった。その後もカナダ（2016年8月）やトルコ（同）などでイスラーム国に関連するとみられる事件が起きた。

一時は飛ぶ鳥を落とす勢いとも思われたイスラーム国の勢力拡大であったが、2015年にアメリカやロシアなどによる掃討作戦が本格化すると、イスラーム国の統治範囲は縮小に向かった。2017年10月に「首都」ラッカが陥落し、同年12月にはロシアがシリア領内での掃討作戦完了を宣言、イラク政府も自国内での作戦終了を宣言した。こうして「国家」としては崩壊したが、参加していた戦闘員が出身国に戻ることなど、新たなリスクの拡散が懸念されている。

国際政治と海賊

海賊が国際政治に影響を及ぼした古い例の1つは、マゼランに次ぐ2番目に世界周航を達成したことで知られる16世紀のドレークである。英女王エリザベス1世を主要なスポンサーとしたドレークは、主にスペイン船や植民地を対象とした海賊行為で巨額の利益をもたらし、またアルマダ海戦ではイギリス艦隊の副司令官としてスペイン無敵艦隊を撃破し、産業革命を経て覇権国となるイギリスに発展の礎を提供した。

現在、ソマリア沖やマラッカ海峡などの地政学上のチョークポイント（重要地点）において海運を脅かす海賊の活動は、グローバルな安全保障上の脅威と

なっている。

海賊の定義
　国連海洋法条約第101条において「私有の船舶又は航空機の乗組員又は旅客が私的目的のために行うすべての不法な暴力行為、抑留又は略奪行為」などと定義されている（☞QR3-9-1）。

QR3-9-1

ソマリア沖海賊と国際社会の取り組み

　1990年代後半から多発する海賊事件、特に2008年頃からのソマリア沖周辺での多発に対して、国際的な対応が行われた（☞表3-9-1）。日本政府も2009年以降、国際社会による取り組みに加わり、ジブチを拠点として、航行する船舶を海賊から守るための活動を行っている。そうした国際的な取り組みの成果や、2012年にソマリアで暫定政府による統治が終了して新しい連邦政府が成立したことを受けて、ソマリア周辺での海賊事件は2012年以降に急減した。しかし2023年末、パレスチナ情勢を受けて、イエメンの反政府武装勢力フーシ派が紅海を航行する船舶に対する攻撃を開始し、スエズ運河とインド洋を結ぶ重要航路の新たな脅威となっている。

　ここ数年、世界全体の海賊事案のうち、東南アジア海域での発生件数がおよそ半数を占めている（☞図3-9-3）。特に、太平洋とインド洋を結ぶ要衝であるマラッカ・シンガポール海峡での発生件数が多い（2021年：35件、22年：38件、23年：37件）。ただし東南アジアでの海賊事案は、ソマリア周辺で見られた公海上での組織的な武装襲撃事件とは異なり、各国の領海内での軽武装による小規

表3-9-1　ソマリア沖海賊に対する国際社会と日本政府の取り組み

・2008年6月	国連安保理決議1816号、ソマリア沖海賊への武力行使を認める
・　　　9月	兵器を積載するウクライナ貨物船ファイナ号が襲撃される
・　　　10月	安保理決議1838号、軍の派遣を加盟国に要請
・　　　12月	安保理決議1851号、陸上を含むソマリア領内でのあらゆる措置を認める
・　　　同	EUによるソマリア欧州連合海軍部隊（EUNAVFOR）創設
・2009年1月	関係国・機関によるコンタクト・グループ発足
・　　　同	米・英・日ら多国籍による第151連合任務部隊（CMF CTF-151）設立
・　　　3月	【日本】海上警備行動を発令し、船舶護衛のため護衛艦2隻を派遣
・　　　5月	【日本】P-3C哨戒機2機を派遣
・　　　6月	【日本】海賊対処法成立。護衛対象を外国船にも拡大
・　　　8月	NATOによるオーシャン・フィールド作戦開始
・2011年6月	【日本】ジブチに航空隊の拠点を開設
・2012年8月	ソマリアで暫定統治が終了。翌月、新大統領就任
・2013年11月	【日本】海賊多発海域における日本船舶の警備に関する特別措置法成立

出所）外務省ウェブサイト等を参考に、筆者作成。

模な強盗事件が多数である。したがって、世界全体の発生件数も減少しているが、それ以上に、海賊事件の被害規模は縮小したと考えられる。

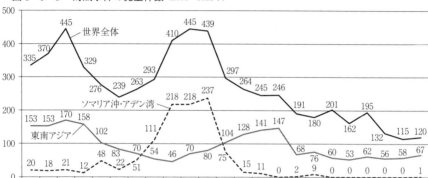

図 3-9-3　海賊事件の発生件数（2001〜2023年）

出所）ソマリア沖・アデン湾における海賊対処に関する関係省庁連絡会「2017年海賊対処レポート」2018年3月、3頁。国際海事局（IMB）の2024年1月時点のデータに基づき修正した。

◆参考文献
①竹田いさみ『世界を動かす海賊』ちくま新書，2013年.
②竹田いさみ『世界史をつくった海賊』ちくま新書，2011年.
③宮坂直史編『テロリズム研究の最前線』法律文化社，2023年.
④宮坂直史『国際テロリズム論』芦書房，2002年.

第10章　国際法廷

国際関係の「法化」?

　国際社会には様々な国際法廷が存在する。ロシアによるウクライナ侵攻後には、国際司法裁判所（ICJ）がロシアに対して、軍事行動の即時停止を求める暫定措置命令を出した。また国際刑事裁判所（ICC）は、戦争犯罪容疑でプーチン大統領らに逮捕状を発付した。イスラエル・ガザ紛争においても、ICJ がイスラエルに対してガザへの軍事攻撃の即時停止や支援物資の搬入を求める暫定措置を命じ、ICC はイスラエル政府首脳とハマス幹部の双方に対して逮捕状を請求した。ICJ と ICC はいずれもオランダのハーグにある国際法廷だが、ICJ が国家間の紛争処理を扱うのに対し、ICC は個人の刑事責任を追及する。

　このほか、1995年に発足した世界貿易機関（WTO）には、貿易に関する国家間紛争を裁判のような手続きで解決するための紛争解決制度が設けられている。「海の憲法」と呼ばれる国連海洋法条約も、1996年に条約の解釈・適用に関する紛争解決のために司法機関（国際海洋法裁判所：ITLOS）を設立した。

　近代以降の国際関係が主権国家間の水平的な関係であったことを考えると、国際問題の解決を第三者機関の判断に委ねるこうした動きは、伝統的な国際関係の変化を体現する現象の1つといえる。国際法廷の設置や活用は1990年代後半から顕著に見られるようになったもので、国際関係の「法化（legalization）」現象として注目された。ただし個別の国際法廷がどの程度「法化」を体現しているかについては、慎重な検討が必要である。国際関係学の主要学術誌 *International Organization* に掲載された特集論文（2000年）は、法化を測る指標として、①義務（obligation）、②（恣意的解釈の余地を残さない）規定の精密さ（precision）、③第三者機関への権限の委譲（delegation）の3つを挙げている。

国際司法裁判所（ICJ）

　国際社会における比較的新しいアクターである国際法廷のなかで、最も長い歴史をもつのが ICJ である。その起源は国際紛争の平和的解決を求める国家の慣行に求められる。

戦争が違法化される前の18世紀末から、紛争当事国が第三者に紛争の解決を委ねる「仲裁」と呼ばれる形態が見られるようになった。仲裁とは紛争当事国自身が裁判官を選定し、その決定に従うことを約束して紛争解決を図る手続きである。仲裁は紛争ごとにアドホックに行われてきたが、1901年には、第1回ハーグ平和会議（1899年）で採択された国際紛争平和的処理条約に基づき、「常設仲裁裁判所（PCA）」が設置された。このときに常設されたのは裁判官名簿のみだったが、1920年には選出された裁判官が常駐する常設国際司法裁判所（PCIJ）が設置された。

　ICJ は第2次世界大戦後に PCIJ の機能を引き継いだ、国連の主要機関である。任期9年の15名の裁判官で構成され、国家間で生じる様々な紛争の解決にあたるほか、国連機関から諮問される法律問題に勧告的意見を出している。

　ICJ に紛争を付託できるのは国家のみである。個人や企業は提訴できない。判決と命令には法的拘束力（守る義務）があるが、ICJ は原則として双方の当事国の同意がなければ事件を取り上げない。すなわち冒頭の「法化」の指標に照らせば、ICJ は国家の同意がある場合にのみ、権限の委譲と義務を伴う決定を行うことができる。これは「国家は同意なく拘束されない」という主権国家体制下の国際法原則を忠実に体現した組織だともいえるだろう。

　ただし、ICJ には紛争発生前に広く国家の同意を取りつけておく仕組みがある。第1は、個別の条約で ICJ への付託を規定しておく方法である。ICJ がロシアによるウクライナ侵攻の事件について審理したのは、ウクライナとロシアがともに締約国となっているジェノサイド条約にそうした規定（9条）があり、ウクライナが提訴したからである。第2は、ICJ の締約国があらかじめ一方当事国の付託だけで（自国の同意を必要とせず）裁判を行うことを認める宣言をしておく方法である（ICJ 規程36条2項）。これは「強制管轄権」の受諾宣言と呼ばれるが、2023年6月現在、この宣言をしているのは ICJ 締約国である国連加盟193カ国中74カ国にとどまっている。

　勧告的意見の付与は、国連機関と専門機関の要請で行われる（国連憲章96条）。

ITLOS と WTO 紛争解決制度の管轄権
　国際海洋法裁判所（ITLOS）は ICJ と同様に、すべての当事国が同意する場合にのみ管轄権を行使する。これに対して世界貿易機関（WTO）の紛争解決制度では、全加盟国が異議を唱えない限り採択されるネガティブ・コンセンサス方式がとられているため、一方当事者の申し立てのみで紛争案件が取り上げられる、事実上の強制管轄権が存在する。

法的拘束力はもたないものの、核兵器使用の合法性（1996年）やパレスチナ占領地域における壁建設の法的帰結（2004年）に関する勧告的意見など、国連以外の国家や国際NGOによっても頻繁に引用される法的解釈を生み出してきた。

国際刑事法廷

　国際刑事法廷は、戦争犯罪を犯した個人を国際機関が裁く制度である。近代以降の主権国家を中心とするウェストファリア体制下では、国家間関係の安定を図る観点から、国家元首等の政府高官に外国刑事裁判権からの免除が認められてきた。国際刑事法廷は、公的地位にかかわらず、在任中の国家指導者をも訴追対象とする点で、画期的である。

　史上初の国際刑事裁判は、第2次世界大戦後にニュルンベルクと東京に設置された国際軍事法廷で行われ、戦勝国が任命した裁判官がドイツと日本の指導者を裁いた。対象となったのは、侵略戦争の開戦責任を問う「平和に対する罪」、狭義の「戦争犯罪」（武力紛争法違反）、「人道に対する罪」である。両裁判については「勝者の裁き」あるいは「罪刑法定主義」違反だという批判があるが、裁判の実行が国連総会で「ニュルンベルク諸原則」として確認されたり、ジェノサイド条約の成立につながったりするなど、国際法の発展に寄与した。

　国際刑事法廷が再び設置されたのは、冷戦終了後、国際社会が噴出する内戦への対応に手を焼くさなかである。国連安保理は旧ユーゴスラビアとルワンダの事態を「国際の平和と安全」に対する脅威と認定し、国連憲章7章下の集団安全保障措置の一環として暫定法廷を設置した。安保理決議によって設立された2つの国際法廷（旧ユーゴ国際刑事裁判所〔ICTY〕とルワンダ国際刑事裁判所〔ICTR〕）は、現地の国内法廷に優越して裁判を行う強い権限を付与された。

　1998年には、常設の国際刑事裁判所（ICC）を設立する条約（ローマ規程）が採択された。対象犯罪は、集団殺害犯罪（ジェノサイド）、人道に対する犯罪、戦争犯罪、侵略犯罪の4つである。しかしICCは生じたすべての管轄犯罪を捜査するわけではない。まず、ICCは多国間条約によって設置されたので、原則として締約国以外に管轄権を行使しない。2024年8月末現在、締約国は124カ国である。次に、ICCは国家に「意思と能力」がない場合に、「国家の刑事裁判権を補完」する形で活動する。これは「補完性の原則」と呼ばれる。すな

わち、戦争犯罪は第一義的にはそれぞれの国家で裁くことが期待されているのである。

冒頭の「法化」の指標に照らせば、ICC は管轄犯罪についてかなり精密な規定をもち、法的拘束力（義務）のある判決を下すが、権限の委譲に関しては、国家の主権を尊重し、補完する形で機能する。例外は国連安保理が事態を付託した場合で、この場合は国家の同意なく捜査が開始される。

ICC が国家の刑事裁判権を補完する裁判所であるということは、他の形態の国際法廷の設立を妨げない。コソボ、東ティモール、シエラレオネ、カンボジアなどでは、紛争後に紛争地国が国際社会の支援を受けて裁判を行う、「混合法廷」と呼ばれる法廷が設置されてきた。

ICC の構成

ICC は検察局、裁判部、書記局の３つの部署から主に構成されている。裁判官は18名で、地理的公平性、ジェンダーバランス、出身地の法体系のバランスを考慮して、締約国によって選出される。同じく任期９年の主任検察官も締約国によって選出される。

ICC の管轄権行使

多国間交渉の妥協の産物として複雑な構造になっている。ICC は原則として、①締約国による付託、②安保理による付託、③検察官による捜査着手、の３つの場合に管轄権を行使する。このほか、ローマ規程には「締約国ではない国」も管轄権を受諾することで ICC が管轄権を行使できるとの規定がある。ウクライナはロシアによる侵攻時点で締約国ではないが、この規定に基づいて管轄権受諾を宣言していたため捜査が開始された。なお、特筆されるのはパレスチナが加盟「国」となっていることだ。

国際法廷と法の支配

多くの国で近代以降、階層的な裁判制度が整備されたのに対し、国際社会ではその分権的な構造を反映し、様々な形態の国際法廷が出現している。同種の事案について法廷によって異なる判断が下される可能性もあり、国際司法の「断片化」を懸念する声もある。国際法廷の競合が、総体として国際社会に法の支配を確立する方向に向かうのか否かは、今後の国際関係を考える上で興味深い視座の１つとなるであろう。

◆参考文献
① 大沼保昭『新訂版　国際法――はじめて学ぶ人のための』（第10章「紛争の解決と国際法」および第12章「武力紛争法」）東信堂，2008年．
② 村瀬信也・洪恵子編『国際刑事裁判所――最も重大な国際犯罪を裁く』（第二版）東信堂，2014年．
③ *International Organization*, vol. 54, no.3, 2000（Legalization and World Politics）.

第Ⅳ部
戦争と平和について考える

第1章　個別的・集団的自衛権と集団安全保障

自衛権

　自衛権（right of self-defense）は一般的には、他国による侵略に対して自国を防衛するために、緊急性がある場合にはその侵害・侵略を排除する目的で武力行使できる権利をいう。より厳密に国際法的に見ると自衛権は、戦争と武力行使が禁止される以前の時代における自衛権と、国際連盟規約、不戦条約（＝パリ不戦条約：1928年）さらに国連憲章などにより武力行使が違法とされることになった時代以降の自衛権の2つからなる。前者は、他国の私人が自国領域に対して急迫不正の重大な侵害を行い、当該領域国または船舶の船籍がおかれた旗国がこの侵害を抑止できない場合、当該領域または公海上で自国に対する侵害を阻止する権利である。この権利は元来、国家が保有する自己保存権という自然法の考えに由来するものである。後者は、武力行使が違法とされるようになった時代でも、他国からの武力攻撃が発生した場合、武力により自国防衛をする権利を実定法上の権利として認めたものであり、国連憲章第2条4項の武力不行使原則の例外として国連システムに組み込まれたものである。

　しかしこの自衛権を発動する場合、3つの要件を満たしていることが求められている。その3つとは「ウェブスター・フォーミュラ（見解）」（☞コラム）に示された自衛権正当化の要件であり、①急迫不正の侵害が存在すること、②他にその侵害を排除して自国防衛する手段がないこと、③攻撃を排除するのに必要な限度にとどめること、が求められる。換言すれば、自衛のためにとる手段は、他国からの攻撃を排除するために必要な程度のものに限定されるべきで、かつ自国に対する攻撃の程度と均衡のとれたものでなければならない。

ウェブスター見解とは

　1837年に発生したカロライン号事件への対応の過程で当事者であったイギリスが自国の行動を正当化するために自衛権という概念を初めて使ったとされる。それに対してアメリカのD・ウェブスター国務長官は、イギリスがいう自衛権の行使を正当化するためには、「即座に、圧倒的で、かつそれ以外に手段を選択する余地がない」ことが不可欠であると主張し、イギリス側にはこの3つの要件が整っているかを問い質した。この事件以来、自衛権行使を正当化する3つの要件は、「ウェブスター見解」と呼ばれるようになった。

個別的自衛権と集団的自衛権

　自衛権には自国防衛、すなわち自国に

対する侵害を排除するための権利である個別的自衛権（right of individual self-defense）と、自国およびその友好国・同盟国が侵略された場合に武力行使する集団的自衛権（right of collective self-defense）がある。上述した不戦条約では、自衛権発動に伴う武力の行使は、禁止されるべき「戦争」から留保されると解釈された。そして国連憲章第51条では「個別的又は集団的自衛の固有の権利」が認められたのである。すなわち国家の慣習国際法上の権利として一般に認められてきた自衛権は、国連憲章第51条によって新たに個別的自衛権と呼ばれるようになり、国家の「固有の権利」として新しく認められた集団的自衛権とともに、その発動条件が明確に規定された。国連憲章第51条は次のように規定している。

　この憲章のいかなる規定も、<u>国際連合加盟国に対して武力攻撃が発生した場合には</u>、<u>安全保障理事会が国際の平和及び安全の維持に必要な措置を取るまでの間</u>、個別的又は集団的自衛の固有の権利を害するものではない。この自衛権の行使に当たって加盟国が取った措置は、<u>直ちに安全保障理事会に報告しなければならない</u>。また、この措置は、安全保障理事会が国際の平和及び安全の維持または回復のために必要と認める行動をいつでもとるこの憲章に基づく権能及び責任に対しては、いかなる影響も及ぼすものではない。（下線部：筆者）

「武力攻撃が発生した場合」とは、基本的には武力攻撃が現実に行われた場合を意味する。しかし、今日のように、武器の破壊力が巨大化すると、実際に武力攻撃が行われてしまうと、きわめて甚大な被害を受けるのであり、また、超高速のミサイルなどは、発射されてからでは、とても対応できないことが予想される。そこで、武力攻撃が真に急迫している具体的証拠がある場合は、その段階で、自衛権を認めるべきではないかという、先制的自衛を認めるべきとする主張も登場している。2002年9月、アメリカのブッシュ（子）大統領は、テロ組織による攻撃に対しては、必要に応じて、先制攻撃を行うと述べ、この考え方に基づいて、アメリカは、2003年3月20日、イラクに対して武力攻撃を開始した。しかし、先制的自衛権行使によるイラク戦争の正当化は、これまで積み重ねられてきた武力行使違法化の歴史を根底から覆すものであり、世界の多くの国際法学者が否定している。

　また「安保理が……必要な措置を取るまでの間」と限定しているので、安保理が武力攻撃を行った国に対して強制措置をとった場合には、自衛権に基づく

行動は停止しなければならないことになる。自衛権の行使に関して加盟国が自由に解釈する余地を制限しようとしたのは、自衛権の行使が主権的行為として100％自由ではないことを第三者機関によって冷静に判断させようという意図があったのである。

一方、第51条で「固有の権利」に規定された集団的自衛権についても論争がある。なぜなら、自国が攻撃されていないのに、あるいは攻撃される蓋然性がきわめて低いのに、攻撃主体たる他国に反撃するということは、いわば「他国を防衛する権利」を有するのに等しいからである。にもかかわらず集団的自衛権が個別的自衛権と同列に併記されることになったのは憲章起草の過程でラテンアメリカ諸国の動きがあったからであるとの指摘がなされている［最上、2016］。すなわち、国連憲章第8章に「地域的取極又は地域的機関」が強制行動をとるためには安保理の許可が必要とされたことに対して、集団的な反撃あるいは軍事行動にいま少しの自由を確保したいと考えたからだ。実質的にそれは「同盟結成の権利」に近いものであるとまで言い切っている。集団安全保障（後述）を中心に世界の平和と安全を確保しようと考えた国連創設諸国は、やがて顕在化した米ソ冷戦の現実のなかで「同盟結成の権利」も認めるという内部矛盾を抱え込んだのである。このようにして、個別的・集団的自衛権は、いまなお様々な議論が続いている。

集団的自衛権と日本

内閣法制局は集団的自衛権を「自国と密接な関係にある外国に対する武力攻撃を、自国が直接攻撃されていないにもかかわらず、実力を持って阻止する国際法上の権利」と規定し、憲法第9条のもとでは、日本が直接武力攻撃を受けていない状況のもとで同盟国のために武力行使することは許されない、との立場を繰り返し表明してきた。「不沈空母論」を唱え周辺諸国から警戒された中曽根首相も、インド洋への海上自衛隊派遣とイラク南部サマーワへの自衛隊派遣を強行した小泉首相も、集団的自衛権の行使はしないとの従来からの立場を堅持した。しかし2014年7月に安倍内閣は、①日本に対する武力攻撃または日本と密接な関係にある国に対して武力攻撃がなされ、これにより日本の存立が脅かされ、国民の生命、自由および幸福追求の権利が根底から覆される明白な

危険がある場合に、②これを排除し日本の存立を全うし、国民を守るために（集団的自衛権行使以外に）適当な手段がない場合に、③必要最小限の実力行使ならば、集団的自衛権の行使は可能であるとの立場を鮮明にし、国会で必ずしも十分な審議をしないまま行使容認を閣議決定した（☞ QR 4-1-1「平和安全法制」の概要、内閣官房、2015年5月16日）。集団的自衛権に関して議論の対象となった問題は、①邦人輸送中の米輸送艦の防護、②武力攻撃を受けている米艦艇防護、③周辺事態等における強制的な船舶検査、④日本領空を横切る米国に向けた弾道ミサイルの迎撃、⑤弾道ミサイル発射を警戒している時の米艦艇防護、⑥米本土が武力攻撃を受けた場合に日本周辺で作戦を行っている米艦艇の防護、⑦国際的な機雷掃海活動への参加、⑧民間船舶の国際共同防護、などである。

QR 4-1-1

オーストラリアやフィリピンは理解を示したが中韓両国は警戒感を露わにし、東アジア地域は「安全保障のディレンマ」（☞本書88頁コラム参照）に陥った。この状況をさらに深刻にしているのが中国や北朝鮮の急速な軍拡や、2022年2月以降のロシアによるウクライナ戦争である。これに対し日本は12月16日、①「国家安全保障戦略」（☞ QR 4-1-2）、②「国家防衛戦略」（☞ QR 4-1-3）、③「防衛力整備計画」（☞ QR 4-1-4）のいわゆる安保3文書を改訂し、①では初めて敵基地攻撃能力の保有を打ち出し、これを使用する場合の要件を②で規定し、③では5年間で合計約43兆円に上る防衛費の大幅な増加を明示した。これにより過去長年にわたり防衛費はGDPの1％としてきた原則が5年目には2％になるとともに、専守防衛という防衛政策の大原則が転換することになった。

QR 4-1-2

QR 4-1-3

QR 4-1-4

集団安全保障

集団安全保障は国際社会全体の平和と安全に関する概念であり、主権国家を基本的単位として形成されている国際社会においてZ国がA国を軍事侵略した場合、A～Y国が一致団結してZ国に制裁を加えることによって侵略行為を停止させ、A国の主権を回復させる仕組みであると定義できる。同時にこのような仕組みを機能させることによって侵略を予め抑止する仕組みでもある。歴史的に見るとこの集団安全保障という考え方はイマニュエル・カントが『永

遠平和のために』で提唱したのが最初といわれ、やがて第1次世界大戦後に国際連盟として具体化し、連盟規約第10〜17条に集団安全保障の原則が盛り込まれた。第2次世界大戦後に設立された国際連合は、集団安全保障を実現しようとして失敗した国際連盟の教訓を踏まえた仕組みをその内部に埋め込んできたが、内部矛盾も抱え込むことになった。第1に、パワーポリティックス的仕組みとしての大国中心の安保理常任理事国制度（P5）と主権平等原理に基づく総会との矛盾、第2に国連憲章第7章に盛り込まれた集団安全保障の仕組みと第8章に盛り込まれた「同盟結成の権利」との矛盾という2組の矛盾である。パワーポリティックス的仕組みとしてのP5は、P5各国相互間が協力しあう、少なくとも相互間に鋭い対立がないことを前提として集団安全保障を目指していたが、戦後の米ソ冷戦という現実がこの理想の実現を阻害したのである。

ジョセフ・ナイはZ国の武力侵略に対してA〜Y諸国が武力によって抑止しようとする点で集団安全保障は勢力均衡政策（バランス・オブ・パワー）と似ていると指摘したことがあるが、後者は力の均衡によって国益を実現しようとするものであり、P5を構成する大国が対立している場合には前者より後者に傾斜する傾向が強くなる（☛第Ⅱ部第6章「勢力均衡論」）。

集団的自衛権と集団安全保障は、ともにZ国のA国に対する侵略はA〜Y国すべてに対する侵略と同じであるという発想に基づいているが、前者は同盟外部からの侵略に対する措置であり、後者は国際社会内部の一部からの侵略に対する措置である点で大きく異なるものである。

QR4-1-5

◆**参考文献**（追加参考文献☛QR4-1-5）
①植木千可子『平和のための戦争論——集団的自衛権は何をもたらすのか？』ちくま新書，2015年．
②半田滋『日本は戦争をするのか——集団的自衛権と自衛隊』岩波新書，2014年．
③浦田一郎・前田哲男・半田滋『ハンドブック集団的自衛権』岩波ブックレット，2013年．
④国際法学会編『国際関係法辞典（第2版）』三省堂，2005年（自衛権，集団的自衛権，集団的安全保障の各項目）．

第2章　領土・国境問題

国際関係論と地政学における国境

　2001年9月11日に発生した世界同時多発テロ（以下、9・11テロ）以後、主権権力が発動する空間としての地政的な国境が大きな変容を迫られている。リアリズムの国際関係論における「国境」とは、「固定化された領域性」を基礎とする主権国家群から構成されるウェストファリア体制の根幹的原理であった。代表的な地政学者であるC・フリントによれば、地政学の重要な概念の1つである「領域性」とは、境界によって囲まれた領域内に何らかの政治的なコントロールが及んでいる空間のことであり、そのなかにおいて行使される権力とは、領域の創出と維持を必要としている［フリント、2014、36-37頁］（☞第Ⅲ部第1章「主権国家」参照）。

　しかしながら、1990年代以降急速に進展した世界的な過程・現象としてのグローバル化と、9・11テロ以後の米国を中心とした安全保障の強化によって、開放性と閉鎖性という相対立する二重の圧力が国境をめぐる国際関係に影響を与えるようになり、伝統的な意味における地政的な国境を大きく変容させる契機となった。

グローバル化と国境

　1990年代から今日にかけて、「ボーダレス・ワールド」（大前研一）や「フラット化する世界」（T・フリードマン）が到来するというグローバリストの主張は、グローバル化が「脱領域化」を引き起こし、領域性に基づく主権国家システムの溶解に帰結していくというものであった。グローバル化による人、商品、サービスなどの流れが「国境の透過性」を高め、グローバル化する世界においてはそれを止めようとするいかなる試みも何の意味ももたなくなってしまった世界になったといえるだろう（☞第Ⅴ部第1章「グローバリゼーション」参照）。

　とりわけ同時期に加速化したEU統合へ向けた動きは、国際関係と国境をめぐる研究への新しい視座を提供した。これらは、基本的には戦争経験から平和へと向かう時代状況のなかで、経済、政治、司法などの様々な分野において、

EU域内における国境を越えた協力関係の構築を、国境の開放性に軸をおきながら分析を試みている点に共通項が見出せる。人の移動に関していえば、1985年のシェンゲン協定の締結に見られるように、出入国管理なしに協定加盟国間の人の往来などができるようになった。

　2004年に設立された欧州対外国境管理協力機関（FRONTEX）は、ワルシャワに本部をおくEUの専門機関の1つであり、加盟国と非加盟国との国境警備を調整する任務を担っている。これは、EU統合の東方拡大に伴う陸域国境の警備や、地中海を渡って大量に流入してくるアフリカ諸国からの難民・移民の取り締まりにおいて、中心的な役割を果たすようになっている。また、2015年以降の難民危機に対応するために、このFRONTEXを拡充する形で、欧州国境沿岸警備機関が2016年に創設された。このように、EUにおける国境の現実は、EU域内における人、商品、サービスなどの移動は自由になる一方で、非加盟国との間に新しい域外国境を築き、EUが同時に要塞化を強めている傾向も明らかになってきている（☞第Ⅲ部第3章「EU」参照）。

9・11テロ以後の安全保障と国境

　9・11テロは、グローバル化による開放性を強調することの多かった国際関係論に新しいパラダイム変化をもたらし、国境の閉鎖性にも同時に分析的焦点を合わせることによって、それをマネジメントしていく方法のあり方も注目されることになった。

　9・11テロ以後、世界中の多くの国は、外部と接する国境への締めつけをますます強化した。空港での厳重な出入国審査に加えて、海外旅行者は、ビザ資格、書類検査、そして移民手続きの厳格化に直面する。陸域における国境に目を転じれば、ホームランドセキュリティの錦の御旗のもとに、米墨国境では新しいフェンスの建設や国境警備が強化され、国境とそれを取り巻く風景が日常的に変化してきている。2017年のトランプ政権の誕生と2024年の大統領選による同氏の再選は、この変化のスピードを加速させている。

　また、テロリストなどのリスク因子をふるい分ける「フィルター」としての国境が国境安全保障の支配的モデルとなり、国境のテクノロジー化を引き起こした。そして、国境をマネジメントする監視的手段として、人間の身体的証拠

としてのバイオメトリクス（指紋や顔などの生体認証）を用いた e -パスポートや、世界最大規模の個人情報の集積データベースである US-VISIT システムなどが空港において運用されるようになったのである（☞第Ⅲ部第9章「テロ組織・海賊」参照）。

「上からの」国境と「下からの」国境：「領土の罠」からの脱却

　領土や国境が社会的な構築物であるという見方は国内外の学界においても定説になりつつある。国家主権はグローバル化や安全保障環境の変化によってつねに影響を受けており、領域的に固定化された領土や国境という考え方に立脚すれば、今日の変容する国家主権のあり方を説明することは困難である。

　日本は、ロシアとの北方領土問題、韓国との竹島問題、中国との尖閣諸島という3つの領土・国境問題を抱えている。日本政府は、それぞれが歴史的にも国際法上も日本の「固有の領土」であり、とりわけ、日本が実効支配を行い「国有化」した尖閣諸島に関しては、領土・国境問題それ自体が存在しないとの立場をとっている。しかしながら、英国ダラム大学の国境画定に関する研究ユニット（IBRU）が作成した世界の境界・国境紛争マップでは、紛争の1つに尖閣諸島が含まれている。

　日本政府が主張する「固有の領土」とは、「一度も外国の領土となったことがなく、日本の領土でありつづけている土地だと強調する概念」だとされる［和田、24頁］。しかしながら、われわれは、この「固有の領土」という言説に固執すればするほど、あらゆる外交交渉や解決策の糸口を探ることも困難になるということを想起すべきであろう。この論理は、相手国に対しても当てはまる。歴史問題と領土・国境問題を一緒くたに結びつける感情的な議論は双方にとって不毛であり、冷静な態度に基づく未来志向のアプ

漁業と国境
　日本の陸地面積は約38万平方キロメートルで世界61位であるが、排他的経済水域（EEZ）と領海を入れた日本の面積は約447万平方キロメートルになり、世界6位になる。これは、日本が約14,000の島から構成される海洋・島嶼国家であるということを端的に表すデータである。日本の領土の維持と食料安全保障の観点から、漁業が果たしてきた役割はきわめて大きいが、1970年代の EEZ の設定によって他国の領海以外の沿岸水域で操業してきた日本の漁船が追い出され、日本の漁業が大きく衰退してしまったことはあまり知られていない。EEZ は沿岸から200カイリであり、日本が主張する中間線は沿岸国と重複し、相互承認している EEZ はほとんどないとされる。国境の海から締め出されてしまった日本の漁船は漁場を失い、日本の周辺水域は他国の漁船によって取り囲まれているのが現状である。

図4-2-1 境界地域をつなぐネットワーク

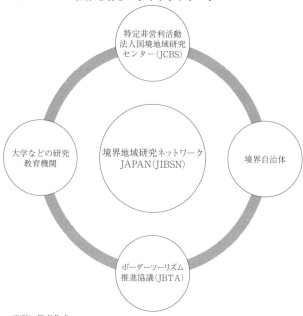

出所）筆者作成

ローチが必要であろう。

北東アジアにおける領土対立は、国境ナショナリズムの席捲を想起させる［岩下、2014］。政治地理学の第一人者であるＪ・アグニューは、国際関係論が自明の方法論的前提としてきた世界地図が「領土の罠」に陥っていると批判しながら、不変的な国家主権に基づいて画定されたとされる世界地図における各国領土の固有性や安定性に疑問を投げかけた［Agnew、1994］。こうした「領土の罠」から脱却するために必要なことは、実際には、国境や領土が社会的に構築される過程や、そこに関与する国家以外のアクターの多様性を認識し、生活圏の眼差しを意識したより重層的な見地に立って、領土・国境問題をとらえていく視座であろう。

領土・国境問題に関しては、中央政府の専権事項であるという「上からの」アプローチが支配的であるが、近年では、国境離島を含む形で日本の「端」に位置する境界地域の自治体関係者、研究者、ジャーナリストなどが連携し、地元住民の声を中央政府の国境政策に反映させる「下からの」国境アプローチが活性化してきた。2011年、境界自治体の実務者と研究者の意見交換の場として、境界地域研究ネットワークJAPAN（Japan International Border Studies Network: JIBSN）が設立された（☞ QR4-2-1）。これは、日本の境界地域が抱える諸課題を多角的に検討し、政策提言を行う研究ネットワークである。事業活動の内容として、(1)国内外の境界地域に関する調査および研究の企画、実施および支

QR4-2-1

援、(2)境界地域の地方公共団体の交流、連携および情報発信の支援、(3)境界地域研究の成果の相互活用と共有化および公開、(4)境界地域の自立と活性化に寄与する政策提言、(5)人材育成のための連携および協力が挙げられており、日本の境界地域の安定と振興のために活動している。2014年には特定非営利活動法人国境地域研究センター（Japan Center for Borderlands Studies: JCBS）が設立され、研究者や実務家のみならず、一般市民による参画を基礎とすることがその大きな特徴となっている（☞ QR4-2-2）。2017年、国境をツーリズムの資源とする観点から、ボーダーツーリズム推進協議会（Japan Border Tourism Association: JBTA）が、境界地域および近隣諸国などへの「旅」を素材としたボーダーツーリズム（国境観光）の普及、定着、需要の拡大を目指し設立された（☞ QR4-2-3）。これは、観光事業者などの民間企業や地方自治体などとの密接な連携を通じて、経済的な振興、観光の活性化、伝統文化の紹介などを行い、境界地域の地方創生に寄与している。

QR4-2-2

QR4-2-3

このように、領土・国境問題に対する発展的解決を図るために必要な連関的かつ重層的な取り組みの核心は、国境離島に代表される境界地域に住む人々の生活や身体性を視野に入れることであり、国家を越えた枠組みや思考に基づいて真の意味での国益とは何かを考える柔軟かつ揺るぎない姿勢をもつことであろう。

◆参考文献

①岩下明裕編著『領土という病――国境ナショナリズムへの処方箋』北海道大学出版会，2014年．
②コーリン・フリント（高木彰彦編訳）『現代地政学――グローバル時代の新しいアプローチ』原書房，2014年．
③和田春樹『領土問題をどう解決するか――対立から対話へ』平凡社，2012年．
④濱田武士・佐々木貴文『漁業と国境』みすず書房，2020年．
⑤アレクサンダー・ディーナー／ジョシュア・ヘーガン（川久保文紀訳）『境界から世界を見る――ボーダースタディーズ入門』岩波書店，2015年．
⑥J. Agnew, "The territorial trap: The geographical assumptions of international relations theory," *Review of International Political Economy*, 1 (1), 1994.

第3章　海洋秩序

　地球の70％以上を占める海は、石油、天然ガス、鉱物、そして魚などの生物が存在する資源の宝庫である。そして、日本は近隣諸国との領土問題を抱えるなかで、シーレーンの確保は安全保障上も重要である。

国連海洋法条約と領域的アプローチ

　海の利用、開発、その規制に関する国家間の権利義務関係を定めてきたのが海洋法であり、その根幹にあるのが、1982年に採択され1994年に発効した海の憲法ともいわれる「国連海洋法条約」である。

　伝統的に海洋は、沿岸国の主権的権利が及ぶ範囲を狭く、一方、海洋の自由が適用される範囲を広く考える「狭い領海・広い公海」という二元的法制度に基づき利用されていた。しかし、戦後独立した発展途上国の資源ナショナリズムが高まるとともに、1973年に交渉が開始された国連海洋法条約では、排他的経済水域を導入するなど、領域的アプローチによる新たな海洋資源管理が規定

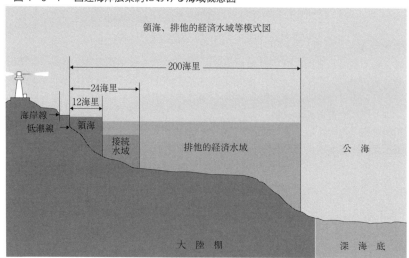

図4-3-1　国連海洋法条約における海域概念図

出所）海上保安庁海洋情報部　https://www1.kaiho.mlit.go.jp/JODC/ryokai/zyoho/msk_idx.html

された。

　領海は基線から12海里まで設定することができ、領海とその外側、基線から最大200海里までの排他的経済水域（以下、EEZ）に、資源に対する沿岸国の権利が認められた。日本のEEZ面積は世界第6位といわれている。

　また大陸棚は、本来地質学的には海岸の低潮線と海底の傾斜が大洋底に向かって著しく増大し始めるまでの間の海底をいうのに対し、同条約上は、大陸縁辺部の外縁まで、またはその外縁が200海里を超えない場合は200海里までの海底とその下とし、人為的な定義を行っている。現在、世界の石油の4分の1が大陸棚からの産出である。

　そして、大陸棚の外側が条約上の「深海底」にあたる。「深海底」とその鉱物資源を「人類共同財産」として、国際海底機構が設立された。条約の交渉当時、深海底に眠るニッケル、コバルト等を含有するマンガンノジュールの開発は目前であると考えられていた。そして、条約が発効までの長い歳月を要したのも、この「深海底」の規定をめぐって莫大な先行投資を行っていたアメリカ等先進諸国が反発したためであった。その後、途上国のみで条約が発効する可能性が高まったため、1994年には条約と一体をなす海洋法条約第XI部規定（実施協定）が採択され、国連海洋法条約の深海底制度に修正が施された。なお、2024年7月時点で国連海洋法条約の締約国は170カ国となっているが、アメリカは依然として批准していない（☞QR4-3-1国連海事・海洋法課）。

QR4-3-1

新エネルギー、鉱物資源の開発可能性

　皮肉なことに、マンガンノジュールは採算面からいまだに商業開発の見通しは立っていない。その一方で、新たな化石燃料、鉱物資源の存在が明らかになっている。化石燃料の一種であるメタンハイドレートは、メタンガスと水からなるシャーベット状の物質で、火を近づけると燃えることから「燃える氷」ともいわれる。石油・天然ガスより資源量がはるかに多く、偏在性もないことから、次世代のエネルギーとして位置づけられている。また、鉱物資源として、水深数千メートルの深海底に、海底下深部から吹き出した熱水が海水で冷却され金属成分が海底面に降り積もった海底熱水鉱床やコバルトリッチクラストが存在する（☞第V部第3章「資源・エネルギー問題」参照）。

産油地である中東や鉱物資源が豊富なアフリカが政治的に不安定であり、安定供給のために、これら海底資源への期待はますます高まっている。しかし、まだ推定の部分が多く、今後の技術開発、コスト、そして開発による生態系の破壊など環境への影響も未知数である。

シーレーンの確保

海洋は船舶航行にとっても重要なのはいうまでもない。日本はエネルギーや食料などを輸入に依存しており、しかも全体の貿易（輸出入合計）量の99.6％（トン数ベース）を海上輸送が占めている（☞ QR4-3-2 海事レポート2023）。このことからも、海上輸送の主要航路としてのシーレーンをいかに安定的に確保するかは、安全保障の根幹にかかわる部分である。シーレーンが閉ざされるような事態は、国民の生命にも直接影響を及ぼそう。一方、中国が原油の輸入など海上輸送に依存しているのも同様であり、東シナ海や南シナ海に海洋権益の主張を拡大しているのも、シーレーンの確保が背景にある。

QR4-3-2

四方を海に囲まれている日本は今後資源立国になる可能性を秘めている一方で、シーレーンを安定的に確保することは必要不可欠であり、それは、近隣諸国との関係を良好化することによってのみ可能である。

◆参考文献
①浅田正彦編『ベーシック条約集2024』東信堂，2024年．
②柳井俊二編著『海と国際法』信山社，2024年．
③坂元茂樹『侮ってはならない中国――いま日本の海で何が起きているのか』信山社，2020年．

第4章　空と宇宙の秩序

航空機の発展

　1903年のライト兄弟による動力飛行機の発明以降、航空機は急速な発展を遂げた。第1次世界大戦で初めて航空機が軍事利用され、第2次世界大戦では制空権が戦争の勝敗を左右するまでに役割が拡大した。

　航空機の登場により、国家は領空主権をもつかどうかが問題になった。第1次世界大戦後の1919年に署名されたパリ国際航空条約では、すべての国家は領土と領海の上空における主権をもつと領空主権を認めた。この考え方は、第2次世界大戦末期の1944年に署名されたシカゴ条約に引き継がれている。シカゴ条約は、国際航空運送の国際基準等を検討する場である国際民間航空機関（ICAO）の設置を定めている（☛QR4-4-1）。

　日本では、第2次世界大戦後 GHQ により航空機の研究・製造・運用等が一時禁止された。1952年の解除後、国産旅客機 YS-11 が開発されたが、サプライチェーンのグローバル化や民間航空機市場における厳しい国際競争の結果、日本の民間航空機の開発は国際共同開発への参加が中心となっている。他方、防

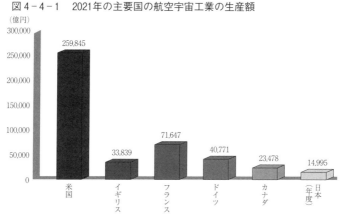

図4-4-1　2021年の主要国の航空宇宙工業の生産額

出所）「航空宇宙産業データベース」日本航空宇宙工業会、令和5年8月。

衛用の航空機は、自国での生産を維持するための官民連携も行われている。

ドローンの登場

ロシアによるウクライナ侵攻（☛第Ⅰ部第3章）では、両軍により無人航空機ドローンが大量に戦場に投入されている。これらのドローンは、民生技術を使って途上国で安価に製造されたと言われる。しかし、ドローンは農薬散布など民生分野でも広く使われているため、利用を規制する国際的な枠組みはないのが現状である。また、安全な場所にいる兵士が遠隔操作で相手の生命を奪うことに対する国際人権法上の問題も指摘されている（☛QR4-4-2）。

米ソによる宇宙活動の始まり

1957年にソ連が行った世界初の人工衛星スプートニクの打ち上げは、冷戦下の米国に大きな衝撃を与え、米ソによる宇宙開発競争が始まった。ソ連は1961年にも人類初の有人宇宙飛行で先行したが、米国は1969年にアポロ11号による人類初の月面着陸を成功させ、技術の優位性を示した。

スプートニクの打ち上げを契機に、1959年に国連宇宙空間平和利用委員会（COPUOS）が設置され、同委員会が作成した宇宙条約が1966年に国連総会で採択された（☛QR4-4-3）。宇宙条約は、国家が宇宙空間や天体を領有したり大量破壊兵器を地球周回軌道に配置したりすることを禁止している。また、民間による宇宙活動であっても国家が国際的責任を負うとする特徴がある。

宇宙活動を行うアクターの増加

アポロ計画の後、米ソ以外の国家による宇宙活動が増加した。米国は欧州や日本とともに国際宇宙ステーション計画を提唱し、最終的に15カ国が同計画に参加した。ロシアは自国の宇宙ステーションであるミールを運用していたが、米国の呼びかけに応じて、国際宇宙ステーション計画への参加を決めた。国際宇宙ステーション計画は平和の象徴と言われるが、ソ連崩壊によりソ連の宇宙技術が国外に流出し軍事転用されることを懸念した米国が、ロシアの宇宙産業を維持するためにロシアを同計画に引き込んだという側面もあることが知られている。国際宇宙ステーションは2011年に完成し、現在も運用が続けられてい

る。中国は、自国の宇宙ステーションを建設し、各国の宇宙実験を受け入れるなど独自の国際協力を展開している。

　1980年代以降の宇宙活動は、衛星通信、衛星放送、気象観測に加え、資源探査、環境観測、衛星測位など多様化し、途上国や民間企業も参入するようになった。国連宇宙空間平和利用委員会における意思決定は全会一致が慣行になっているため、メンバー国の増加とともに、法的拘束力のある国際条約の作成が困難になった。そのため、決議などによる国際規範が用いられるようになった。

　国際規範の1つに、宇宙デブリ低減ガイドラインがある。宇宙デブリとは軌道上に廃棄された不要な人工物体であり、宇宙活動の進展とともに増大している。宇宙デブリは高速で地球を周回し、他の宇宙機等に対して大きな危険をもたらすが、2007年に中国が自国の古い衛星をミサイルで破壊する実験を行い、大量の宇宙デブリを発生させて国際的に非難を浴びた。宇宙デブリ低減ガイドラインは、その直後に採択され、宇宙デブリを低減するために各国が自主的な対策をとることが望ましい旨を定めている。近年は、宇宙デブリのみならず、

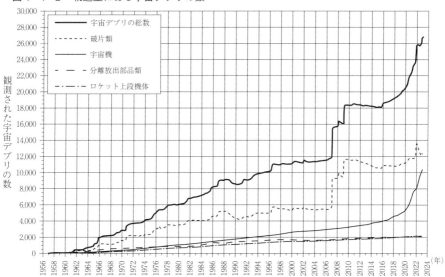

図4-4-2　軌道上にある宇宙デブリの数

出所）NASA Orbital Debris Quarterly News, Volume 27, Issue 1, March 2023.

宇宙機同士の衝突防止を含めた宇宙交通管理の必要性が議論されている。

また、ロケット技術の確立とともに、国家が行っていた打ち上げを民間企業が商業的に実施するようになった。宇宙条約では、民間企業の打ち上げ失敗等により他国に損害を与えた場合、国家が賠償責任を負うとされている。そのため、各国とも安全確保のための国内法を整備している。

宇宙活動の領域拡大

従来の宇宙活動の多くは、静止軌道またはそれより低い地球周回軌道で行われてきた。しかし、21世紀に入り、静止軌道より遠方の月や小惑星に到達するプロジェクトが現れている（☞ QR 4-4-4）。

QR 4-4-4

2010年、日本の探査機はやぶさが小惑星イトカワから試料を持ち帰るサンプルリターンで世界中の注目を集めた。探査機が月以外の天体に着陸し地球に試料を持ち帰ったのは世界初であった。2020年にもはやぶさ2が小惑星リュウグウから、2023年には米国の探査機が小惑星ベンヌからのサンプルリターンに成功した。小惑星は、太陽系の初期の頃の状態をよくとどめているため、持ち帰った試料から、太陽系の歴史や地球の生命の起源に関する手がかりが得られると期待されており、国際協力により分析が続けられている。

月には、ソ連と米国が1960年代に探査機を送り込んでいたが、2010年代以降、中国、インド、日本の探査機、米国の民間企業の着陸船が次々と月面着陸に成功している。日本の民間企業も月面着陸まであと一歩に迫っている。宇宙条約では、天体の領有は禁止されているが、月には水や資源の存在が指摘されており、将来の月面活動に向けた布石として国際的な競争と協力が繰り広げられている。

◆参考文献

① 東京大学航空イノベーション研究会・鈴木真二・岡野まき子編『現代航空論——技術から産業・政策まで』東京大学出版会，2012年．
② 青木節子『日本の宇宙戦略』慶應義塾大学出版会，2006年．

第5章　サイバー空間

サイバー空間とは何か

　サイバー空間（サイバースペース）は、コンピューターとそのネットワークから構成される仮想空間である。情報技術（IT）の進歩と普及に伴い、今日では、経済、社会、政治など多くの分野における活動がサイバー空間を利用して行われる。そのためサイバー空間の安全は、現代国際関係の最重要課題の1つとなっている。

サイバーセキュリティ

　一般に、サイバー空間の安全、すなわちサイバーセキュリティとは、サイバー空間を様々な脅威から保護することをいう。より詳しくいえば、サイバー空間を構成するコンピューターとそのネットワーク、さらにネットワークを流れる情報（正確にいえば、情報を電磁的に加工したデータ）を脅威から保護することをいう。
　ではサイバー空間の安全を脅かすのは何か。それはサイバー攻撃にほかならないが、実は、サイバー攻撃と総称されるものには大きく2つのタイプがある。1つはコンピューターやそのネットワークを標的にしてサイバー空間を利用できなくするタイプの攻撃である。特に、社会経済活動を支えるネットワーク（例えば、通信ネットワーク、金融ネットワーク、電力グリッドなど）が機能不全に陥れば国家と国民にきわめて深刻な影響を与えることから、そうしたネットワークの保護は重要インフラストラクチャ保護として国家安全保障の観点からも重要な課題と位置づけられている。2022年5月に制定された日本の経済安全保障推進法においても「基幹インフラストラクチャ役務〔サービス〕の安定的な提供の確保」が主要な目標の1つとなっている。
　いま1つのタイプのいわゆるサイバー攻撃は、サイバー空間を利用した不法行為である。例えば、コンピューターネットワークに侵入してデータを盗み見たり改ざんしたりすることであり、サイバー犯罪やサイバーエスピオナージュがこれに当たる。日本では2000年に中央省庁のウェブサイトが改ざんされる事

件が起き、日本政府がサイバーセキュリティ対策を強化する一因となった。このような犯罪行為は情報化の負の側面といえるが、1990年代後半からインターネットが急速に普及し、人や組織が「つながった」結果、サイバー空間を利用した犯罪は増加かつ多様化している。しかも越境的なサイバー犯罪、すなわち被害者と加害者が異なる国家に存在するケースも珍しくない。

サイバー戦争

　サイバー空間への最も重大な脅威は、サイバーの手段による戦争、すなわちサイバー戦争である。

　典型的には、基幹インフラストラクチャや政府の情報システムを標的にしたサイバー攻撃がサイバー戦争と呼ばれる。2007年に起きたエストニアの金融ネットワークや与党のウェブサイトへの大規模な DoS（サービス拒否）攻撃は、サイバー戦争の事例とされる（この攻撃にはロシアの関与が疑われている）。また2008年には、南オセチア紛争と連動する形で、ジョージアの政府機関や国立銀行の情報システムにサイバー攻撃がしかけられた。

　しかしサイバー空間は、陸、海、空、宇宙に続く「第5の領域（ドメイン）」といわれてきたものの、本格的なサイバー戦争はこれまでのところ起きていない。2022年2月に始まったロシアによるウクライナへの全面侵攻でもサイバー攻撃は補助的役割を果たすにとどまっている。

　一般論として、サイバー攻撃だけで戦争の形勢が一変することは考えにくい。爆撃などと異なり、サイバー攻撃によって物理的破壊を直接、引き起こすことはできない（例えば、イランの核施設を標的にしたサイバー攻撃は、装置を破壊するのではなく誤作動させることでウラン濃縮を妨害した）。またサイバー攻撃で直接的に人を殺傷することもできない（ただし、例えば、冬に電力の供給ができなくなった結果、凍死する人が出るなど、間接的に人命が奪われることは想定できる）。しかもサイバー攻撃の効果は一時的であり、多くの場合、被害を受けたネットワークは数日中に復旧されている。

　おそらくサイバー攻撃が軍事的に最も有用であるのはサイバー攻撃と物理的攻撃を組み合わせた「ハイブリッド戦争」においてであろう。2007年にイスラエルがシリアの防空システムをサイバー攻撃でダウンさせてから同国の核施設

を空爆したのは、サイバー攻撃を軍事作戦に取り入れた事例である。なお次節で述べるインフォメーション・ウォーフェアと物理的攻撃を組み合わせた戦争もハイブリッド戦争と呼ばれることがある。

インフォメーション・ウォーフェア

ロシアによるウクライナ侵略を契機に改めて注目されているのは、むしろ情報を使った戦争行為（インフォメーション・ウォーフェア）である。サイバー戦争における攻撃が相手側の情報システムの撹乱を目標とするのに対し、インフォメーション・ウォーフェアは人々の認知（知っていること）を歪めたり混乱させたりすることを目標とする。

ロシアがウクライナに軍事侵攻した後、「ウクライナ東部でロシア系住民が大量に殺害された」「ブチャの虐殺はフェイク」といった偽情報がSNS（ソーシャル・ネットワーキング・サービス）を通じて広まったが、そうした偽情報の発信の少なくとも一部は、ウクライナに対する西側の支援を弱めることを狙うロシアの工作であったと推測されている。

しかし偽情報や偏った情報の拡散は戦時だけに起きるのではない。2016年のアメリカ大統領選挙や同年6月にイギリスで実施された欧州連合（EU）離脱の是非を問う国民投票に際してもSNSで偽情報が拡散されたことが指摘されて

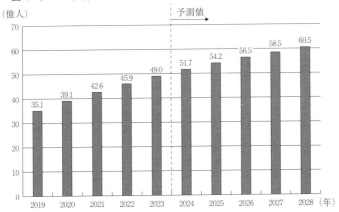

図4-5-1　世界のソーシャルメディア利用者数の推移および予測

出所）『令和6年情報通信白書』152頁。https://www.soumu.go.jp/johotsusintokei/whitepaper/ja/r06/pdf/n2170000.pdf

図4-5-2　世界の生成AI市場規模の推移および予測
（100億ドル）

年	数値
2020	1.4
2021	2.3
2022	4.0
2023	6.7
2024	13.7
2025	21.7
2026	30.4
2027	39.9
2028	54.8
2029	72.8
2030	89.7
2031	107.9
2032	130.4

※2024年以降は予測値

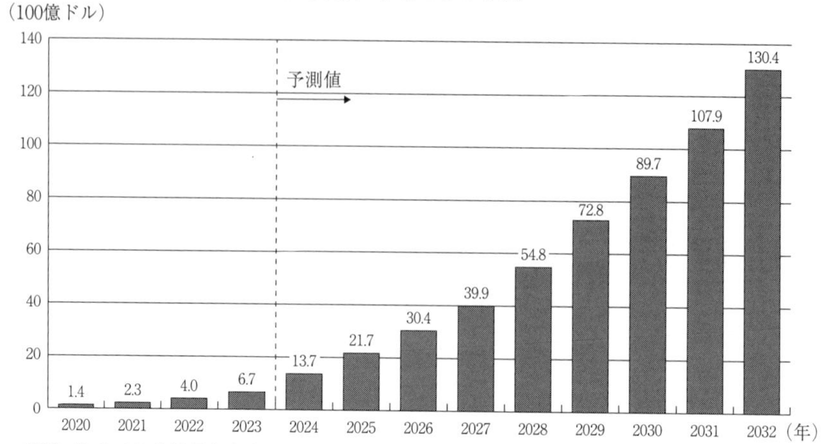

出所）『令和6年情報通信白書』164頁。https://www.soumu.go.jp/johotsusintokei/whitepaper/ja/r06/pdf/n2190000.pdf

いる（いずれもロシアのサイバー情報工作部隊「トロール」が関与したことが疑われている）。

　さらに最近では、人工知能（AI）の発展と普及に伴い、AIを利用して巧妙な偽情報を容易に生成できるようになっている。生成系AIにデータを学習させれば、まるで本物のような画像や動画をつくることができるのである。そこで日本を含む多くの国々でAI規制が検討されているが、表現の自由とのバランスをどのようにとるのかが大きな争点となっている。

サイバーセキュリティのディレンマ

　ネットワークを経由して拡散する偽情報は、サイバー空間から生じる新たな脅威となっている。そうした脅威に対処する最も効果的な方法は検閲をはじめとする情報統制であるが、国家が情報へのアクセスを制限すれば国民の知る権利や言論の自由という民主主義の根幹が浸食されかねない。つまり偽情報という問題に対処することが国家による情報統制という別の問題を招くことになるのである。

　また情報の流れを妨害したり管理したりすることは、アメリカ、EU、日本が従来、主張してきた「情報の自由な流れ」からの逸脱にほかならない。そも

そも情報が流れるからこそネットワークにはきわめて高い価値があり、したがって脅威から保護されるべき対象とみなされるのである。

翻ってみれば、中国やロシアでは、ネットワークを流れる情報は、国家安全保障（というよりは国家体制の安定）を脅かしうるものとしてとらえられている。中国の「グレート・ファイアウォール」は、特定のコンテンツを閲覧できないようにする仕組みであり、好ましくないとされる情報へのアクセスを制限するインターネット統制の代表的な例であるが、ネットワークを介した情報の流れが国家によって制限された事例は枚挙にいとまがなく、世界的に見てインターネットの遮断は増加傾向にある。

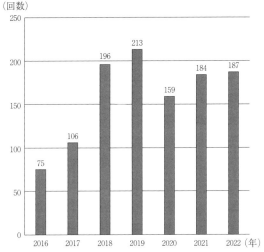

図 4-5-3　各年の世界におけるインターネットの遮断回数

出所）『令和5年情報通信白書』67頁。https://www.soumu.go.jp/johotsusintokei/whitepaper/ja/r05/pdf/n320000c.pdf

他方、サイバーセキュリティの追求は、プライバシーや市民的自由の侵害という問題を引き起こす可能性もある。サイバー攻撃に対処するためには、アトリビューション、すなわち「誰がやったのか」を明らかにする必要があるが、アトリビューションを確実に行うために公的権力がネットワークのユーザーを監視すれば個人のプライバシーが侵害されることになる。

民主主義を標榜する国々では、プライバシーは法的に保障される個人の権利であり、サイバーセキュリティとプライバシーのバランスが少なくとも制度上は求められる。例えば、欧州人権条約は「民主的社会において必要」な限りにおいてのみ公的権力は私的生活に干渉できる、すなわちプライバシーの権利を制限できるとしている。しかし国家安全保障や社会秩序維持に、より高い優位を与える国家もある。例えば、中国サイバーセキュリティ法は、情報ネットワークの運営者に対し、法令で配布や伝送が禁止される情報（「国家の安全を危

険にさらす情報」、「国家権力を転覆させる情報」、「国家の統一を危険に陥れる情報」などを指すと考えられる）を発見した場合、関係記録を保存して関係所管機関に報告することを義務づけているが、その意図はネットワーク空間における匿名性を排除し、政治的発言を封じることにあると考えられる。

サイバー空間の安全をめぐる対立

　サイバー犯罪については2001年にサイバー犯罪条約（ブダペスト条約）が採択されている。同条約は欧州評議会で作成されたが、欧州評議会非加盟国を含む76カ国が署名している。日本はサイバー犯罪条約の作成プロセスにオブザーバーとして参加し、条約採択後は締約国となった。なおロシアは2022年3月まで欧州評議会加盟国であったが、サイバー犯罪条約には署名していない。

　さらに国連でもサイバー犯罪条約を作成するための交渉が行われており、2024年8月に草案が合意された。しかし国連サイバー犯罪条約については国家による市民の監視を強化することになるという批判もある。

　より広いサイバー空間の安全については、2011年に中国とロシアが他の上海協力機構（SCO）加盟国とともに「情報セキュリティのための国際行動規範」を国連総会に提案している。提案された国際行動規範は多岐にわたるが、「テロリズム、分離主義、ないし過激主義を煽動する情報の配布を抑制するために協力すること」を求めている点で、国家による情報の流れのコントロールを容認する内容であり、「開放的で安全なサイバー空間」を目指すアメリカ、EU諸国、日本の賛同を得ることはなかった。

　サイバー空間の安全が喫緊の課題であるにもかかわらず国際ルールづくりが遅れているのは、サイバーセキュリティについての基本的考え方の相違によるところが大きい。サイバー空間はまさにリアルな世界の鏡像なのである。

◆参考文献
①土屋大洋『サイバーセキュリティと国際政治』千倉書房，2015年．
②須田祐子『データプライバシーの国際政治――越境データをめぐる対立と協調』勁草書房，2021年．
③トマス・リッド（松浦俊輔訳）『アクティブメジャーズ――情報戦争の百年秘史』作品社，2021年．

第6章　大量破壊兵器

　大量破壊兵器（WMD）とは、字義上は大規模な殺傷や破壊をもたらしうる強力な兵器のことであり、一般的には核兵器・生物兵器・化学兵器の3種類を意味する。3種類の兵器の頭文字をとって、NBC兵器とも呼ばれる（核 Nuclear、生物 Biological、化学 Chemical）。核兵器の核を nuclear の代わりに Atomic を採用して ABC兵器という場合もある。運搬手段であるミサイルも、これらの兵器の問題と併せて検討されることが多い。また、近年ではテロ対策の観点から、NBC兵器に放射性物質（Radiological）と爆発物（Explosive）を追加した CBRNE兵器という用語もあるが、ここでは主に NBC兵器を扱う。

　NBC兵器は、2度の世界大戦において戦争の手段として本格的に登場した。そしてほぼ同時に、非人道的な惨禍を生むこれらの兵器を規制する動きが生じていた。しかし、大量破壊兵器が一括して国際政治上の重要な問題として扱われるようになったのは、冷戦終結後のことであった。

生物・化学兵器の登場と規制

　戦争における毒物の使用は古代から見られるが、化学兵器は本格的には第1次世界大戦で初めて用いられた（☞年表 QR 4-6-1）。各国は化学兵器の開発を競い、実戦に投入した。生物兵器の開発も進められたが、実戦では使用されなかった（☞年表 QR 4-6-2）。化学兵器のもたらした甚大な人的被害を踏まえ、化学兵器と生物兵器の使用を禁止するジュネーヴ議定書（☞ QR 4-6-3）が1925年に結ばれた。第2次世界大戦では、日本軍による中国での両兵器の使用などの例外はあったものの、大規模には使用されなかった。

QR 4-6-1

QR 4-6-2

QR 4-6-3

　ジュネーヴ議定書では両兵器の使用が禁止されたのみであり、包括的な規制が実現したのは後年のことであった。生物兵器は1975年発効の生物兵器禁止条約によって、化学兵器は1997年発効の化学兵器禁止条約によって、開発・生産・貯蔵が禁止された。後者に基づき、検証を行うための国際機関として化学兵器禁止機関（OPCW）が設立された。

国際政治を変えた核兵器

　第2次世界大戦において登場した核兵器は、その絶大な破壊力により、以後の国際政治のあり方や軍事戦略を一変させた。冷戦時代、米ソ両国は核戦力の開発や増強を競い合い、全人類を何度も殺し尽くせる規模の核兵器を蓄えた。イギリスとフランス、中国も1960年代までに核兵器を保有した。

　核兵器の使用による被害を回避すべく、核兵器を保有する国が新たに増えることを防ごうとする核不拡散と、既存の核兵器を削減する核軍縮が試みられてきた。核不拡散条約（NPT）は、すでに核兵器を保有する5カ国以外が新たに保有しないことを目指したが、1998年にインドとパキスタン、2006年に北朝鮮が核保有を宣言しており、イスラエルも核兵器を保有すると考えられている。しかし、2024年現在でも核兵器を保有する国は9カ国に限られており、核不拡散の取り組みが一定の成果を残してきたともいわれる。

　既存の核兵器を減らす核軍縮の取り組みは、桁外れに多くの核兵器を保有する米ソ両国の間で1970年代以降に進められた。冷戦終結後も米ロに引き継がれて、2010年に合意された新START（戦略兵器削減条約）では、2018年までに両国それぞれが配備済みの戦略核弾頭を、1,550発に削減することを約束した。その後、米ロ関係が悪化する状況下で条約の失効が迫ったが、米バイデン政権発足直後の2021年2月に条約は5年間延長された（☞年表QR4-6-4）。

QR4-6-4

大量破壊兵器と湾岸・イラク戦争

　湾岸戦争（1990～91年）の終結の条件を定めた国連安保理決議687号は、イラクによる化学・生物・核兵器の破棄を求め、これら大量破壊兵器を中東地域からなくすという目標を掲げた。その後の国連の査察により、イラクでNBC兵器すべての開発が進んでいたことが判明した。以後、国際政治において大量破壊兵器の拡散を防ぐという課題が浮上し、取り組みが進められた。

　アメリカは冷戦終結後の安全保障戦略において、世界各地の地域秩序の安定化のため、大量破壊兵器の不拡散を重要視した。ブッシュ（子）政権は、イラクが大量破壊兵器の開発を再開していると主張し、査察の拒否を理由として、2003年にイギリスらとともにイラク戦争に踏みきった。しかし戦後、イラクによる大量破壊兵器の開発の証拠は発見されず、戦争の正当性が疑問視された。

近年は、テロリストが大量破壊兵器を用いることへの懸念が高まっている。特に放射性物質を通常の爆薬によって拡散させるダーティ・ボムの使用や、核施設への攻撃に備えることが、各国政府にとって重要な課題となっている。

核軍縮・不拡散と日本

唯一の戦争被爆国である日本は、「核兵器を持たず、作らず、持ち込ませず」という非核三原則を掲げてきた（佐藤栄作首相が1967年に示した）。国際社会においても核廃絶を訴える役割を果たしてきた。しかし他方で、日本がアメリカの「核の傘」のもとにある、すなわち核保有国アメリカの庇護を受けているという現実もあり、アメリカ軍による日本への核兵器の持ち込みを認めていたことが近年に判明している（「核密約」問題）。

オバマ大統領が2009年4月に「核なき世界」演説（プラハ演説）を行い、核廃絶への期待が世界的に高まると、日本は2010年にオーストラリアとともに非保有国による核軍縮・不拡散イニシアティブ（☞QR4-6-5）を立ち上げて後押しを試みた。しかし即時の核廃絶を求める急進派と段階的な削減を主張する核保有国との立場の溝は埋まらなかった。急進派は、核兵器の使用や保有などを幅広く禁止する核兵器禁止条約の制定を目指し、核保有国やその同盟国などの参加が得られないままに条約交渉が進められ、2017年7月に採択された。2020年10月に50カ国目となるホンジュラスが批准し、2021年1月に発効した。

QR4-6-5

日本政府はこの問題で難しい立場に立たされた。従来は核軍縮の旗振り役として存在感を示してきたが、2006年以降核実験を繰り返す北朝鮮からの脅威にさらされて、「核の傘」への依存を強めていたと考えられる。結果的に、日本政府は条約交渉の開始に反対票を投じ、交渉にも参加しなかった。

ミサイル軍拡の新時代

核弾頭の運搬手段に目を向けると、広島と長崎に原子爆弾を落としたのは爆撃機であった。冷戦期は、ミサイルが主力となった。エンジンにより自力飛行する巡航ミサイルと、打ち上げられて高高度を飛行する弾道ミサイルに大別できる（☞図4-6-1）。

冷戦期の米ソの相互確証破壊（MAD）、すなわち互いに先制攻撃を受けても

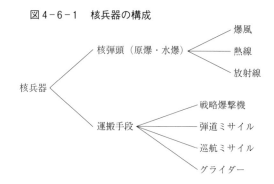

図4-6-1　核兵器の構成

相手国を確実に殲滅できる状態をもたらした中心要素が、弾道ミサイルであった。それゆえ、射程500～5,500kmの地上発射型ミサイルを全廃する中距離核戦力（INF）条約を1987年に米ソが結んだことは、冷戦終結を決定づけた。

　その後、ミサイルの脅威は新たな展開を見せた。INF条約対象外の国々である、中国や北朝鮮、インドやパキスタン、イスラエルやイランなどで、ミサイル開発が進んだ。1998年、北朝鮮が日本列島上空を越えて太平洋に打ち込んだ中距離弾道ミサイル「テポドン1号」は、日本国内にミサイルの脅威を鮮烈に印象づけた。

　これらの国々、特に中国のミサイル開発が野放図となっていることからINF条約への懐疑の声が出始め、関係の悪化していたアメリカとロシアが互いに条約違反を非難するようになり、ついにアメリカが離脱を宣言し、2019年に条約が失効した。こうしてミサイル開発を競う新時代へと突入した。ミサイル防衛の技術や、新たな核弾頭の運搬手段としてグライダー型の滑空体を用いる極超音速兵器などの開発が各国で進められている。

◆参考文献
①ロバート・ジャーヴィス（野口和彦ほか訳）『核兵器が変えた軍事戦略と国際政治――核革命の理論と国家政策』芙蓉書房出版, 2024年.
②森本敏・高橋杉雄編『新たなミサイル軍拡競争と日本の防衛』並木書房, 2020年.
③秋山信将・高橋杉雄編『「核の忘却」の終わり――核兵器復権の時代』勁草書房, 2019年.
④スコット・セーガン, ケネス・ウォルツ（川上高司監訳）『核兵器の拡散――終わりなき論争』勁草書房, 2017年.

第7章　人道的介入と保護する責任

人道的介入

　人道的介入とは、ある国家において生じている極度の人権侵害や迫害を止めることを目的に、他国が単独または共同で当該国の同意なしにとる行動を指す。狭義には、一国または複数国による武力行使を指す。広義には、他国のみならず国際機関、非政府組織（NGO）等による医療、食糧支援等の人道支援を含む考え方がある。人道的介入の定義は論者により様々である。後述する通り、1990年代に行われた人道的介入の事例をめぐり、狭義の人道的介入である、他国による武力行使についての議論が盛んに行われてきた。

　極度の人権侵害が発生する国に対する他国の強制的な武力介入は、国家主権との関係で懐疑的に論じられる。1648年以降のウェストファリア体制（☞第I部第1章）が貫く国家主権は、他国による内政干渉を認めない。国連憲章は、憲章第7章下で安全保障理事会（安保理）が決定する強制措置または自衛以外では、他国への武力行使を認めない。同憲章は、各国の領土保全と政治的独立の尊重を明記し、内政不干渉原則を確認している。一方、第2次世界大戦後、人権規範が確立されるなか、迫害や抑圧により無辜の人々が命を失う現実を前に、国際社会は行動をとらなければならないという意識が強まった。

　冷戦後、大国間戦争が減り国内武力紛争（内戦）が注目されると、内戦下で危険にさらされる人々の保護を目的に「人道的介入」、つまり武力行使が実施されるようになった。1999年の北大西洋条約機構（NATO）によるコソボ空爆は、安保理による授権のない人道的介入として、国際社会のなかで賛否が分かれた。コソボ問題に関する独立国際委員会は、現行国際法規範に不備があり、国際法は発展途上との前提で「違法だが正当」と評価した。これに対し、空爆が必要なほど人道的要請があったのかという道義的観点からの反論や、国際法的観点から国家主権概念の変容いかんについての議論が巻き起こった。

　ある国で深刻な人権侵害が発生していると判断するとき、上述の通り国連安保理は国連憲章で認められた措置を発動することができる。では、個々の国家の独自の判断による武力行使は正当と認められるのか。介入側の論理には、

往々にして人道目的でない、例えば勢力圏拡大などの政治的目的が含まれている。反対に1994年、ルワンダでの大虐殺（☞コラム上段）を止められなかったような、不介入の問題はどうか。他国で人権侵害が起きているとしても、介入するか否かは介入側の都合や関心に左右されてしまうことが多い。自国を危険にさらしてまで救いの手を差し伸べるべきか、という介入の費用対効果の計算もなされる。

保護する責任（R2P）

人道的介入は、法的、政治的論争が絶えない一方で、深刻な人権侵害から人々を救うための手立てでもあった。アナン国連事務総長（当時）は、1999年と2000年に、いかなるときに人道的な軍事介入が認められるべきか明確にするよう国際社会に呼びかけた。人間の安全保障で「恐怖からの自由」を推進するカナダ政府が呼応し、2000年9月に介入と国家主権に関する国際委員会（ICISS）を発足させた。翌年12月、ICISS は『保護する責任（R2P）』報告書で、介入についてR2Pの概念を打ち出した（☞コラム下段）。

R2P報告書は、国家に国民を保護する一義的責任があるが、国家に対処能力や意思がない場合、国際社会がその責任を有するとした。武力行使は「人々の保護を目的とする軍事介入」と明記され、非軍事的な広義の「人道的介入」と区別された。軍事介入には、適切な意図、

ルワンダ内戦の背景と1994年の大虐殺事件

1962年の独立以前より、フツ（全人口の85%）とツチ（同14%）の抗争が繰り返されていたが、独立後多数派のフツが政権を掌握し、少数派のツチを迫害する事件が度々発生していた。1990年に独立前後からウガンダに避難していたツチが主体のルワンダ愛国戦線がルワンダに武力侵攻し、フツ政権との間で内戦が勃発した。1993年8月にアルーシャ和平合意が成立し、その合意を受け、国連は停戦監視を任務とする「国連ルワンダ支援団（UNAMIR）」を派遣したが、1994年4月のハビヤリマナ大統領暗殺を契機に、フツ過激派によるツチ及びフツ穏健派の大虐殺が始まり、同年6月までの3ヶ月間に犠牲者は80〜100万人に達した。

出所）外務省ホームページ、ルワンダ共和国基礎データ、令和6年11月11日、https://www.mofa.go.jp/mofaj/area/rwanda/data.html

保護する責任としての3つの責任

保護する責任は、3つの特定の責任を包含する。

A 予防する責任：人々を危険にさらす国内紛争および人為的な危機の根本原因や直接原因に対処する。
B 対応する責任：人々の切迫した状況に適切な措置で対応する。それは、制裁や国際的な訴追などの強制措置や、究極の場合には軍事的介入を含む。
C 再建する責任：介入により停止または回避させようとした害悪の原因に取り組み、とりわけ、軍事的介入の後に、復旧、復興および和解のための十分な支援を提供する。

出所）International Commission on Intervention and State Sovereignty, *The Responsibility to Protect: Report of the International Commission on Intervention and State Sovereignty*, 2001, p. XI.（筆者訳）

最後の手段、正当な手段、合理的目的といった原則が設けられた。2005年の世界サミット成果文書にて、軍事介入は安保理の授権を要する旨確認された。保護する責任の対象は、国際刑事裁判所（☞第Ⅲ部第10章「国際法廷」参照）が扱う罪と同じく、集団殺害犯罪、人道に対する犯罪、戦争犯罪、侵略犯罪と再設定され、軍事介入の原則や基準が精緻化された（☞QR4-7-1）。

QR4-7-1

　しかし、人道的介入論の難しさが克服されたとはいいがたい。例えば2011年3月、リビア内戦に際し、NATOは保護する責任に言及した国連安保理決議1973号に基づき人道目的として空爆を開始した。この空爆に対し、カダフィ政権打倒という政治的目的や、文民への甚大な被害があったと批判が噴出した。一方、2011年以降内戦が続くシリア、2021年クーデターが起こったミャンマーをめぐって、市民らが国家と国際社会の保護する責任が提起しても、安保理で決議が採択されず、非人道的不介入状態になっているとも批判される。不介入問題を含め、R2Pをめぐる議論では、国連や加盟国のみならず、地域機構や市民社会・学術研究機関も役割を果たしている。

対応から予防・再建へ

　深刻な人権侵害が生じる危機に対していつ、どのように、誰が介入するのかが議論の中心であり続けてきた人道的介入および保護する責任論であるが、予防の観点で研究が蓄積されつつある。R2Pの文言を用いた安保理決議、総会決議の多くは、武力介入を認めるためではなく、予防の目的で用いられた（☞QR4-7-2）。外部からの強制措置が必要になる前に対応する、あるいは危機に際して国際社会が何も行動をとらないことを避ける、などが目指された。

QR4-7-2

　スーダン出身の外交官フランシス・デン（Francis M. Deng）は、1990年代に、「責任としての主権」を提唱した。これがR2Pの出発点となった経緯がある。デンは、危機を抱えた国家が、「国民を守る」という主権に基づく責任を守れない場合、その責任は国際社会に移るとした。そして、国際社会の支援のもとで、責任ある主権国家を立て直すことを期待した。軍事介入という「罰」を受けた国は市民が保護する責任主体として立ち直れないと予測した。一方、軍事介入にせよ国家建設にせよ、先進国主導になれば被介入国や周辺国には内政干渉だと忌避が高まりうる。

R2Pで重要なのは、軍事介入による対応よりも、特別な保護が必要とされるような事態を予防すること、つまり「次なるコソボの授権ではなく、次なるルワンダを防ぐ」こととも表現される。同時に、国家主権と人道原則をめぐり、ある国における深刻な人権侵害への対応や介入のタイミングや方法については、さらなる議論が必要である。

QR4-7-3

◆**参考文献**（追加参考文献☞ QR4-7-3）
①政所大輔『保護する責任——変容する主権と人道の国際規範』勁草書房, 2020年.
②西海洋志『保護する責任と国際政治思想』国際書院, 2021年.
③西海洋志・中内政貴・中村長史・小松志朗編著『地域から読み解く「保護する責任」——普遍的な理念の多様な実践に向けて』聖学院大学出版会, 2023年.
④小林綾子「文民保護と保護する責任の二十年」『国際政治』211号, 2023年, 140-149頁.

第 8 章　平和維持と平和構築

平和維持

　平和維持活動（PKO）とは、伝統的には武力紛争の停戦が成立した後、停戦が守られているかどうかを監視するために、当事者の合意に基づき現地に派遣される軍隊の活動を指した。

　国連 PKO は、国際連合憲章で謳われる「国際の平和と安全の維持」を目的として、国連安全保障理事会（安保理）が採択する決議、または総会が採択する「平和のための結集決議」に基づき設置される。東西冷戦の政治的対立のため、国連創設時に想定された集団安全保障（☞第Ⅳ部第 1 章）が十分に機能しないなか、代わりに加盟国の軍事要員を現地に派遣し停戦監視を通じて紛争の拡大を防ぐ当座の措置として始まり、慣行を通じて発展した。ゆえに国連憲章には PKO について明文の根拠がない。紛争の平和的解決を規定する憲章第 6 章と、軍事的・非軍事的強制措置を規定する同第 7 章の間に位置する「6 章半」の活動と呼ばれてきた。PKO は実践のなかで国際の平和と安全に対する貢献を認められ、1988 年にはノーベル平和賞を受賞した。伝統的な PKO は、「紛争当事者の同意」のもと、「不偏的・公平的」立場で活動し、「自衛以外の武器の使用をしない」という PKO 3 原則を有する。

　以上のような冷戦期の停戦監視を行う伝統的な PKO を第一世代 PKO といい、冷戦終結後は、国際社会の環境の変化に伴い新しい任務を有する第二世代、第三世代、第四世代と呼ばれる PKO が設置された。

平和構築

　冷戦後、国家間紛争が減る一方、内戦が国際社会の平和と安全への脅威ととらえられるようになったことに伴い、1992 年、ブトロス・ガリ国連事務総長（当時）は『平和への課題』と題する報告書を出した。報告書は、予防外交、平和創造、平和維持、そして紛争が再発するリスクの高い内戦後の社会で平和を定着させるための「平和構築」までの取り組みの必要性を論じた（☞QR 4-8-1）。平和構築まで担うようになった PKO を第二世代 PKO と呼ぶ。平和構

QR 4-8-1

築とは、「戦争により国家機能が崩壊した社会において、平和の基礎となる土台を構築する作業」である。「戦争により国家機能が崩壊した社会」とは、内戦を経て国の法の支配が崩壊しており、基本的人権の保障や治安の確保も行うことができず、国家としての機能を失っている状態を指す。政府から安全を確約されず、自分や身内の危険が差し迫る内戦状況から脱し、力による争いの再燃を防ぎ、机上の話し合い（交渉）で問題の解決が図られ、国民が「平和」に生きていると実感できるような社会の「基礎」である、国家制度整備、経済復興、人材育成、インフラ整備等の「土台を構築する作業」が、平和構築である。

PKOにとどまらず、より長期にわたる開発支援も平和構築の一部である。物理的なインフラ整備はもとより、法の支配やガバナンスの確立といった国家機能の回復、難民や国内避難民の帰還や再定住、持続可能な開発に向けた人材育成も含まれる。紛争後の復興開発では、通常の開発援助と異なり、紛争に配慮する視点が求められる。目的が正当でも、結

日本の自衛隊のPKOへの参加
　日本では、1992年に国際連合平和維持活動等に対する協力に関する法律（通称PKO法）が成立した。同年、第2次国連アンゴラ監視団（UNAVEMII）への公務員および選挙監視員派遣と、国連カンボジア暫定統治機構（UNTAC）への自衛隊派遣が、日本のPKO活動の始まりである。

果として紛争を再燃させるような支援を行ってはいけないという、「Do No Harm」（☛ QR4-8-2）の標語が、多くの支援機関で掲げられている。

QR4-8-2

停戦合意がないなかで国連が介入する「平和強制」も、第二世代PKOと時を同じくして実施された。これは第三世代PKOに類される。代表例は1993年の第2次国連ソマリア活動（UNOSOMII）である（☛ QR4-8-3）。しかし、UNOSOMIIは守るべき平和がない、紛争中に強制的に踏み込んだため、PKOが紛争当事者となり、撤退を余儀なくされた。一方、旧ユーゴスラヴィアに展開した国連保護軍（UNPROFOR）や国連ルワンダ支援団（UNAMIR）は、十分な人員・装備や国連加盟国の政治的支援が不足し、虐殺を止められなかったため、国連の失敗と揶揄された。

QR4-8-3

文民保護と安定化

第二世代、第三世代PKOの経験や教訓のなかで、国連はPKO改革に踏み出した。2000年、アナン事務総長（当時）が設置した専門家パネルは、今日的

PKOのあり方について課題をまとめ、国連PKOに関するパネル報告（通称『ブラヒミ報告』）を出した（☞QR4-8-4）。例えば、戦闘員以外の一般市民が暴力等による被害を受ける状況に鑑み、「文民保護」が重要視されるようになった。1999年の国連シエラレオネ支援団（UNAMSIL）以降、南スーダン等に展開中のPKOで文民保護は主要な任務である。PKOの任務の変化により、この頃から、国連において「平和維持活動」よりも「平和活動」という表現が好んで使われるようになった。

QR4-8-4

　ブラヒミ報告以降、紛争（後）国で活動する国連諸機関の人道支援、復興・開発支援とPKOが連携や調整の上、一丸となって平和の定着に取り組む必要性が強調されるようになった。国連諸機関からなる国連国別チームがPKOのトップである事務総長特別代表の傘下に入る「統合ミッション」が誕生した。

　自衛のほかに、文民保護の任務遂行のための武力行使が認められる、従来のPKO3原則を修正する「強化された（robust）」PKOが安定化ミッションと呼ばれることもある。諸機関の連携、文民保護や安定化といった特徴を合わせて、第四世代PKOと呼ばれる。連携や統合が進むなかで生じてきた活動上の制約や障害を克服するため、民軍関係を整理するための研究も行われている（☞QR4-8-5）。

QR4-8-5

　一方、PKOが現場に負の影響を与える問題点も指摘されている。例えばPKO要員による性的搾取の問題がある。2008年にPKO局とフィールド支援局が出した文書「国連平和維持活動：原則と指針」は、要員の不品行は、国連PKOの正当性にかかわる問題で絶対に許されないというゼロ・トレランスを強調した。

持続的平和とパートナーシップ国際平和活動

　さらに、国連では、2015年に、平和活動に関するハイレベル独立パネル報告（通称「ホルタ報告」）、平和構築アーキテクチャー・レビューにて、「持続的平和（sustaining peace）」こそが国連の活動の中心任務である旨確認された。持続的平和は、紛争予防も平和構築、平和構築も紛争予防であるとして、それまであった紛争予防、平和創造、平和維持、平和構築といった時系列的な概念を修正した。持続的平和の具現化に向け、2018年に、国連事務総長主導で「平和維

持のための行動（A 4 P）」が始まり、政治的解決やパートナーシップといった課題への取り組みがなされている。

PKO は、国連にとどまらず、北大西洋条約機構（NATO）、アフリカ連合（AU）や準地域機構の西アフリカ諸国経済共同体（ECOWAS、加盟国15カ国）などの地域機構による平和活動も注目される。ストックホルム国際平和研究所（SIPRI）年鑑各年版によると、1996〜2022年の間、国連平和活動が20前後で推移したのに対し、地域機構による平和活動は1990年代終盤に国連平和活動の数より多くなり、2020年代には30後半を記録した（☛ QR 4 - 8 - 6）。

QR 4 - 8 - 6

地域機構による平和活動は、国連平和活動との多様なパートナーシップを構築しながら展開してきた［篠田 2021］。引継ぎ型（地域機構から国連へ、国連から地域機構へ。例：ECOWAS リベリア・ミッション〈ECOMIL〉から UNMIL へ）、並存型（例：国連 AU 合同ミッション〈UNAMID〉）、機能補完型（例えば、国連アフガニスタン支援ミッション〈UNAMA〉と国際治安支援部隊〈ISAF〉）がある。

平和構築をめぐる学術動向

1992年の『平和への課題』以降、実践でも平和構築を担う平和活動が増加するにつれて研究も蓄積されてきた。平和構築活動は、デモクラティック・ピース論（☛第Ⅱ部第 7 章）に支えられ、民主化や自由化を目指し、選挙や競争市場の実現を急いだため、紛争後国・地域で紛争再発の火種になったと批判された。その後、自由化よりも国家建設など制度整備が重要視された。リベラル平和構築と総称される、民主化を目指した平和構築も国家建設も、トップダウンで行われるマクロな構造改革である。

上からの平和構築に加えて、下からの視点を加えるハイブリッド平和構築論［リッチモンド 2023］あるいはポスト・リベラル平和構築論がある。国家の機能改善と同時に、人々やコミュニティ・レベルでの武器を用いた争いがなくなるような「ローカルな平和」も同時に実現すべきという議論である。紛争後社会の人々が安心して寝られる、夜道を心配なく歩ける、自由に意見をいえる、元敵対相手と生活できるという信頼を取り戻すなど、人々にとっての平和を測定基準とする日常の平和（everyday peace）も提唱された［オトセール 2023］。外科手術的な平和構築を批判し、どこにでも通用する平和構築の方法はないとし、

現場の事情に即して一歩一歩平和な社会に近づいていく漸進的平和工学者たれという経済学者の主張もある［ブラットマン 2023］。

　さらに、イリベラル平和構築といって、リベラル、ポスト・リベラル平和構築論ともに欧米のリベラル国際主義を基礎としていると批判し、国内のエリート主導かつ権威主義的な平和構築が議論されている。民主化や自由化よりも安定を重視し、紛争後国で一握りの政治指導者が主導して行う平和構築である。汚職や恩顧主義の蔓延から紛争の記憶の操作まである権威主義的な平和構築は、長期的な安定のために短期的には必要な方法なのか。欧米中心の介入が影をひそめるなかで、現地主導で行われる多様な平和構築が引き続き注目される。

◆参考文献
①セヴリーヌ・オトセール（山田文訳）『平和をつくる方法――ふつうの人たちのすごい戦略』柏書房，2023年．
②クリストファー・ブラットマン（神月謙一訳）『戦争と交渉の経済学――人はなぜ戦うのか』草思社，2023年．
③オリバー・リッチモンド（佐々木寛訳）『平和理論入門』法律文化社，2023年．
④篠田英朗『パートナーシップ国際平和活動――変動する国際社会と紛争解決』勁草書房，2021年．
⑤則武輝幸「平和維持と平和構築」吉村祥子・望月康恵編『国際機構論［活動編］』国際書院，2020年，33-49頁．

第9章　人間の安全保障

人間の安全保障と国家安全保障

　人々1人ひとりの安全を最優先するという人間の安全保障の考え方は、伝統的な安全保障観を2つの点で変化させた。1つ目は、脅威の源である。従来、安全保障といえば、他国からの攻撃という脅威に対する軍事力による領土防衛に象徴される「国家の」安全保障を指した。一方、内戦、災害、貧困、病気等、ときには国境を越えて拡散する脅威に対する国際社会の関心が高まった。2つ目は、安全を保障する対象である。伝統的安全保障は国家や国民全体を対象とするが、人間の安全保障は国民1人ひとりや、国民からなるコミュニティに目を向ける。2011年に発生した東日本大震災では、女性や子ども、障害者を含む被災者1人ひとりの安全が議論され、国内外のアクターが支援に向かった。2016年の熊本地震後、同県は「5つの安全保障」として、人々を中心に据えた、経済、感染症、災害、食糧、環境分野での安全保障を掲げた。2020年に新型コロナウイルスが世界的に流行した際にも、デジタル技術の進展に伴う課題を論じる際にも、人間の安全保障が注目される。人間の安全保障は、持続可能な開発とも密接に関係し、遠い紛争国や貧困国だけでなく先進国でも発生しうる現代的脅威から私たちをいかに守るかという視点を提供する。

> **様々な「安全保障」**
> 「国家安全保障」を基軸としつつも、テロ、サイバー攻撃や国内武力紛争（内戦）等、脅威の国際的波及や多国間協調による国際的対応を意識し「国際安全保障」と表現されることがある。また、1970年代終わりから80年代にかけて、日本は、軍事的脅威から領土を守るための軍事力による対応を意味する伝統的な国家安全保障に加え、政治的、経済的、社会的な非軍事的脅威への非軍事的対応を含めた安全保障として「総合安全保障」政策を掲げた。その他、食料安全保障、環境安全保障など特定課題を念頭に置いた表現もある。

　一方、国家安全保障でも、対象は国家内の自国民であり、人間の安全保障は何ら新しいものではないとの批判がある。しかし、国家安全保障の対象は国民という総体であり、例えば1991年にイラク北部で発生したクルド難民危機（☛ QR4-9-1）に見られるように、少数民族その他の国内のマイノリティの保護の必要性は見逃されがちであった。もう1つ、人間の安全保障は、主権国家の枠を越え、大国が内政干渉をするための介入の口実だとの批判もある。この意

QR4-9-1

見に対しては、国民を守る一義的な責任は国家にあり、人間の安全保障は国家主権や領土保全を尊重する、補完的な概念であると整理されている。

人間の安全保障の発展

　人間の安全保障には確立した定義がない。様々な文脈で使用できる柔軟性があるとの評価がある一方、分析概念としても、政策概念としても、包摂する分野が広範にわたり、曖昧すぎるという指摘がある。提唱者や推進国政府によっても主張や解釈が異なる。例えばカナダは、紛争や抑圧等の「恐怖からの自由」を重視し、後の「保護する責任（R2P）」（☞第Ⅳ部第7章）の議論に結びつけていった。日本は、貧困・教育・医療等の機会の「欠乏からの自由」を重視した人間の安全保障の実現に力を注いだ。

　1994年に国連開発計画（UNDP）の『人間開発報告書』（☞資料Ⅳ-9-1）で人間の安全保障を提唱したマフブーブル・ハク（パキスタンの経済学者兼元財務大臣）は、軍事安全保障問題から個人の安全保障の欠如や潜在能力実現の障害に目を向けた。軍事支出を制限し、代わりに個人への平和の配当を創出すべきと主張した。人間開発報告書の土台となるケイパビリティ（潜在能力）論を提唱したインド出身の経済学者アマルティア・センによれば、開発が進歩や前進を前提とするのに対し、人間の安全保障は、突然の自然災害、感染症の流行や経済変動など、状況が悪化する危険性（ダウンサイドリスク）に関心を向け、公平な成長を促す視座を提供する［長、2021年、101頁］。

　センとともに人間の安全保障委員会共同議長を務めた緒方貞子は、国連難民高等弁務官（UNHCR、1991-2000）の経験から、個人のみならず民族・宗教的な集団に目を向け、紛争等危機後の元敵対勢力間や定住者と避難民・帰還民の共生（coexistence）やコミュニティ意識の醸成・回復といった社会的な安全保障の側面を強調し、このアイデアを人間の安全保障委員会でも取り入れた。今日、国連等で頻出する政策用語に社会的結束（social cohesion）があるが、UNHCRの文脈では、緒方の共生のアイデアが1つの端緒となっている。

　人間の安全保障委員会の最終報告書『安全保障の今日的課題』（2003年）は、以上の説明からわかる通り、共同議長らの人間の安全保障に対する考え方が異なったこともあり、内容が多岐にわたり、専門家から批判の的になった。一方、

ダウンサイドリスクに突如直面した人々の「保護」と、危機を乗り越えるための「能力強化（エンパワメント）」が強調されるなど、概念の発展に寄与した。

人間の安全保障の現在

2012年、日本を含む25カ国の共同提案により、国連総会決議 A/RES/66/290 で、人間の安全保障に関する8項目からなる「共通理解」がコンセンサスで採択された（☞QR 4-9-2）。要点は、恐怖と欠乏からの自由、保護と能力強化、人間中心、保護する責任とは異なるといった、人間の安全保障の20年近い議論の総括であった。さらに2015年の国連の持続可能な開発目標（Sustainable Development Goals: SDGs）（☞第Ⅴ部第10章）の発表、および2016年の史上初の世界人道サミットの開催で、国際社会は「誰も置き去りにしない」をスローガンにした。

QR 4-9-2

2022年に国連開発計画（UNDP）が『人新世の脅威と人間の安全保障』と題する特別報告を発表し、人間開発と人間の安全保障の乖離に警鐘を鳴らした。人間活動が生態系や環境に影響を与える人新世の時代にあって、人間開発指数が高い国が気候変動等地球規模課題を拡大する要因となり、開発が進む副産物として、自然災害の頻発や感染症の急速な拡大等をもたらしていると指摘した。また、経済問題でなく他人への信頼の低下が不安全感をもたらしているとも論じた。その上で、保護と能力強化に加え、連帯（solidarity）を人間の安全保障戦略に組み込み、人々が行為主体性を発揮することで人間の安全保障を前進させていく必要性を説く。生態学では、人間中心主義と生態中心主義の中間に位置する立場として、人間と自然の資源管理に対し、人間が相互に、自然界に対しても義務・倫理観を負うという環境スチュワードシップが提唱された［シュミッツ、2018年］。私たち1人ひとりの選択や行動が、いかに環境や社会に影響し、最終的に人間の幸福や安全にかかわってくるかという想像力が求められている。

2022年、北大西洋条約機構（NATO）は、10年ごとに改定する行動指針である「戦略概念（Strategic Concept）」で人間の安全保障を中心課題の1つとした。こうしたなか、ロシアによるウクライナ侵攻が発生すると、NATOを含めた国際機構は、人間の安全保障という政策目標を、いかなる場合にどのような手

段で実現できるのかという現実的な課題に直面した。

　人間の安全保障は、主権国家体制との緊張関係や定義の曖昧さや不明確さといった課題を抱えながらも、冷戦後以降の国際環境の変化をとらえ、安全保障観を補強する重要概念の1つといえるだろう。国家安全保障という上からの視座に対し、国のなかの1人ひとりの安全がひいては国全体の安全につながるという下からの視座を提供した。さらに今日では、私たち1人ひとりの選択が、周囲や環境に影響し、翻って人間の安全保障を左右するという議論も含む。

資料Ⅳ-9-1　UNDP『人間開発報告書』1994年

　安全保障という概念はかなり長い間、狭義に捉えられてきた。たとえば外部侵略から領土を守る安全保障や、外交政策を通じて国家利益を保持する安全保障、核のホロコーストから地球を救う安全保障などである。安全保障の概念は、人間よりも国家とのつながりが強かった。超大国はイデオロギー闘争にこり固まり、世界各地で冷戦を繰り広げた。開発途上国が独立を勝ち取ったのはつい最近で、脆弱な国家の独自性を脅かす現実や可能性に対して敏感だった。そのため、安心して日常生活を送りたいという普通の人々に対する正当な配慮はなおざりにされてきた。多くの人にとって安全とは、病気や飢餓、失業、犯罪、社会の軋轢、政治的弾圧、環境災害などの脅威から守られることを意味している。冷戦の暗い影が薄れていくなかで、なおも眼前で頻繁に繰り広げられているのは国際間の戦争ではなく、国内の紛争である。

　大半の人々が不安を感じるのは世の中の激変よりも、日常生活における心配事である。自分と家族の食べものは充分にあるだろうか。職を失うことはないだろうか。街頭や近所で犯罪は起こらないだろうか。圧政的な政府に拷問されないだろうか。宗教や民族背景のために迫害されないだろうか。

　つまり「人間の安全保障」とは、子供が死なないこと、病気が広がらないこと、職を失わないこと、民族間の緊張が暴力に発展しないこと、反体制派が口を封じられないことなどである。「人間の安全保障」とは武器への関心を向けることではなく、人間の生活や尊厳にかかわることである。

出所）　国連開発計画『人間開発報告書1994』日本語版、国際協力出版会、1994年、22頁。

◆参考文献

①長有紀枝『入門　人間の安全保障〔増補版〕』中公新書，2021年．
②国連開発計画（UNDP）『人新世の脅威と人間の安全保障』日経BP，2022年．
③オズワルド・シュミッツ（日浦勉訳）『人新世の科学』岩波新書，2022年．
④人間の安全保障委員会『安全保障の今日的課題――人間の安全保障委員会報告書』朝日新聞社，2003年．

第Ⅴ部
グローバル経済・社会について考える

第1章　グローバリゼーション

　グローバリゼーション（グローバル化）といわれる現象の中心にあるのは、ヒト・モノ・カネ・データなどが国境を越えて移動することである。グローバリゼーションが発展していく過程では、移動自体の量的な変化（貿易量や外国為替取引高の増加など）と、移動手段の質的な変化（航空技術や情報通信技術〔ICT〕の発達など）という2つの変化が生じてきた。また、その過程では様々な挫折や軋轢があり、必ずしも単線的に発展してきたわけではなかった。この章では、そうしたグローバリゼーションの発展過程を論じていく。

自由貿易レジームの発展とWTOの誕生

　第2次世界大戦後の国際政治経済秩序は、自由貿易を原則として構築された。その背景には、1930年代に保護主義が台頭し、世界経済がブロック化したことが大戦の一因となったという反省があった。しかし貿易自由化の道のりは、決して順調ではなかった。最初の挫折は、国際貿易機関（ITO）の設立に失敗したことである。1944年のブレトン・ウッズ会議で戦後秩序の方向性が固められると、ITOの設立が目指されたものの、それを設立するためのハバナ憲章は多くの国で批准に失敗した。そこで、暫定的な枠組みとして関税および貿易に関する一般協定（GATT）で貿易自由化を進めていくこととなった。暫定的に誕生したものではあったが、GATTは1995年の世界貿易機関（WTO）の設立までの約50年にわたり、多国間貿易交渉の中心的な枠組みであり続けた。

　GATTは、自由貿易を原則とする制度でありながら、多くの例外的な措置を許容する枠組みであった。具体的には、地域統合、農業補助金、セーフガード（一時的な輸入制限）などが例外措置として設けられ、それらは現在のWTOにおいても維持されている。またブレトン・ウッズ体制下では、各国が社会政策などを実施して、自由貿易によって生じる不利益を緩和する措置をとった。ジョン・ラギーはこうした戦後自由貿易体制を「埋め込まれた自由主義」と呼び、放任型の自由主義（レッセ・フェール）とは異なるものであったことを指摘した。すなわち、戦後秩序は原則として自由貿易を掲げつつも、GATTの様々

な例外や国内における社会政策の拡充に見られるように「緩い」自由貿易レジームが形成され、各国が貿易自由化の場から完全に退場してしまわないことが重視されてきた。

　さらに、GATTではラウンドと呼ばれる多国間貿易交渉を通して、次第にその交渉分野が非関税障壁、サービス貿易、知的財産権などへと拡大されていった。こうしたなか、第8回の貿易交渉であるウルグアイ・ラウンドでWTOの設立が合意された。WTOでは、紛争解決手続きの強化をはじめとして、多国間貿易レジームのさらなる発展が目指された。

国際的な通貨・金融制度の構築と2つの危機
　一方、戦後の通貨体制では金・ドル本位制がとられ、各国の通貨は固定相場でドルと結びつけられていた。しかしベトナム戦争の戦費や国内福祉支出の増大に伴って、ドルの信認低下が懸念されるようになると、1971年にニクソン大統領は金とドルの交換停止に踏み切った。国際社会は固定相場制への復帰を目指したが成功せず、先進国を中心に変動相場制へと移行した。その後、各国における資本移動の規制緩和とICTの発展による市場取引の円滑化を背景として、国際資本移動は活発化し、大量の資金が国境を越えて瞬時に移動する環境が構築されていった。しかし、こうしたカネのグローバリゼーションが進行したことは、大規模な金融危機の発生リスクを高め、1997年のアジア通貨危機と2008年の世界金融危機という2つの危機が発生した。

　1997年のアジア通貨危機では、タイのバーツ暴落をきっかけにアジア各国の通貨が暴落し、経済危機に陥った。当時、アジア諸国はドルペッグ制の比較的安定した為替レートのもと、外国資本を積極的に取り入れて経済成長を遂げていた。しかし1990年代後半になると、タイにおける経済成長の持続性に疑義が生じ、通貨が過大評価されていると認識され、ヘッジファンドによる大規模な通貨の空売りが行われた。その結果、タイはドルペッグ制の維持が困難となり、変動相場制への移行を余儀なくされた。さらにバーツの暴落を発端に、マレーシア、インドネシア、韓国などで連鎖的に通貨が暴落し、国際通貨基金（IMF）や世界銀行などが支援に乗り出す事態となった。

　2008年の世界金融危機では、米国の大手証券会社リーマン・ブラザーズの破

たんを契機に世界的な金融危機へ発展した。米国では2007年頃から、信用力の低い借り手に対する住宅ローンであるサブプライムローンの不良債権化が問題となり始めた。サブプライムローンは証券化商品に組み込まれていたことから、金融市場全体にも影響を与えることとなった。やがてリーマン・ブラザーズは多額の負債を抱えて破たんに至り、米国のみならず世界的な信用不安と株価の下落が発生した。

これらの危機によって、グローバリゼーションが進んだ金融市場は、投機的な資金の動きが増加し、市場の安定性が低下するとともに、特定の国での金融危機が世界中に波及していくというリスクを伴っているという事実が示された。

多国間貿易交渉の停滞とFTAの拡大

1995年に設立されたWTOは、多国間での貿易自由化をさらに進めることを期待されていた。しかし設立直後から、交渉は暗礁に乗り上げた。WTO交渉が紛糾した代表例は、米国シアトルでの第3回WTO閣僚会議である。同会議では、加盟国間の合意形成が難航するとともに、市民団体などによる大規模な抗議運動が展開されるなど、会議場の内外で混乱が生じたため、新しいラウンドの立ち上げという当初の目的を達成することなく終了を余儀なくされた。その後、WTOは2001年にドーハ・ラウンドを立ち上げ、多国間貿易交渉を進めようと試みたが、2024年現在も交渉は妥結していない。貿易交渉が停滞している理由としては、締結国の増加、採択方法の変化、非貿易的関心事項への議題の拡大などが指摘されている。こうしたなか、国際社会は貿易自由化の手段として、利害が一致する国同士の自由貿易協定（FTA）を選択するようになった。

QR5-1-1

2024年現在、発効済みの貿易協定（FTA、関税同盟、特恵貿易協定を含む）は390件以上が確認されている（☞ QR5-1-1 世界のFTAデータベース）。また、FTAは関税だけでなく、知的財産権、労働、環境など貿易関連の諸問題についても条項を設けていることが多い。さらに近年の傾向として、二国間のFTAに加え、メガFTAと呼ばれる加盟国の多いFTAが締結されつつある。環太平洋パートナーシップに関する包括的及び先進的な協定（CPTPP）や、地域的な包括的経済連携（RCEP）協定はメガFTAの代表例といえる。

こうしたFTAの拡大に関しては、長らく1つの論争点がある。それは、こ

図 5-1-1 貿易開放度（GDP における財・サービスの輸出入合計額の割合）の推移

出所）World Development Indicators のデータを用いて筆者作成。

うした FTA が経済ブロック化の引き金となりうるのか、それとも多国間での貿易自由化をさらに発展させるステップとなるのかという点である。実際、日本や EU などは多国間枠組みを重視し、FTA は積極的に締結しない方針をとっていた時期があり、両者は緊張関係にあると考えられてきた。しかし現在締結されている FTA は、多くが GATT で定められた規定に合致するものであり、「緩い」自由貿易レジームの枠内にとどまっているといえる。自由貿易の特性として、その利益は広く消費者全体に行きわたるのに対し、その不利益は特定の地域や集団に集中することが多く、保護主義的な要求のほうが政治的に影響を与えやすいことが指摘されている。こうした特性に鑑みれば、貿易自由化は継続して進めていくことが重要であり、WTO での交渉が停滞するなかで、それを代替する役割を担う FTA は重要な意味をもっている。実際、こうした FTA による貿易自由化は、グローバル・サプライチェーン（GSC）の構築に寄与しており、WTO の交渉が停滞している 2000 年代以降も貿易開放度が世界的に上昇していることがわかる（図 5-1-1）。

ヒト・モノ・カネ・データの高速かつ活発な移動

　この章の冒頭で、グローバリゼーションのもとで移動するのは、ヒト・モノ・カネ・データなど多岐にわたっていることを指摘した。以下ではそれぞれ

の移動がどのように活発化し、高速に移動するようになったのかを改めて整理する。

第1に、ヒトの移動について、技術面でその活発化に寄与したのは輸送手段の発達である。特に航空交通の発達（☞第Ⅳ部第4章「空と宇宙の秩序」参照）は、大量の人々が高速に移動することを実現した。また、制度面でヒトの移動を後押しする変化もあった。その代表例は、欧州統合（☞第Ⅲ部第3章「EU」参照）である。シェンゲン協定締結国の間では域内での国境管理が廃止され、締結国の国民はもちろん、域外から欧州を訪れる人々も域内の移動が容易になった。これらの輸送手段の発達と制度面での変化が、ヒトの移動におけるグローバリゼーションを進めた。

第2に、モノの移動については、貿易自由化の進展とそれに伴うGSCの構築が大きく影響した。上述の通り、貿易自由化は当初GATTやWTOをはじめとする多国間貿易レジームで進められ、その後WTO交渉が停滞すると、FTA締結を通じた貿易自由化が進められてきた。これらの努力により国家間の関税は大きく下がり、モノの移動の活発化に寄与した。また、こうした状況を背景として、企業は生産を複数の国で行うGSCを構築し、原料→中間財→最終財という生産工程の流れで、国境を越えたモノの移動が活発化した。

第3に、カネの移動については、長期資本移動と短期資本移動の双方が増加した。長期資本移動の代表例は、企業が海外に工場を建設するなどの海外直接投資である。他方、短期資本移動は、1年以内などの短期間で満期を迎える証券への投資や、為替レートの変動を利用して利益を追求する投機的な取引などが含まれる。金融市場における規制緩和、インターネットによる市場取引の発達、多国籍企業の登場などの複合的な要因により、上述のようなカネの移動が活発化した。

第4に、データの移動については、ICTの発達が大きく寄与した。郵便や電話で情報をやり取りしていた時代から、電子メールを通じた文章の送受信が可能となり、現在では映像をはじめとする大容量のファイルも瞬時にやり取りできる。それにより、国境を越えて大量のデータが移動するようになった。また、こうしたICTの発展は、上述のヒト・モノ・カネの移動を含めたグローバリゼーション全体の発展を加速させるものであった。

グローバリゼーションへの反発とこれからの展望

これまで見てきたように、グローバリゼーションは人々の生活におけるあらゆる面で進行する現象だが、必ずしもすべての人々に利益をもたらすものではなかった。グローバリゼーションがもたらした様々な不利益や弊害は、グローバリゼーションへの反発を生むことになった。

グローバリゼーションへの反発は、大きく2つに分けられる。1つは、経済的な理由による反発である。主に先進国では、国際的な競争力を失った産業で賃金の低下や多くの失業者が発生した。そのため一部の人々は、グローバリゼーションこそが自分たちの給料を減らし、職を奪ったと考え、反グローバリゼーションの活動へと傾倒していった。このような勢力は、グローバリゼーションを進める国際機関や多国間の枠組みからの退場を求める傾向にある。実際にこうした運動は、2016年の米国大統領選挙におけるドナルド・トランプの勝利や、同年の英国における国民投票でのEU離脱決定と結びついたことが指摘されている。

もう1つは、現状のグローバリゼーションが他の分野で悪影響を及ぼしていることを理由とする反発である。例えば、地球環境の悪化や、労働者の権利を軽視した生産活動の横行が指摘されている。こうした勢力は、国際機関や多国間の枠組み自体を否定するのではなく、グローバリゼーションの進め方を変革しようとする傾向にある。実際に、2013年にバングラデシュで発生した商業ビル「ラナプラザ」の崩落事故は、GSCにおいて途上国の労働者が劣悪な環境におかれていることを浮き彫りにし、多国籍企業やNGOなどを中心に途上国の労働環境改善の取り組みが進められた。

また、今後グローバリゼーションに影響を与えうる現象として、国家がグローバリゼーションを規制しようとする動きがある。その第1は、「経済安全保障」が多くの国で重視され、通商政策などの変化が見られることである。近年の安全保障環境の変化を背景として、有事において自国の経済活動や国民生活の維持に必要な物資を安定的に確保するために、物資調達先の変更や生産拠点の移転などGSCを組み替える政策が行われている。こうした動きによって、各国が軍事的な同盟国や価値観を共有する国々との取引を優先し、GSCがいくつかのブロックに分断されていく可能性が指摘されている。第2は、自由な

データの移動を原則としたサイバー空間を志向する国家と、サイバー領域における主権を主張し、データの移動や情報の閲覧を制限しようとする国家の対立である（☛第Ⅳ部第5章「サイバー空間」参照）。サイバー空間での規制や制限が加速することは、データの移動に影響を与えるだけでなく、発達したICTに依拠した現代のグローバリゼーション全体に影響を与えることが考えられる。

　この章で論じてきた「グローバリゼーション」と総称される現象自体は、すでに新しいものではなくなりつつある。むしろ現在は、グローバリゼーションをいかに管理するかが重要な論点となっている。管理のあり方によっては、現状のグローバリゼーションが抱えている様々な問題の解決につながることが期待される一方、戦後秩序の形成において避けるべきこととされた経済ブロック化を進め、国家間の対立を激化させる可能性もある。それゆえ、何を、誰が、どの程度、どういった方法で管理するかということが、これからのグローバリゼーションを考える上で重要な課題といえるだろう。

◆参考文献
①栗栖薫子「グローバリゼーション」村田晃嗣・君塚直隆・石川卓・栗栖薫子・秋山信将著『国際政治学をつかむ（第3版）』有斐閣，2023年，270-281頁．
②関根豪政『国際貿易法入門——WTOとFTAの共存へ』筑摩書房，2021年．
③中村宗悦・永江雅和・鈴木久美「金融危機とデフレーション（1997～2001年を中心に）」小峰隆夫編『日本経済の記録——金融危機、デフレと回復過程（1997年～2006年）』内閣府経済社会総合研究所監修，佐伯印刷，2011年．1-181頁．
④山本吉宣『国際レジームとガバナンス』有斐閣，2008年．
⑤J. G. Ruggie, "International Regimes, Transactions, and Change: Embedded Liberalism in the Postwar Economic Order", *International Organization*, Vol. 36, No. 2, 1982, pp. 379-415.

第2章　開発・貧困・ODA

貧困と開発の問題の所在

　国家間関係における貧富の差を考える前に、国内における貧富の差について考えてみよう。国内にももちろん貧富の差があるが、国家間関係における貧富の差の解消よりも国内における格差は政府の意向次第で解消を試みることは比較的容易である。なぜなら主権国家は税金を徴収することができるから、収入の多い人には高い税金を払ってもらい（累進課税制度）、税収を収入の低い人や社会的に立場の弱い人に社会福祉政策を通して再分配して、貧富の差の解消に努めることができるからである（所得再分配）。

　では、国内で行われているような富の均等な分配やより公正な分配は国際的に可能なのだろうか。国内では半ば強制的に徴税できるのに対し、世界の裕福な国から強制的に税金を集めることができる公権力は存在しないし、世界中の貧困国に対して共通の社会政策や福祉政策を実施できる世界政府のような存在もない（主権国家体制）。一方で、先進国といわれる国々と、開発途上国といわれる国々との間には歴然とした貧富の差が存在しているし、この差は国内における貧富の差よりも大きくなっている。そのため、格差を解消するための試みとして国際的な開発援助や貧困対策が行われてきた。では、国際的な富の分配は、どのように試みられてきたのだろうか。

ODA（政府開発援助）とは

　開発援助のなかでも、主要国の政府が供与し、途上国の経済および社会開発に寄与することを主な目的とする援助をODA（政府開発援助）という（主要援助国のODA実績は☞QR5-2-1）。開発途上国の発展に寄与することがODAの主な目的であるが、主要国のODA政策はつねに被援助国の利益を優先して形成・実施されてきたわけではなく、援助国の軍事的・政治的戦略、製品の輸出市場や資源の確保など現実的な国益に左右されたり、供与国の選択では過去の植民地支配の経緯や地域的な関係にも影響されたりしてきた。もちろん、人道的側面が強い援助や国益に左右されない開発援助もあるが、直接的に公平な所

QR5-2-1

得再分配を目指して行われている性質を持つ援助が多いわけではない。

　主要先進国以外に途上国への開発援助を実施するアクター（行為主体）としては、世界銀行などの国際機関、多国籍企業をはじめとする民間組織、国際的NGO（非政府組織）（☞第Ⅲ部第5章）などがあり、最近はゲイツ財団（マイクロソフトのゲイツ会長らが創設）のように著名な経営者・投資家が関係するNGOが途上国の保健衛生分野などで大きな影響力をもつ例もあり、近年は民間企業による途上国への直接投資も活発になっており、開発途上国とのかかわりや支援の形態も多様化してきている。国家による開発援助としては、日本も加盟するOECD（経済協力開発機構）のDAC（開発援助委員会）が、長い間先進国のODA政策に一定の影響を与え、また援助コンセンサスの形成にも寄与してきたが、近年は中国やインドなどの新興国がDACの枠組みにとらわれずに援助を行っており、こうして見ると世界における貧困問題は実に多種多様なアクターによって取り組まれていることがわかる。

　このように多様な援助主体が存在する一方で、援助される側の途上国内も多様な階層によって構成されている。いわゆる貧困国（あるいは最貧国）に分類される国であっても、すべての国民が一様に同等に貧しいわけではなく、最下層の人は極度の貧困状態にあり切実に援助を必要としているかもしれないが、所得が比較的高い人はそれほど援助を必要としていないかもしれない。また、援助される途上国も主権国家であるから、援助主体が途上国内で自由に援助活動を行うことに途上国側の合意があればいいが、そうでない場合には援助対象国の内政に干渉することになる場合もある。途上国が、援助のターゲットとなる階層や地域を選別したり、特定の形態の援助に消極的であれば、本当に援助を必要としている人に援助が行き渡るとは限らない。また、権力をもつ政治家や役人が援助から利益を得るなど、援助を舞台にした腐敗や不正はこれまでにも頻繁に起こってきた。したがって、主権国家体制下による富の再分配とは、誰が援助を行うか、という問題だけではなく、誰のために行うかという問題も抱えているのである。

援助への多様なアプローチ

　第2次世界大戦後、西欧諸国の植民地から第三世界の国々が独立して以降、

新興独立国を援助する側も、どのような政策やアプローチを取れば途上国の経済成長や貧困の解消が進むのか、ということを模索してきた。開発援助政策が途上国の経済水準の向上や貧困の削減を最終的な目標としていても、その目標に至るプロセスにおいては競合する考え方が存在したのである。具体的には、途上国全体が経済成長を達成すれば、いずれ貧困層も含めた幅広い国民にその恩恵が行き渡るという経済成長重視のアプローチと、貧困層の保健衛生や教育などの基礎的社会分野への援助を重視するアプローチとがある。この「経済成長重視」と「貧困削減重視」の異なるアプローチは援助国や国際援助機関の援助政策のなかでも揺れ動いてきた。もっとも、この2つのアプローチの競合と対立は、対途上国対策のみならず、先進各国の国内でも見られ、成長戦略や減税による経済成長がいずれは国民全体の富を増やすことを期待するか、それとも社会福祉政策を重視して国民間の所得格差を積極的に解消する政策を優先するか、という路線対立に表れる。

歴史的にたどっていくと、第三世界の途上国が旧植民地から相次いで独立した1960年代には経済成長重視のアプローチが主流であった。なぜなら、新興独立国が貧しい状態にあるのは植民地支配によって富を収奪され、発展を阻害されたと考えられたからであり、独立を果たし、国の経済成長が実現すれば、その恩恵は貧困層や個々人にもいずれ行き渡るだろうと楽観的に考えられたからである。この考え方は、スピル・オーバーあるいはトリクル・ダウンとして説明される。例えばコップに水を注いでいくとやがて水は溢れてこぼれるが、これを国の経済発展にたとえ、まずは国家が経済成長により富を蓄積すれば、富が溢れて貧困層や個々人にやがてその恩恵が行き渡る、と考えたのである。

しかし、植民地から独立すれば貧困から脱出できるとの楽観は現実とはならず、多くの途上国で貧困状態は改善されなかった。1970年代になると「人間の基本的ニーズ」（ベーシック・ヒューマン・ニーズ、BHN）アプローチが主張されるようになる。これは経済成長の恩恵が貧困層に行き渡るのを期待して待つのではなく、直接貧困層を対象とした経済社会政策や援助政策の実施を重視するもので、例えば上下水道設備の充実、保健衛生環境の改善、教育体制の整備などを目指した。「絶対的貧困」状態にある貧困層の境遇を改善する政策としては画期的な側面を持つBHNアプローチであったが、問題としては成果が目に

見えるものとはならない場合が多いこと、また財政的な負担も非常に大きくなることなどがあった。また、貧困層を直接のターゲットとすることは、途上国内の不平等な社会・経済構造（比較的裕福な層と貧困層との二重構造）の矛盾を突くことにもなるし、70年代の相次ぐ石油危機の発生や一次産品の国際価格の低迷、世界的な不況（スタグフレーション）などの国際環境もあり、BHNアプローチは後退していった。

　このような状況で1980年代には再び経済成長が重視されるようになり、「構造調整アプローチ」と呼ばれたものが主流となる。世界銀行などの国際金融機関は主に先進国が出資してつくられる機関であるため、代々の世銀総裁がアメリカ人であることを見てもわかる通り、国際金融機関の政策には欧米先進国の経済思想や政策が影響しやすいが、このアプローチも80年代にイギリスのサッチャー、アメリカのレーガンが「自由市場のイデオロギー」によって市場原理重視の国内政策を遂行した影響を受けたものである。途上国の経済発展を阻害しているのは非効率な経済政策であるとして、国営企業の民営化や規制の緩和、貿易の自由化、不要な公共投資や補助金の削減などの実行が国際金融機関から支援を受ける条件とされた。しかし、先進国ではある程度の成功を収めることができた政策でも、経済や社会の条件や発展段階が異なる途上国でも必ずしも成功を収めることができるわけではなく、新古典派経済学の開発論である構造調整アプローチは多くの途上国の経済に打撃を与えたとされた。

　ここまで経済成長重視と貧困削減重視の2大アプローチを紹介してきたが、日本や東アジアの国々の経済発展の経験をベースにした開発論は異なる側面を強調してきた。それは、経済開発における政府の積極的な役割や介入を重視するものであり、この点では市場原理主義に依拠して「小さな政府」の実現を目指す新古典派とは対極に位置する。すなわち、政府が特定の産業を保護して国際競争力を高めたり、政治的にはときには強権的に、あるいは非民主主義的手段に訴えてでも社会の安定や秩序の維持を重視し、個人の政治的自由よりも国や社会全体の発展を優先する政府主導のこの開発論は、国によっては「開発独裁」と呼ばれ、韓国、台湾、中国、ヴェトナム、近年では旧ソ連圏の中央アジア諸国の経済開発を説明する開発論となっている。

有効な援助から人間開発へ

　これまで見てきた通り、開発援助といってもそのアプローチは多様であるが、冷戦終結以降の1990年代から21世紀にかけて開発援助で重視されるようになってきた概念が2つある。1つは援助の効率性確保に関するものであり、もう1つは援助や経済開発の対象として人間レベルを重視するものである。

　援助の効率性確保については、途上国に供与された援助が無駄とならずに効果的に途上国の発展・成長に利用されるようにするため、途上国においてグッド・ガバナンス（良い統治）の実現や民主主義国がもつ諸制度の整備が重視されてきた。なぜなら、独裁的な政権が継続している国や、政府に責任能力・説明能力が欠如している場合に援助が行われても、腐敗や汚職が国の発展を阻害し、援助や経済成長の恩恵が期待通りに国民に及ばないからである。

　また、「人間開発」あるいは「人間の安全保障」（☞第Ⅳ部第9章）として広く知られるようになった、援助において人間の開発や発展という人レベルの視点を導入した概念は、それまでの国全体の経済発展を目標とする国レベルの見方を補うものとして登場した。これらの概念を提唱した1人がノーベル経済学賞を受賞したアマルティア・センである。ベンガル飢饉やエチオピア飢饉を研究したセンは、飢饉の主な原因は洪水や干ばつといった気候変動による自然災害の結果としての食料の不作ではなく、食料が不足した事態において社会的弱者の地位にある人々のケイパビリティー（能力）の欠如が飢饉という結果を招いたとした。食料がないから飢饉が起こるのではなく、食料がある場所まで移動する手段がなかったり、食料の購買力が不足していたりすることが飢饉の原因とし、その証拠として特定の社会集団に飢饉の被害が集中していることをあげた。

　こうして、冷戦後から21世紀にかけての開発援助では、援助を効果的で有効なものとし国を成長の軌道に乗せることができる統治体制が模索され、一方で内戦の頻発や脆弱／破綻国家の出現といった問題を背景に、人々がいかに国家に頼らなくとも困難や危機を克服する能力を備えるか、という人のレベルに関心が向けられてきた。

　人レベルの重視は、直接的に貧困層への援助を重視することでもあり、21世紀にかけて再び貧困削減アプローチが重視されていくのだが、その舞台となっ

たのが国連である。欧米先進国の影響を受けやすい国際金融機関と異なり、国連総会には1加盟国が1票をもつ原則があるため、途上国の社会開発や貧困対策について途上国側の視点から議論がされることも多く、国連援助機関の統括調整役である国連開発計画（UNDP）による「人間開発」の重視や2000年9月の国連ミレニアムサミットで採択された「ミレニアム開発目標（MDGs）」はその成果であるといってよい。MDGsでは21世紀の国際社会の目標として2015年までの具体的目標が提示され、貧困の削減や教育、医療・保健・衛生分野における数値目標の重視により、貧困層の生活水準の向上が大きな目標となった。こうした潮流のなか、世界銀行も途上国側の視点を政策に取り入れていくようになる。2016年からは「持続可能な開発目標（SDGs）」（☞ QR 5-2-2）がMDGsを継ぎ、開発援助にとって重要と認識される17の目標が掲げられている。日本でもSDGsは瞬く間に広まり、今や頻繁に話題となり、議論される身近なテーマとなったことからもわかる通り、SDGsの目標は途上国だけではなく先進国にとっても、つまり世界全体で共有し意識するべき共通のものとなっている（☞第Ⅴ部第10章「SDGs（持続可能な開発目標）」参照）。

QR 5-2-2

　途上国の経済成長や貧困の解消は、半世紀前に新興独立国が誕生した頃に比べると一定の成果があったともいえるが、途上国の貧困や世界的な貧富の差をめぐる問題・課題はまだまだ山積している。2020年にパンデミック（世界的大流行）となった新型コロナウイルス感染症（COVID-19）は、医療保健体制やワクチンの分配などにおいて、本章のテーマである開発と貧困、先進国と途上国関係を浮き彫りにした（☞第Ⅴ部第9章「パンデミック」参照）。世界の貧困・開発問題は、一方で主権国家体制との軋轢や問題を抱えながらも、これからも人類全体の共通の問題としても取り組まれていくだろう。

◆参考文献
①蟹江憲史『SDGs（持続可能な開発目標）』中央公論新社，2020年．
②アマルティア・セン（黒崎卓・山崎幸治訳）『貧困と飢饉』岩波書店，2017年．
③下村恭民・辻一人・稲田十一・深川由起子『国際協力——その新しい潮流（第3版）』有斐閣，2016年．

第3章　資源・エネルギー問題

　資源とは狭義には人間活動のために自然界から獲得する天然資源や生物資源を意味し、広義にはこれらの資源ばかりか世界遺産などの文化的資源や人的資源を含むものである。本章では狭義に定義される天然資源と生物資源を中心に検討する。特に天然資源の多くが人間生活や生産活動に不可欠なエネルギー問題と密接不離の関係にあるばかりでなく、エネルギー問題が気候変動の主要因になって地球環境の悪化を引き起こしているからである。

国際政治と天然資源

　国際政治の歴史とは、金・銀・塩・スパイス・茶などの天然資源や生物資源あるいは水資源の獲得をめぐる闘争の歴史といっても過言ではない。それは人間生活の維持・向上や経済活動の発展、さらには自国の安全保障を確保するための軍事力強化に不可欠だったからである。このため古代から希少物質である天然資源をめぐる闘争が世界各地で行われてきたが、より世界的規模で熾烈な闘争が行われるようになったのは、19世紀以降、英仏など西欧諸国が第1次・第2次産業革命を展開して以降のことである。これら諸国が原綿・鉄・銅・鉛・天然ゴム・コルク・石炭・石油などを不可欠としたことも理由として、天然資源の豊富なアジア・アフリカ・中東地域に進出して植民地化していった。

　第2次世界大戦後、植民地あるいは勢力圏として西欧列強の収奪の対象であった地域は徐々に独立してゆき、「南北問題」の「南」として自国領域に眠る天然資源を経済発展の基礎とする立場を鮮明にしていった。キューバ危機以降のデタント状況のなかで「天然資源恒久主権」の原則を核とする「新国際経済秩序（NIEO）」（☞ QR 5-3-1）の樹立を「南」の国々が要求し始め、資源ナショナリズムを高揚させていった。

　同時に、第2次世界大戦後は世界人口の激増——1950年の約25億人から2010年の約70億人へ——を背景とした農産物需要の急激な拡大や、バイオテクノロジーの飛躍的発展により新薬を創る（創薬）ために植物の種子や微生物などの生物資源を獲得する競争も激しくなり、国益を保護するために生物多様性条約

QR 5-3-1

も締結されるに至っている。

　1973年の第4次中東戦争の際、石油輸出国機構（OPEC）諸国は原油価格を値上げする石油戦略を発動し、欧米の石油メジャーに対抗するオイル・パワーとして国際政治を左右する勢力となっていった。しかし石油価格の高騰は「南」に属する非産油諸国に深刻な打撃を与え、「南」の分裂を引き起こし、「南南問題」を発生させることになった。OPEC諸国に刺激され他の天然資源を生産する「南」の諸国も、消費国である先進資本主義諸国に対抗するための生産者同盟（☞ QR5-3-2）を設立し、先進国に拠点を置く多国籍企業との交渉力を強化していった。

QR5-3-2

天然資源獲得競争

　第2次世界大戦終結以降、半世紀近くに及んで世界を深刻に分断させた米ソ冷戦は20世紀末に終結した。これを契機に、先進資本主義諸国ばかりか旧ソ連圏の東欧諸国や途上国の多くも自国の経済成長の実現を目指したため、天然資源とりわけ鉱物資源をめぐる獲得競争が激化してきた。

　第1に、経済発展に不可欠と考えられていた「産業の血液」ともいうべき石油や天然ガスの獲得をめぐる競争である。石油に関して見ると「石油の世紀」ともいわれることもある20世紀に世界の石油生産を支配していた欧米系の7大石油メジャー（セブン・シスターズ）に代わって、21世紀にはアラムコ（サウジアラビア）、ガスプロム（ロシア）、ペトロチャイナ（中国）、イラン国有石油会社NIOC（イラン）などの新石油メジャーが世界の三分の一の鉱区を押さえ、これらの諸国はこの優位性を外交カードに利用している。しかし21世紀に入りアメリカでは環境汚染が指摘されるなか、シェール・オイルやシェール・ガスが生産されるようになり、産油地帯である中東への依存度が低くなってきている。

　天然ガスは産出地で液化して液化天然ガス（LNG）として移送する場合と気体のままパイプラインで輸送する場合があるが、いずれの場合も国際情勢に左右されることは避けられない。特にパイプラインの場合、地上でも水底面（下）でも敷設ルートをめぐり関係国との利害調整が紛争化する事態も発生している。

　第2に、第3次産業革命ともいわれるデジタル革命に対応するハイテク産業にとって不可欠な鉱物資源、特にレアメタルやその一種であるレアアースをめ

ぐる獲得競争が激化してきている。それは第1にレアメタルの生産が中国・ロシア・オーストラリア・南アフリカなど少数の国家に偏在していること（☛表5-3-1）。第2にこれら生産国自体が自国のハイテク産業育成のために膨大なレアメタルを必要としていること。第3に生産国が自国に対して批判的な諸国――特に日米欧諸国――に対して自国資源の保護を名目にして輸出規制をしたり輸出税を掛けたりする事態が発生しているからである。

これに対して日米欧諸国はWTO規約違反であると提訴しつつ、海底の鉱物資源の探索を始めたり（☛コラム「海底熱水鉱床」）、海水からウランやリチウムを回収する技術開発を加速したり、国内で廃棄されたハイテク製品からレアメタルを回収したり（☛コラム「都市鉱山」）、代替物質の研究を加速している。

海底熱水鉱床

海底のうちマグマ活動が盛んな場所に海水が染み込んで、マグマそのものや内部の地殻に含まれている元素が熱水（250～300℃）とともに噴出された後、海水により冷却され沈殿した鉱床のこと。ここには基本的な金属であるベースメタルのうち金・銀・銅・鉛・亜鉛や、レアメタル・レアアース（インジウム・ガリウム・アンチモン・セレン・バリウムなど）が含まれている。これと同じように海底には、海水に溶けていた鉄・銅・白金・ニッケル・マンガン・コバルトやレアアース（希土類）などが非常にゆっくり沈殿してできたコバルトリッチ・クラストと呼ばれる塊も存在している。

都市鉱山

先進工業国で大量に廃棄される家電製品をはじめとする工業製品に含まれている金属、とりわけそのなかでもレアメタルをリサイクルして新たな工業製品に利用する場合、それらの有用金属を「都市鉱山」と呼ぶ。すでに製品に使われていたので品質が高く、新たに製錬する必要がないので省資源かつ環境に優しいという優位性がある。日本に蓄積されている金は6,800トンで世界の現有埋蔵量42,000トンの約16%、銀は22%、インジウムは61%、錫は11%、タンタルは10%と、世界有数の資源国であることがわかっている。

表5-3-1 主要金属とレアメタルの世界全体の生産量に占める割合（2019年、単位%）

1. 金：中国11.5、豪州9.9、ロシア9.2
2. 鉄：豪州37.4、ブラジル17.0、中国14.4
3. 銅：チリ28.6、ペルー11.9、中国7.8
4. ボーキサイト：豪州26.7、中国23.7、ギニア22.0
5. 鉛：中国46.1、豪州9.5、ペルー6.3
6. 亜鉛：中国33.8、ペルー11.1、豪州10.9
7. 錫：中国28.5、インドネシア26.2、ミャンマー14.2
8. ニッケル：インドネシア25.3、フィリピン14.4、ロシア11.3
9. タングステン：中国82.3、ベトナム5.4
10. モリブデン：中国40.3、チリ19.9、米国17.1
11. コバルト：コンゴ民主69.4、ロシア4.4、豪州4.0
12. マンガン：南ア29.6、豪州16.2、ガボン12.8
13. クロム：南ア35.7、トルコ21.6、カザフ18.9
14. アンチモン：中国61.0、ロシア20.4、タジク10.4
15. バナジウム：中国66.7、ロシア18.6、南ア8.2
16. レアアース：中国60.2、米国12.8、ミャンマー11.4

出所）公益財団法人 矢野恒太郎記念会編集・発行『世界国勢図会2022/23』151頁、161-163頁。
筆者注）中国としてあるのは中国が多くの主要金属・レアメタルにおいて生産量が多いことを強調するためである。

鉱物資源とレアメタル

　鉱物資源といっても多様であり、工業製品製造の基本となっている金属（ベースメタル）は鉄・銅・鉛・亜鉛などであるが、現在、国際政治で焦眉の問題となっているのはハイテク製品製造に欠かせない31種類のレアメタル（希少金属）（☞ QR 5-3-3）をめぐる問題である。このレアメタルのなかの1つであるレアアース（希土類）の17元素（☞ QR 5-3-4）は、相互に化学的性質が似ていて単体として分離することが困難であり、希少金属のなかでもさらに希少であるためその獲得に各国が必死になっているのが現状である。レアメタルは、鉄以外のいわゆる非鉄金属のうち、埋蔵量が相対的に少ない金属や埋蔵量は多くても技術的・経済的に純粋な形で抽出・分離するのが難しい31種類の金属で、他の元素と合わせて全く新しい性質をもつ合金をつくることが可能である。ハイテク製品のなかでも半導体・二次電池・パソコン・スマートフォン・液晶パネル・LED 照明・太陽光パネル・風力発電機・電気自動車のモーター用強力磁石・高度医療機器・精密誘導兵器など経済成長や国防に不可欠な金属である（☞ QR 5-3-5）。

QR 5-3-3

QR 5-3-4

QR 5-3-5

　レアメタルの産地や生産拠点が偏在している上に、少数の資源メジャーや企業が生産・抽出を独占しているため、資源ナショナリズムが高揚したり二国間関係が悪化したり労働争議などにより供給が途絶えるリスクがある。またレアメタルへの需要が高まり価格が高騰するリスクもある。さらに上述したようにレアメタルを国内資源保護を理由に輸出制限したり、外国のレアメタル鉱山を買収したりする国家が出現してきている。

　アメリカやスイスは第2次世界大戦直前からすでに国家備蓄を進めたが、日本も遅ればせながら1983年より国家備蓄を行っており、日本の基準消費量の42日分を国家備蓄している（☞ QR 5-3-6）。

QR 5-3-6

化石燃料社会から脱炭素社会へ

　代表な化石燃料は石炭と石油であるが、いずれも CO_2 排出量が多く地球温暖化の原因という批判が高まってきたため、近年では CO_2 など温室効果ガスの排出量が少ない天然ガスへの需要が世界的に急増してきている。天然ガスは産出国でマイナス162℃で液化して LNG とすると、体積が600分の1となるた

めLNGタンカーや貨物列車あるいはタンクローリーなどで容易に移送することができるようになったからである。

しかし2015年のCOP21で採択されたパリ協定（☛QR5-3-7）ではこの天然ガスも含めた化石燃料などの温室効果ガスの排出削減が求められたこともあり、脱炭素社会実現への努力が加速しつつある。第1にその象徴的な動きがガソリン車から電気自動車（EV）への急激なシフトである。EVには蓄電池が搭載され、現在のところリチウムイオン電池が一般的となっているが、オーストラリア、チリ、中国の3国で全世界の生産量の70％以上を占めており、各国の争奪戦が激しくなっている。第2に水素をエネルギー源とする動きである（☛参考文献②）。現時点で5種類の水素があるが、CO_2を含む温室効果ガスを排出しない最もクリーンな水素は、太陽光や風力などの再生可能エネルギーで生成した電気で水を電気分解して製造するグリーン水素である。この水素は生成過程でも燃焼時にも炭素そのものを排出せず脱炭素社会を実現する有望な物質である。水素はまず何よりも発電して膨大な電気需要を満たすばかりでなく、燃料電池を搭載した自動車を駆動させ、航空機や船舶の動力源となり製鉄産業の炭素排出ゼロを実現する。EVのリチウム電池は蓄電するだけだが、水素を使った燃料電池は発電することに優位性がある。

主要水素の種類
①グレー水素：化石燃料で発電した電気で水を分解し生成するがこの過程で大量のCO_2を排出する。②ブルー水素：生成はグレー水素と同様であるが、排出したCO_2を地中などに貯蔵して排出を抑制する。③グリーン水素。④イエロー水素：原発発電の電力で水分解しCO_2は排出しないが、放射性廃棄物が残留する。⑤ホワイト水素と呼ばれる地中の天然水素はその存在が長いこと疑問視されていたが。2012年アフリカのリマ共和国で水素純度98％のガス田が発見され、世界各地でその探索が始まった。

QR5-3-7

第2次エネルギー資源としての電気

19世紀前後以降ヨーロッパで展開された産業革命以前のエネルギー源は、風力（風車）や水力（水車）、あるいは植物（木材）から作られる薪や炭、鯨油をはじめとする動物の油などの1次エネルギー資源であったが、産業革命以降は石炭・石油が1次エネルギー資源の主流となり、19世紀後半には石炭・石油をエネルギー資源とする2次エネルギー資源としての電気、さらに第2次大戦後は核燃料が登場した。1次エネルギー資源は、石炭・石油・ウランなどの枯渇性エネルギーと再生可能エネルギーに分類される。再生可能エネルギーへの転

図5-3-1　発電方法

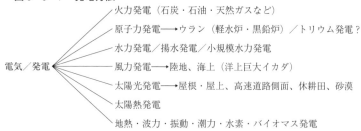

換を模索する動きが強まる一方、その経済性から核分裂による原発への執着も強いが、核融合による原発を目指す国際熱核融合炉計画に期待が集まっている。図5-3-1に見るように、2次エネルギー資源である電気を発生させる方法＝発電方法には、1次エネルギー資源による枯渇性エネルギー（火力・原子力発電）と、自然界に存在するエネルギー資源を利用する再生可能エネルギー（水力・風力・太陽光〈熱〉・地熱・波力・潮力・水素・バイオマス発電）によるものがある。

水素・バイオマス発電
　近年、にわかに注目されている発電方法である。水素と酸素の電気化学反応によって電気と熱を発生させる燃料電池が実用化されつつある。水素は化石燃料からも取り出すことが可能だが CO_2 を排出するので、化学工場や製鉄所などで発生する副生ガスを精製するか、メタノールやメタンガスなどバイオマスを触媒を使って発熱させつくり出すか、太陽光発電か風力発電でつくる電気を使って水を電気分解してつくり出す方法がある。またバイオマス発電も第3世代の微細藻類を原料にしてオイルを生産してこれを発電ばかりでなくエタノールやジェット燃料にする研究が具体化し始めている。

水資源

　グローバル・サウスと呼ばれる国々では人口増加、都市化率の上昇、工業化の進展、さらにはこれらに伴う環境破壊により淡水資源は激減し、水資源への需要が急速に高まってきている。例えば自動車1台を生産するのに40万リットルの水が必要とされ、アラル海では綿花栽培のため80％の水量を失い、中国の黄河は1972年以降、渤海湾に注がなくなっている。元々、飲料水となる淡水は地球上の水のわずか0.5％以下であり、現在80億人の世界人口が2037年には90億人になると予測されているので、ますます水の供給は逼迫することが危惧される。国際河川の上流国が水資源を独占しないように流域ガバナンスが重要になっているし、海水の淡水化技術をめぐる国際的競争も激化してきている。

また水そのものへの需要だけが問題ではなく、農産物や工業製品を生産する際に膨大な水が不可欠であり、このバーチャル・ウォーター（仮想水）も含めた水問題を考えなければならない。農産物や食肉1kgを生産するのに必要なバーチャル・ウォーターは、米では3.6トン、牛肉では20.6トンにものぼる。

生物資源

米や小麦、トウモロコシなどの農産物の収量を飛躍的に上昇させるため異なる品種を交配させ、高収量で味がよく耐虫性・耐病性の高いハイブリッド（1代交配種＝F1品種）の種子をつくることに成功すると、その技術を盗み取ったり、それに対抗する品種をつくろうとする種子戦争が1960年代から70年代に、世界の大手種苗会社の間で展開された。さらにこの雑種2世代の種子（F2品種）は自家採種が困難なため、農家は毎年、大手種苗会社から高い種子を購入せざるをえなくなるという自己矛盾に陥った。これが契機となって世界各国の種苗会社は遺伝子組み換え技術の進歩を背景に、新たな品種改良に多くのエネルギーと資金を投入してきた。また大手製薬会社は、癌や認知症の新しい薬を開発するため（創薬）、新たな生物の種（植物の種・微生物・昆虫・動物）を必死になって探索し始めた。しかし資源ナショナリズムと同様に、新たな種が多く発見されるのは「南」の新興国が多く、自国領から先進国の大手製薬会社が新たな種を無断で持ち出し、創薬して世界市場で莫大な利益を上げることに反発した。その結果、生物多様性条約（☞第Ⅴ部第5章）がリオサミットで調印され（1992年6月）、93年12月に発効した。生物資源が生み出す利益は年間8,000億ドル〜1兆ドルともいわれているため、生物多様性を保存し、持続可能な利用を可能にし、遺伝資源による利益を公正に配分することを規定した。

◆**参考文献**（追加参考文献☞QR5-3-8）
①資源エネルギー庁『2023年版エネルギー白書（PDF版）』.
②「『水素エネルギー』はどのようにすごいのか？」資源エネルギー庁（PDF版）.
③ジャン＝マリー・シュヴァリエ，パトリス・ジョフロン，ミッシェル・デルデヴェ（増田達夫監訳・解説，林昌宏訳）『21世紀エネルギー革命の全貌』作品社，2013年.

QR5-3-8

第4章　自然災害と国際関係学

　20世紀以降の自然災害による死者は6,000万人を超えるとされ、この数は2度の世界大戦の犠牲者に匹敵するものである。しかし、戦争や紛争に関しては高い関心が寄せられ研究や文献も豊富にあるのに対して、国際関係学における自然災害とその影響や帰結への関心は十分に高いとはいえない。人為的に開始され、人為的に終結する戦争や紛争などの国際問題は「どうしたら発生を防ぐことができるか」「どのように人命の損失や物理的損害を最小限に抑え、どのように平和を構築するか」といった高い関心を集めるのに対し、自然災害は人為的な行為が発端ではなく、いつ、どこで、どのように発生するのかを予測することが難しい。戦争や紛争あるいはグローバル化に伴う諸問題は多くの人々の生活や将来に影響を与えるため、日頃から安全保障や国際問題に高い関心をもち、政治や経済の動きを意識しながら生活する人はいても、たいていの人は世界のどこかで大規模な自然災害が発生することを意識しながら生活するわけではない。「天災は忘れた頃にやってくる」というように、いつ起こるかわからない、また人類の英知や努力をもってしても発生を防ぐことが難しい自然災害は国際関係学の中心的テーマとなりえないのかもしれない。

　しかし、近年、自然災害が世界各地で大きな被害をもたらし、海外における災害の発生に対するメディアや一般市民の反応や関心は、戦争や紛争と同様もしくはより高い関心を集めるようになってきている。2011年には日本で東日本大震災が発生し、その後の福島第1原子力発電所の事故の影響もあって自然災害を発端とする被害が未曾有の規模になり、内外の高い関心を集めたことは記憶に新しいところである。途上国では自然災害による被害の規模がより大きくなる傾向があり、2004年に発生したインドネシアのスマトラ島沖でのM9.1の地震とその後に発生したインド洋津波は20万人を超える犠牲者を出したし、2010年にハイチで発生した地震でもやはり20万人を超える人々が犠牲になったとされている。水害でも2008年にサイクロンの被害によってミャンマーで14万人近くが犠牲となり、2010年のパキスタンでの洪水では被災者は1,700万人近くに及んだとされる。このように、地震・津波・洪水・地滑り等の大規模自然

災害は、経済・社会の基盤が脆弱な途上国において発生すると大きな被害につながることがあり、既存の援助ドナーばかりではなく、全人類的な国際協力の側面の重要性も増している。

自然災害と国際関係学

　近年世界で相次ぐ自然災害とその後の影響の事例を検討してみると、戦争や紛争と異なり人間の行為が発端ではない自然災害が、国際関係学の理論や関心にとって重要な問題を提起し、また示唆を与えていることに気づく。

　まず指摘できるのは、大規模な自然災害の結果として被災者に同情・関心が世界的に集まり、地球規模で被災国・被災地に対して協力や寄付の申し出が広がる現象が見られることである。東日本大震災の後に日本に寄付や援助を申し出た国は160以上にものぼり、非国家行為体であるNGO（非政府組織）や個人、企業も支援の輪に加わった。いまや世界のどこかで大規模な自然災害が起きると、政府が主体となる緊急援助や災害支援だけではなく、様々なチャリティー活動も盛んになる。サイクロンなどの自然災害と独立戦争によって混乱・困窮し大量の難民が発生したバングラデシュのために元ビートルズのジョージ・ハリスンらが呼びかけた1971年のコンサート以来、チャリティ・コンサートは今や世界各地で開催されるし、「自然災害で被災した人々のために自分が何かできないだろうか」と考えて行動する一般市民は多数存在する。もちろん、20世紀前半までの歴史においても、自然災害の被災地への国際的な支援は存在した（1923年の関東大震災の例など）が、メディアやSNS等の通信手段の発展に呼応するようにここ数十年の間に徐々に大きくなってきたヒューマニズムによる支援は、従来の国家中心的な国際関係観に挑戦するものといえる。

　これは、世界では主権国家が並立して存在していても、世界社会の基本単位である人間は国境によって分断されているわけではなく、国境を越えた人類共同体が存在している、というカント的な世界観が具現化したものであるといえるだろう。リアリズム（☞第Ⅱ部第1章）は、国家は国益に従って合理的に行動すると説くが、被災国や被災地への援助活動や協力の姿勢は国益や合理性の側面から説明するよりも、人間の道徳心や他者への同情から説明するほうがより説得力をもつ。

主権国家と自然災害

　こうして全人類的共同体の存在が指摘できる一方で、災害への対応や復興において依然として主権国家の存在や機能の重要性は低下するどころか、通常時よりも重要性を増すこともある。被災者や被災地への関心・同情・支援が集まって人類共同体的な状況が発生したとしても、被災者へ対応するのは第一に被災した国であり、災害後の治安の確保から各国や援助機関・NGOが行う緊急援助の効果的な実施まで、被災国が国家としての機能を果たせるかどうかが重要な要素となる。

　特に災害支援の場合は迅速に援助が届くかどうかが重要となるが、例えばハイチ地震のケースのように、もともと行政や統治が有効に機能していない脆弱国家において大地震などの大規模自然災害が発生すると、治安の確保のほか、インフラストラクチャーの破壊や分断という物理的な問題に加えて、情報を含めた被災地域へのアクセス、援助物資や人の移動、援助機関間の調整等が困難となり、災害後の支援活動に大きな支障が生じ結果的に被害が拡大することがある。アメリカでも2005年のハリケーン・カトリーナによる災害の後には混乱に乗じて略奪が横行したが、途上国では災害により警察や統治機構が機能しなくなったり崩壊したりするケースが頻繁に報告され、支援物資が横取りされ行き渡らないケースもある。被災国政府が機能しなくなると、秩序を維持しつつ支援を実行することは困難となるから、国境を横断する援助もある程度強固で効果的な主権国家の存在を必要とするのであり、人道支援の前に軍事的に治安の確保が必要となる場合もある。

　国家の基盤が揺らぐと自然災害の被害は拡大するが、一方で国境を越える善意の支援が主権国家の壁に衝突する事例もある。東日本大震災後の日本にも多くの支援申し出があったが、例えば医療行為を伴う支援の申し出は当初は国内の医師法の制約により迅速な医療行為を阻んだし、外国の医療支援隊が使用する薬品が国内では未承認の場合などにも問題が生じる。また、災害が少数民族の支配する地域で発生した場合には、中央政府が海外からの支援の受け入れに消極的になることもあるし、強固に独裁的な国家基盤を築いている国の場合には、海外支援の受け入れが政府の正統性の動揺につながることを懸念し、国内的な面子を保つためにやはり支援の受け入れに消極的になることもある。

自然災害への国際協力

　自然災害における国際協力では、緊急時の人道支援体制の確立、その規模やスピードの確保、あるいは国際的な災害予防・予知・情報共有体制の整備・構築といった側面に加えて、災害発生後の2次被害を最小限に抑え、支援の効果を最大限にするために、長期的な視野に立って通常時からグッド・ガバナンスや援助効率の確保を目指すことが重要になる。途上国のガバナンス、効率的で責任ある政府の存在、援助の有効性の確保は、自然災害発生後の援助の有効性を大きく左右するのである。

　また、自然災害によって被害をこうむるのは一般国民であり、特に貧困層や社会的弱者への影響が多大になることから、人レベルの視点、つまり人間の安全保障の概念も必要となる。人間の安全保障では、危機に見舞われた人々の危機察知能力、自然や災害に対する正確な知識や経験の継承など、自分が直面した状況から逃れる選択能力をもつことが重要であるが、こうした能力の向上は被害を最小限にすることにもつながる。災害の発生前後により多くの人が迅速に正確な情報を得ることができるか、情報を得る状況下にあるか、危険に対処する行動を取ることが可能かどうかなどを含めた総合的な防災への対応能力を向上させるには、途上国における基礎的な社会開発分野の整備が必要になる。インド洋津波やハイチの大地震では、いずれも地震や津波の知識や経験がともに不足していたなかで被害が拡大したとされ、ミャンマーの水害ではサイクロンの予報が事前に国民に伝わらなかったことが被害の拡大につながったとされているが、地震や地震後の津波に対する知識をもつ人が増え、また適切な避難行動を取ることができる人が多くなれば、地震・津波の被害が軽減される可能性は高まるし、水害をもたらす可能性のある暴風雨の予報や知識が多くの人に伝われば、被害から逃れる行動を事前に取る人が増えることも期待できる。

　自然災害の予測には困難な部分もあるが、途上国における自然災害の発生に備えて、国際組織・各国政府・軍・NGO による緊急人道支援や国際人道支援、あるいは防災・予知体制の構築とともに、通常時における途上国での情報公開も含む良いガバナンスの確立と、教育、保健医療、能力開発などを含む広い分野での人間開発・人間の安全保障の視点からの対策・取り組みが、自然災害の被害を最小限にとどめるために必要と考えられる。

2023年トルコ・シリア地震

2023年2月に発生したトルコ南東部を震源とするトルコ・シリア地震は、国際関係学が自然災害により一層関心をもつべきであることを示した。それまでの1年間、国際的関心はロシアによるウクライナ侵攻に集まっていたが、トルコ・シリア地震の犠牲者とウクライナ戦争の戦死者は、どちらも正確な数の把握は容易ではないものの、いずれも数万人規模以上という点で、現代世界における自然災害の被害規模が戦争・紛争に匹敵することを改めて認識させた。

2011年から内戦状態にあるシリア国内で大きな被害が発生した北西部は、トルコ系反政府勢力の支配地域であり、シリア政府の被災者支援は期待できず、政府を通しての大規模国際支援も現実的ではなく、主にトルコ国境からの支援に頼る状況で支援活動は過酷を極めた。また、トルコの被災地には数百万人のシリア難民がおり、両国で少数民族となるクルド系住民への支援も行き渡らない。地震発生直後から日本も図（☛ QR5-4-1）の通りにトルコに緊急援助隊を派遣した一方、治安の悪化により各国が派遣した救助チームはトルコ軍による治安回復まで活動中止を余儀なくされた。内戦・難民・少数民族等の要素が複雑に交錯したこの地震は、ハイチ地震や東日本大震災とはまた異なる被災状況にあり、自然災害と国際問題が複雑に絡み合う傾向を再確認する事例となった。

QR5-4-1

災害支援外交と国際関係学の展望

土田宏成によると、日本が他国の災害への見舞いや義援を外交課題として初めて認識したのは1902年のことで、火山の大噴火後の火砕流によって約3万人の死者を出したフランス領マルティニーク島に対するものであったという。この頃の日本は豊かとはいえず、貧乏国である日本が他国を救援することは異様とするメディアもあったが、駐仏公使から義援金を送ることが「文明国」の務めであるとの意見もあり、日本政府関係者や華族の間に義援金を募って送り、他国へ支援する動きが広まった。1905年の東北大凶作後の飢饉に対してはアメリカのセオドア・ルーズヴェルト大統領が率先して日本への義援金を米国民に呼びかけ、翌1906年のサンフランシスコ大地震に対して日本は当時カリフォルニア州で広がっていた日本人移民排斥の動きを懸念しつつも支援金を送ったほ

か地震学の第一人者を派遣した。

　英国学派の国際社会論によれば、主権国家からなる国際社会へ対等な立場で加入するために、日本は明治時代を通じて民法典の制定を含む法の支配の確立、戦時国際法の遵守などに努め、1899年の治外法権の廃止から1911年の関税自主権の回復までの時期に日本は国際社会入りしたとされる。ゲリット・ゴン（Gerrit Gong）がいう文明の「スタンダード」を日本が満たすことによって不平等条約の改正を実現し、西欧列強と対等な立場になることがこの期間の日本外交にとって重要だったが、海外への災害支援は文明国の振る舞いとして必要であるとの認識が徐々に広まり、結果として友好感情を創出し、外交上の意味や効果を日本が実感していたというのは新たな側面の指摘であり、現代の災害支援外交を考える上でも示唆に富む。

　2024年に入ってからも、能登半島や台湾で大きな地震が続き、能登半島の先端地域は道路の損壊等により分断されたため、救助や支援が思うように進まなかったが、台湾では前年に大地震に見舞われたトルコの救助隊がドローンを使って捜索に協力した。ドローンや宇宙衛星等の最新技術の国内外の自然災害支援への効果的な利用が進めば、被災者の救助捜索や支援、道路等インフラの損壊状況の調査、大規模火災の消火活動等も迅速に行われるはずである。そのためには技術のいっそうの進展、機器操作の習熟、関係法令の整備等が必要になるものの、進歩する科学技術の積極的な利用は自然災害支援や外交の形を劇的に変える可能性がある。

　主権国家体制が自然災害支援に及ぼすまたは制約する影響、外交の側面からの災害支援へのアプローチ、最新技術による国際協働支援進展の可能性など、国際関係学は自然災害分野にもっと関心を寄せるべきといえよう。

◆参考文献
①土田宏成『災害の日本近代史――大凶作，風水害，噴火，関東大震災と国際関係』中央公論新社，2023年．
②佐藤元英・滝田賢治編著『3・11複合災害と日本の課題』中央大学出版部，2014年．
③武田康裕「自然災害と日本の国際緊急援助」大芝亮編『日本の外交5：対外政策課題編』岩波書店，2013年．

第5章　地球環境問題

　地球環境の歴史のなかで、20世紀以降ほどその変化が著しい時代はなかったといってよいだろう。石炭・石油などの化石燃料やメタンガスなどの温室効果ガスによって引き起こされた気候変動、フロンガスによるオゾン層破壊、森林破壊による生物多様性の減少、核実験や原発事故による放射能汚染、有害化学物質による土壌汚染と海洋汚染、有害廃棄物の越境移動、世界的な砂漠化や水資源の減少などの地球環境問題は、20世紀以降に顕在化したものである（☞QR5-5-1）。これらの人為的に引き起こされた環境変化あるいは環境破壊は、地球生態系だけでなく人間社会そのものの安全と存続を脅かすまでに至っている。このような人間がもたらした環境変化あるいは自然破壊の影響が今後さらに深刻な結果をもたらすことは、想像に難くないだろう。地球社会の差し迫った課題は、グローバルなレベルで環境への負荷の少ない、持続可能な社会経済システムをいかに構築していくのかということであろう。

QR5-5-1

近代世界システムの発展と地球環境問題

　環境破壊は人間の経済活動の拡大、すなわち近代世界システム（世界経済）の拡大とともに進展してきた。経済活動は人間社会に経済的な豊かさをもたらす活動である一方で、自然から様々な資源を「搾取」する活動でもあり、それによって化石燃料、鉱物資源、森林、生物多様性などが失われてきた。さらに温室効果ガスの排出、フロンガスの使用、放射性廃棄物を含めた有害廃棄物などは地球の自然生態系を悪化させている。

　近代世界システム（世界経済）が成立したとされるほぼ500年前、世界の年間GDPは約2,400億ドルほどであったとされる。それが1992年までに28兆ドルに達し、120倍近くにもなった（表5-5-1）。このことは、視角をかえていえば、500年前と比較して、自然生態系に対して年間120倍あるいはそれ以上の負荷を与え続けてきたということを意味している。

　地球温暖化は化石燃料の利用の影響を強く受けているが、近代におけるエネルギーの利用を見ると（表5-5-2）、バイオマス（木材や炭など）、石炭、石油

表5-5-1　世界経済の発展 (1500～1992年)

	1500年	1820年	1992年
世界の人口（100万人）	425	1,068	5,441
1人当たりのGDP（1990年ドル）	565	651	5,145
世界のGDP（10億1990年ドル）	240	695	27,995
世界の輸出（10億1990年ドル）	n.a.	7	3,786

出所）A・マディソン（金森久雄監訳）『世界経済の成長史1820～1992年』東洋経済新報社、2000年、6頁。

表5-5-2　世界の燃料生産 (1800～1990年)

燃料の種類	生産量（100万トン）		
年代	1800	1900	1990
バイオマス	1,000	1,400	1,800
石　炭	10	1,000	5,000
石　油	0	20	3,000

出所）J・R・マクニール（海津正倫・溝口常俊監訳）『20世紀環境史』名古屋大学出版会、2011年。

がエネルギーの大部分を占めている。19世紀後半から化石燃料がバイオマスを凌ぎ、20世紀以降は石炭、石油、天然ガスの化石燃料が優位を占めている。気候変動に関する政府間パネル（IPCC）はこれまで6次にわたって評価報告書を出してきたが、第6次報告書（2021年）でも気候システムに対する人間活動の影響、すなわち温室効果ガスの排出が気候変動を引き起こしている点は疑う余地がないとしている。温室効果ガスの排出量はこれまで先進諸国の割合が大きかったが、近年では新興国の割合が大きくなり、先進諸国のみでの取り組みでは気候変動に効果的に対応できなくなっている（☞図5-5-1、第Ⅴ部第3章「資源・エネルギー問題」参照）。

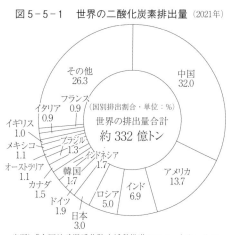

図5-5-1　世界の二酸化炭素排出量 (2021年)

出所）「全国地球温暖化防止活動推進センター」ホームページより。(https://www.jccca.org/download/66920)

地球環境ガバナンス

　1972年の国連人間環境会議（ストックホルム会議）で設立が決定された国連環境計画（UNEP）は、地球環境問題に関する国連機関内部の活動を調整し、新しい提案を作成するための触媒として活動することによって、地球環境ガバナンスにおける指導的な役割を演じてきた。ストックホルム会議以降、1992年の地球サミット（国連環境開発会議）を経て今日に至るまで、多くの環境条約、IPCCや持続可能な開発委員会（CSD）などの機関、地球環境ファシリティ（GEF）などのメカニズムが出現し、それに国際環境NGOなどの市民社会組織が加わって、地球環境ガバナンスは急速に進展してきた。

　地球環境ガバナンスは、地球環境問題の解決に向けて国際的な合意を形成するための枠組みあるいは交渉のプロセスであり、それには主権国家、国際機関、環境NGO、企業などの多様なアクターが参加する。まず主権国家は基本的には国益を追求し、国際法の基本原則においては自らの同意なくして国際法に拘束されることはないが、国際的な合意が形成される場合には地球環境ガバナンスを推進するアクターともなりうる。国際機関は基本的に国益を超えた地球公共性を追求できる立場にあり、地球環境問題においては新たな提案や規範を提起できる。UNEPは、オゾン層保護に関する1985年のウィーン条約や1987年のモントリオール議定書、有害廃棄物の越境移動を禁止する1989年のバーゼル条約、1992年の生物多様性条約を提案した。環境NGOもまた国益を超えたグローバルな立場から、地球環境ガバナンスやレジームの形成に大きな役割を果たしている。環境条約のなかには環境NGOが締約国会議にオブザーバーとして参加する旨を規定しているものもあり、国際環境政策に一定の影響を及ぼしている（☛第Ⅲ部第5章「国際NGO」参照）。

地球環境レジーム

　地球環境レジームは、国際的に合意された規範やルールを意味し、具体的には環境条約、議定書、ソフトローなどの法的文書によって特定された規範やルールである。地球環境レジームの形成においても、主権国家、国際機関、環境NGO、企業などの多様なアクターがかかわる。とりわけ1970年代以降、ラムサール条約やワシントン条約など多くの環境レジームが形成され、参加国の

表 5-5-3　主な地球環境条約

条約	締約国数	採択年	発効年
ラムサール条約	172	1971	1975
世界遺産条約	195	1972	1975
ワシントン条約	183	1973	1975
オゾン層の保護に関するウィーン条約	198	1985	1988
オゾン層を破壊する物質に関するモントリオール議定書	198	1987	1989
バーゼル条約	191	1989	1992
国連気候変動枠組条約（UNFCCC）	198	1992	1994
生物多様性条約	196	1992	1993
国連砂漠化対処条約	197	1994	1996
京都議定書	192	1997	2005
ロッテルダム条約	166	1998	2004
カタルヘナ議定書	173	2000	2003
残留性有機汚染物質に関するストックホルム条約	186	2001	2004
名古屋議定書	141	2010	2014
パリ協定	195	2015	2016

出所）国連ホームページ（https://treaties.un.org/Pages/Treaties.aspx?id=27&subid=A&clang=_en）等を参照して筆者作成（2024年5月31日現在）。

数も増えてきている（表5-5-3）。以下では、主要な環境レジームについて触れたい。

① 国連気候変動枠組条約（UNFCCC）と京都議定書およびパリ協定

　1992年の地球サミットで採択された気候変動枠組条約と1997年の第3回締約国会議で採択された京都議定書は、地球温暖化防止に向けた国際レジームとして大きな役割を果たしてきた。京都議定書では、温室効果ガスとして、二酸化炭素、メタン、一酸化二窒素、ハイドロフルオロカーボン、パーフルオロカーボン、六フッ化硫黄が指定され、第1約束期間の2008～2012年までの間に、1990年の水準より少なくとも5％削減することになった。国別では、日本6％、EU8％などで、途上国は削減義務を負わないことになった。アメリカは7％、カナダは6％とされたが、両国とも議定書から離脱した。市場原理を活用した削減手段である京都メカニズムとして、排出量取引、共同実施、クリーン開発メカニズムの3つが導入された。2013年以降の第2約束期間の設定については、2011年に南アフリカで開催された気候変動枠組条約第17回締約国会議で、2013年からの第2約束期間（翌年の第18回締約国会議で第2約束期間が2013～2020年とされた）が定められたが、日本はこれに参加しないことを表明した。世界最大の

温室効果ガスの排出国である中国とそれに次ぐアメリカが削減義務を負わないことから、このレジームの効果が問題視されており、これらの国々を包括したレジームの構築が課題となっていた。そうしたなか、2015年の気候変動枠組条約第21回締約国会議でパリ協定が採択され（2016年11月4日発効）、先進国と途上国の双方が温室効果ガスを削減するための枠組みがつくられた。パリ協定には、世界的な平均気温上昇を産業革命前と比較して、2度未満に抑えるとともに1.5度に抑える努力をすること、主要排出国を含むすべての国が削減目標を5年ごとに提出し更新すること、先進国が途上国への資金提供を行うとともに途上国も自主的に資金提供を行うことなどが盛り込まれた。パリ協定は、各国が設定する削減目標の達成に法的拘束力をもたせていないとはいえ、先進国と途上国が温室効果ガス削減に向けて取り組むための共通の枠組に合意したという点では大きな進展であった。

② オゾン層保護のためのウィーン条約とモントリオール議定書

オゾン層は、地上10～50kmの成層圏にある層で、紫外線の大部分を吸収することで、地球上の生物を守る役割を果たしている。そのオゾン層がフロンガス（クロロフルオロカーボン）によって破壊されることに対する懸念が拡大し、1985年に「ウィーン条約」、1987年に「モントリオール議定書」が採択され、オゾン層保護のための国際レジームが比較的短い期間において成立した。モントリオール議定書でオゾン層破壊物質として削減対象となった特定フロンを代替するために開発された代替フロンも、その後モントリオール議定書の改正が進む中で規制対象となった。具体的には、ハイドロクロロフルオロカーボン（HCFC）は、比較的弱いながらもオゾン層破壊効果を有し、先進国については2020年までの全廃が規定された。オゾン層破壊効果のないハイドロフルオロカーボン（HFC）は非常に高い温室効果をもち、地球温暖化対策の観点からも規制対象に含まれるようになった。

③ 生物多様性条約とカルタヘナ議定書および名古屋議定書

1992年にリオデジャネイロで開催された地球サミットで採択された生物多様性条約は、「生物の多様性の保存、その構成要素の持続可能な利用および遺伝資源の利用から生じる利益の公正かつ衡平な配分」を目的とするものである。地球生態系は多様な動植物によって構成され、1つの生命体（ガイア）を形成

し、人間はそれから生活に必要な様々な生態系サービスを受け取っている。

　生物多様性条約の交渉では、バイオテクノロジーによる「改変された生物 living modified organism」（LMO）の安全性が問題となり、1999年のコロンビアのカルタヘナでの特別締約国会議で、「生物多様性条約のバイオセーフティに関するカルタヘナ議定書」が討議され、2000年にモントリオールで採択された（2003年9月発効）。さらに生物多様性条約第10回締約国会議では、遺伝資源へのアクセスと利益配分（ABS = Access and Benefit-Sharing）に関する国際ルールを定めた名古屋議定書が採択された。2022年の第15回締約国会議第2部では、生物多様性に関する新しい世界目標である「昆明・モントリオール生物多様性枠組」が採択され、「自然を回復軌道に乗せるために生物多様性の損失を止め反転させるための緊急の行動をとること」（自然再興、ネイチャーポジティブ）が2030年ミッションに設定された。

環境安全保障

　人間の安全保障（☞第Ⅳ部第9章）は、人間の生存・生活・尊厳に対する脅威から人々を守るという考え方であり、1994年の『人間開発報告書』では、人間の安全保障の1つの領域としての環境安全保障に関して、その基本的な目的は自然と人間とが調和した自然生態系の持続可能性を確保することであるとされている。

　人間はこれまで地球生態系を変容させ、様々な資源を自然生態系から引き出し、そして化石燃料をエネルギー源として利用することによって経済成長を遂げ、豊かな生活を享受してきた。しかし、現在の状況は、その人間活動が地球生態系へ過度の負荷をかけている状態、すなわち「オーバーシュート」の状態にある。この生態系の危機というべき状況の最も重要な原因は、大量消費を伴う過度の経済成長と人口増加であろう。近年人間活動が「自然の変化の範囲」を大きく超えて自然生態系を変容させている時代を「アントロポセン（人新世）」と呼ぶようになってきた。このような時代状況のなかで、気候変動、生物多様性の喪失、天然資源の減少など様々な要因により生態系サービスはその機能を著しく低下させている。こうした状況が今後も続くならば、いずれ地球社会はカオスの状態に回帰することになろう。したがって、地球生態系の持続

可能性を取り戻すためのグローバル環境ガバナンスの取り組みが必要不可欠となっている。

2015年9月に、国連総会は17目標と169のターゲットからなる持続可能な開発目標（SDGs）を採択した（☞第Ⅴ部第10章）。これら17の目標の基本的理念は、ミレニアム開発目標（MDGs）の考え方に基づきながらも、さらにそれを拡大することにあった。その意味でSDGsは、経済的・社会的開発と環境的な持続可能性を統合しようとするグローバルな取り組みの歴史においてきわめて野心的な取り組みである。

グローバル・グリーン・ニューディール

現在の世界経済は、エネルギーの面で化石燃料依存の経済となっている。世界の一次エネルギー消費量をエネルギー源別に見てみると、石油が最も多く31.0％の割合を占め、次いで石炭が26.9％、天然ガスが24.4％となっている（2021年）。他方、気候変動対応の加速を目指す方針を受け、再生可能エネルギーの割合も世界的に徐々に高まっている。

2009年1月に成立したアメリカのオバマ政権が打ち出したグリーン・ニューディール政策は、1930年代のアメリカ大統領ルーズベルトのニューディール政策にならって、再生可能エネルギーなどのグリーン産業の育成のために公共支出を増やし、温室効果ガスを削減する一方で、雇用の促進と貧困の削減を狙いとしていた。なお、2021年1月に成立したバイデン政権ではオバマ政権を超える気候変動対策の目標が掲げられ、2022年に史上最大規模とされる気候変動対策を盛り込んだ「インフレ抑制法」を成立させており、脱炭素と経済成長の好循環が目指されている。

グリーン・ニューディール政策は各国や地域で進められたが、国連環境計画（UNEP）も、2009年に「グローバル・グリーン・ニューディール」という政策概要を公表し、①世界経済の復興、雇用機会の創出、脆弱な貧困層の保護、②炭素依存逓減、生態系の保護、水不足の逓減、③2015年までに極度の貧困を終わらせるというミレニアム開発目標の推進、を掲げた。

パリ協定成立後の脱炭素社会への動き

　2015年に採択され翌年に発効したパリ協定は、化石燃料への依存を低下させグローバルな脱炭素社会へ移行するための大きな転換点となった。アメリカでは、2017年6月にトランプ大統領がパリ協定からの離脱を表明し、2020年の大統領選挙翌日の11月4日に離脱が成立したものの、民主党のバイデン政権下の2021年2月にアメリカは正式に復帰した。こうして、パリ協定の趣旨でもある、主要排出国や途上国を含むすべての国による排出削減行動の強化が引き続き目指されており、これまでに150を超える国と地域が2050年等までに温室効果ガスの排出を実質ゼロにする政策（カーボンニュートラル）を表明している。

　コロナ禍の影響で1年延期され、2021年に開催された気候変動枠組条約第26回締約国会議では、パリ協定で規定された気温上昇を1.5度に抑える努力を追及する決意が示された。世界各地では異常気象が頻発するなど、気候変動の影響はすでに広範に現れており、排出削減策だけでなく、気候変動の悪影響を軽減する適応策の拡充も急務となっている。2022年の第27回締約国会議では、気候変動に起因した「損失と損害」に対応する基金の創設が合意され、気候変動の影響に特に脆弱な開発途上国への支援に進展が見られた。2023年の第28回締約国会議では、前述の「損失と損害」基金の制度について大枠で合意し、パリ協定下の目標達成に向けた世界全体の進捗状況を評価する第1回「グローバル・ストックテイク」が実施され、化石燃料からの「脱却」への道筋が示された。ロシアによるウクライナ侵攻や中東情勢の不安定化、第2次トランプ政権の誕生などが気候変動対策に及ぼす影響も懸念されるなか、地球社会は脱炭素社会に向けた歩みを停滞させず、約束を実行に移していく必要に迫られている。

◆参考文献
① ダニエル・ヤーギン（黒輪篤嗣訳）『新しい世界の資源地図』東洋経済新報社，2022年.
② L. エリオット（太田一男監訳）『環境の地球政治学』法律文化社，2001年.
③ E.B. バービア（赤石秀之・南部和香監訳）『なぜグローバル・グリーン・ニューディールなのか』新泉社，2013年.

第6章　人口問題

人口爆発がもたらす社会不安

　ある国の人口動向は、①出生率、②死亡率、③移民の3つの要素で決まる。このように人口を左右する要素が少ないこともあり、国ごとの中長期的なトレンドはある程度予測でき、多くの国が表5-6-1のモデルをたどっている。

　この予測可能性の高さゆえに、将来の人口への期待や不安が社会を動かすこともある。人口増加による国力増強を期待する国や、人口減少による衰退を恐れる国が、出生率向上や移民獲得の努力をしてきたのはそのためである。この章では、人口の増減が国家や国際関係をいかに動かしてきたかを見ていこう。

　2022年に世界人口は80億人に達した。80億人突破は世界中のメディアで報じられたが、この偉業を祝うどころか、環境破壊、資源枯渇、食料不足、社会保障ひっ迫といった不安や恐怖をかき立てる論調が目立った。

　歴史を見ても、人口増加は社会不安を増幅させてきた。マルサスは『人口論』(1798年)で、土地の能力には限界があるので急増する人口を養うことができなくなるとした。また、ポール・エーリックも『人口爆弾』(1968年)で同様の危機感を表明し、何億人もの人々の飢え死にを避けるには、出生率を強制的にでも下げる対策を国家がとらなくてはいけないと力説した。

　人口増加の不安は、国家の対外行動にも影響を及ぼしてきた。例えば日本では、1890年代以降に過剰人口論が広がった。狭小な国土に人口があふれてしま

表5-6-1　人口転換モデル

ステージ	出生率	死亡率	人口変動
Ⅰ　多産多死	高い	高い	人口維持／微増
Ⅱ　多産少子	高い	低い	人口増加
Ⅲ　少産少子①	低い	低い	人口維持／微増
Ⅳ　少産少子②	人口置換水準と等しい	低い	人口維持／微増
Ⅴ　少産少子③	人口置換水準を下回る	平均寿命は延び続ける	人口減少

注）人口置換水準とは、人口が増加も減少もしない均衡した状態となる合計特殊出生率。
出所）ダリル・ブリッカー、ジョン・イビットソン『2050年世界人口大減少』文藝春秋、2020年、27頁をもとに筆者作成。

うという懸念である。これは、将来の植民地建設に役立てる目的で、海外に日本人を送り込むという対外政策につながった。

しかし、これまで人類は農業技術の向上によって食料生産を増大させ、人口増加に伴う食料危機の恐怖を克服してきた。また、何より人口増加は人類の進歩の結果である。世界人口増加の主な要因は子どもの死亡率低下にあり、多くの乳児が適切な医療を受け、生まれたばかりの危険な時期を生き延びられるようになった（☞QR5-6-1）。これに待ったをかける理由はないだろう。

QR5-6-1

少子高齢化は国家の衰退を招くか

2024年時点で、世界人口の28％を占める63の国と地域において人口のピークはすでに過ぎている。今後、世界の人口増加率は鈍化し、世界人口は2080年代にピークを迎えるという（図5-6-1の国連の中位推計）。

したがって、多くの国々がすでに直面し、さらに世界中の国がこれから直面するのは人口減少である。人口減少は国際関係にどのような影響を与えるだろうか。

歴史を振り返ると、国際関係に影響を与えてきたのは人口の絶対数というよりは、他国との相対的な勢いの違いであった。たとえ自国の人口が増えても、ライバル国にそれを上回る勢いがあれば、国力の衰退と認識し危機を感じる。

例えば、第1次世界大戦前のヨーロッパにおいて、大国同士は互いの人口を比較し、出生率を気にしていた。出生率が下がっていたイギリスとフランスは、ドイツの高い出生率に不安を抱いた。一方のドイツは、ロシアの人口増大を警戒していた。人口増加の速度がドイツを上回っていたからである。

ところで、人口減少は本当に国力を衰退させるのだろうか。人口は軍事力に影響を与える。過去の戦争を見れば、勝敗を決する上で動員可能な国民の数が決定的な要因になった例は多い。近年では、若年人口の減少で軍の兵員募集に苦戦する国が出るなど、防衛力への悪影響が議論されている。

複雑なのは人口と経済力の関係である。密接な関係はあるが、人口が多くなれば経済規模が大きくなるといった単純なものではない。1人当たりの所得が小さければ、人口が増えても国は貧しいままである。しかし現在、貧しかった国々で1人当たりの所得が急速に伸びている。これらの国では人口も増加して

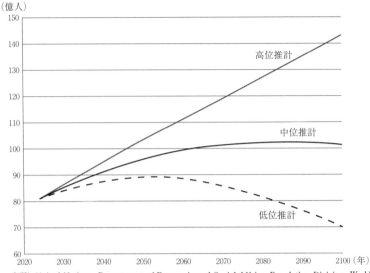

図5-6-1　国連の人口推計　3つのシナリオ

出所）United Nations, Department of Economic and Social Affairs, Population Division. *World Population Prospects 2024 Revision* に基づいて筆者作成。

いるので、人口の多さが経済規模を左右する傾向が以前より強まっている。

　また、人口減少は民族衰退という心理的な懸念とも深く結びついている。20世紀初めのヨーロッパでは、将来的な人口減少と非ヨーロッパ人の台頭に対する悲観が広がり、人口の"質"を維持するための優生学も普及した。近年では、移民の急増で白人が少数派となる「ホワイトシフト」が起き、移民排斥運動やポピュリズムが欧米でさらに加速するとの見通しがある。

ジェンダーの視点で見る人口問題

　人口変動は社会不安を生み、国際関係を動揺させる。では、世界人口を人為的に安定させることはできるか。そして、それは望ましいことだろうか。

　第2次世界大戦後における世界人口の急増はグローバルな課題となった。1974年にブカレストで国際人口会議が開催され、人口急増中の発展途上地域を念頭に、家族計画の普及等を通じた人口増加の抑制が求められた。また、中国やインドなどは国家主導で強制的な人口抑制政策を行った。

　しかしその後、ジェンダー平等や女性のエンパワーメントの観点から、強制

的な人口抑制政策は国際的には否定されていく。1994年にカイロで開催された国際人口開発会議では、リプロダクティブ・ヘルス／ライツの概念が登場した（☛ QR5-6-2）。これは、性と生殖を女性の健康や自己決定権の問題としてとらえ直す動きにつながった。

QR5-6-2

ところが現在、急速な人口減少が進むなか、多くの国は不安に陥り、出生率に再び強い関心をもつようになっている。国連の調査によると、自国の出生率に影響を与えることを意図した政策をとる国の数は、近年著しく増加している。そして、そのような努力をする国では、民主主義や個人の自由に関する指標が低下する傾向にあるという。

また、女性の社会進出を出生率低下に結びつける言説が広まっていることには、特に注意が必要である。両者の安易な結びつけは、人口減少の原因を女性のみに負わせる動きにつながりかねない。確かに人口統計学では、都市に住み、教育を受け、自立した女性は産む子どもの数を減らす傾向があると指摘されてきた。しかし、女性の社会進出と出生率の関係は複雑である。近年では、先進国に限って見れば、女性の地位向上は出生率を引き上げるのではないかとの指摘もなされている（☛ QR5-6-3）。

QR5-6-3

女性が男性の支配から逃れ、望んでいない子どもを産まなくてすむようになったのであれば、それは好ましいことである。適切な人口などおそらく存在しないし、1人の女性が産むべき子どもの適切な数など定めるべきではないだろう。生殖に関する女性の決定権を広げる視点から、私たちは人口問題を考えていかなければならない。

◆参考文献
①ポール・モーランド（渡会圭子訳）『人口で語る世界史』文春文庫，2023年．
②ポール・モーランド（橘明美訳）『人口は未来を語る──「10の数字」で知る経済，少子化，環境問題』NHK出版，2024年．
③ダリル・ブリッカー，ジョン・イビットソン（倉田幸信訳）『2050年世界人口大減少』文藝春秋，2020年．

第7章　人の移動

人の移動とは：「国際移民の時代」

　われわれは「国際移民の時代」に生きているといわれている。しかし太古の昔から、移動すること自体が人間の本性の一部であり、地球上の人類分布は人間が移動する歴史の帰結として見なされてきた。言い換えれば、人の移動は「人類の歴史を映し出す1つの断面」なのである［伊豫谷、2001、i頁］。約10万年以前と考えられているホモサピエンスの「出アフリカ」以降、人類は移動を繰り返してきた。人が移動する原因、結果、および形態は絶えず変化しながらも、地理的な場所を離れ、複数の境界・国境を越える空間的行為は、グローバル化の進展する現代世界において中心的な課題となってきている（☞第Ⅴ部第1章「グローバリゼーション」参照）。

　移民の多様な形態などを踏まえれば、それに関する厳格な定義を与えることは困難である。国際法上の定義もなく、現時点で国際的に広く受け入れられている移民の定義は存在しない。国連による一般的な定義に従えば、移民とは「通常の居住地以外の国に移動し、少なくとも12カ月間当該国に居住する人のこと（長期の移民）」とされている。しかしながら、建設業などで海外へ渡る季節労働者などのように、短期での季節的、あるいは循環型の移住労働者が増加している現代的傾向を踏まえれば、移住と移動の境界があいまいになっており、どの程度、通常の居住地ではない他の国に滞在すれば移民になるのかという時間的な定義は意味をなさなくなってきているのである。

人の移動の形態：自発的移住と非自発的移住

　国際関係における人の移動とは、領土や国籍に基づいて存立する国民国家が、国境を越える国民以外の人間を選別するプロセスやメカニズムとして理解されてきた。人の移動の形態を分類する際の1つの尺度は、どのようなカテゴリーに属する人間として国境を越えるのかということである。図5-7-1に見られるように、人の移動の形態には、自発的移住と非自発的移住がある。前者には、短期・長期の海外旅行、民間企業駐在員や外交官の海外赴任、学生による海外

図 5-7-1　人の移動の多様な形態

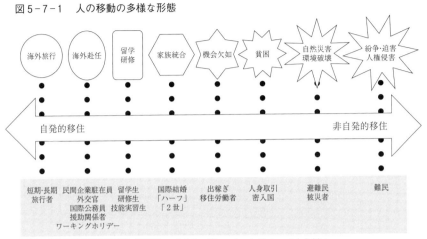

出所）国際移住機関駐日事務所（IOM Japan）https://japan.iom.int/migrant-definition

留学、技能研修、国際結婚による結婚移民などがある。後者には、紛争、迫害、人権侵害から逃れる難民や国内避難民、自然災害や環境破壊から発生する避難民（いわゆる環境難民）、貧困を原因とする人身取引などが含まれる。

　国際移住機関（IOM）の「世界移民レポート2024」（☞ QR5-7-1）によれば、2020年、国際移民の数は推定2億8,100万人となり、世界人口に占める割合は、2000年には2.8%であったが、2020年には3.6%を占めるようになった。そのなかで、女性の移民人口は1億3,500万人になり、世界の女性人口の3.5%を占めている。従来の移民は、男性の役割が中心的であり、女性の移民は「家族呼び寄せ」（family reunion）における位置を占めているにすぎなかったが、1960年代以降、労働移民としての女性の役割が重視されるようになり、移民のジェンダー化が急速に進んだ。

　2019年の国連経済社会局の人口部会レポート（☞ QR5-7-2）によれば、国際移民の半数強がヨーロッパと北アメリカに居住している。ヨーロッパが最も多くの国際移民を受け入れ（8,230万人）、次いで北アメリカ（5,860万人）、北アフリカおよび西アジア（4,860万人）となっている。2010年から2019年にかけて、国際移民の数が最も急速に増加したのは北アフリカと西アジア、そしてサハラ以南のアフリカであり、いずれも年平均4.4%の伸びであった。次いでラテン

QR5-7-1

QR5-7-2

アメリカとカリブ海諸国が年率3.8%、オセアニアが2.5%の伸びであった。

人身取引

IOMによれば、人身取引、いわゆる「トラフィッキング（trafficking）」とは、「何らかの強制的な手段で、搾取の目的で弱い立場にある人々を別の国や場所に移動させること」である。性的な搾取のために若い女性や子どもを誘拐・略取することが一般的であるが、近年では臓器売買などのために男性も犠牲となるケースが増えている。非合法活動の１つであるため、人身取引に関する正確な数字を出すことは難しい。貧困国から富裕国へというルートが通常であるが、第三国を経由する場合も多い。国際的な犯罪組織などが関与している場合も多く、人身取引は麻薬や武器などともに有力な資金源となっている。

QR5-7-3

米国国務省の「人身取引年次報告書（2024）」（☞ QR5-7-3）によれば、日本は外国人技能実習制度による労働者の搾取や児童買春などが問題視され、4段階のうち2番目に良い「第2階層」の評価にとどまった。人身取引の根絶に向けた日本政府の努力を評価するとしながらも、労働者の搾取や児童買春をめぐる刑事捜査や訴追件数が依然として少ないと指摘された。

難民と国内避難民

1951年の「難民の地位に関する条約」は、第2次世界大戦によって国籍を失った多くの人々のために制定された。それによれば、難民とは、「人種、宗教、国籍、政治的意見または特定の社会集団に属するという理由で、自国にいると迫害を受ける十分な恐れがあるために他国に逃れ、国際的保護を必要とする」人々と定義されている。国連難民高等弁務官事務所（UNHCR）の「数字で見る難民情勢（2023）」（☞ QR5-7-4）によれば、2023年末、推定1億1,730万人が迫害、紛争、

QR5-7-4

「難民の地位に関する条約」
　第2次世界大戦の惨禍によって、ヨーロッパにおいて大量の難民が発生したことを踏まえて、それを保護することを目的として制定された。1951年に採択され、1966年にはこの条約を補充する「難民の地位に関する議定書」もつくられ、1967年に発効した。日本も1982年に加盟国になった。この条約の第1条で、難民とは、「人種、宗教、国籍もしくは特定の社会的集団の構成員であることまたは政治的意見を理由に迫害を受けるおそれがあるという十分に理由のある恐怖を有するために、国籍国の外にいる者であって、その国籍国の保護を受けることができない者またはそのような恐怖を有するためにその国籍国の保護を受けることを望まない者」と定義されている。

暴力、人権侵害などによって強制的な移動を余儀なくされている。これは前年の同時期と比較すると8％（880万人）の増加であり、過去12年間、前年比で増加し続けている。世界の69人に1人、つまり世界全人口の1.5％が強制的に移動させられており、10年前の125人に1人からほぼ倍増している。

　2023年の時点で難民のほぼ4人に3人（73％）がわずか5ヵ国から発生していることが明らかになっている（表5-7-1）。世界最大の難民出身国はアフガニスタンとシリアである。アフガニスタンからの難民は、UNHCRの管轄下にある全難民の6人に1人を占める。640万人を超えるアフガニスタン人が108ヵ国で受け入れられ、前年から74万1,400人（13％）増加した。アサド政権と反体制派勢力の対立によって内戦が長期化するシリアにおける難民数も2023年末時点で640万人となり、前年度からはわずかに減少した。そのほぼ4分の3（73％）は、トルコ（320万人）、レバノン（78万人）、ヨルダン（65万人）を含む近隣諸国で受け入れられている。第3位は南米のベネズエラであり、2014年以降の政情不安や深刻なインフレから社会混乱が続き、難民数は610万人にのぼる。ベネズエラからの難民のほぼすべてが近隣の中南米諸国、コロンビア（290万人）、ペルー（100万人）、エクアドル（47万人）などのあまり経済的に豊かではない国々に受け入れられている。

　2022年のロシアの侵攻によって戦火が続くウクライナでは、難民数は2023年末の時点で600万人となった。その多くが女性や子どもであり、過去にない人道危機に直面している。これは前年比で5％の増加であり、10年前の25倍である。また、2023年に発生した国軍と準軍事組織「即応支援部隊」との武力衝突によって内戦が泥沼化するスーダンでは、難民数は79％増の150万人に急増した。およそ7人に6人（86％）が隣国のチャド（92万人）と南スーダン（36万人）に受け入れられている。内戦勃発以前には、スーダンもかなりのシリア難民を受け入れていた。

　難民の受け入れに関しても39％が5ヵ国に集中しており、世界の難民、その他国際保護を必要としている人の69％が出身国の近隣の国々に避難している実態も明らかになっている（表5-7-2）。

　難民のなかでも「国内避難民」とは、紛争などによって強制的に家から追いやられながらも、いまだに出身国内にとどまっている人々のことをいう。国内

表5-7-1 難民の主な送り出し国

アフガニスタン	640万人
シリア	640万人
ベネズエラ	610万人
ウクライナ	600万人
スーダン	150万人

出所) 国連難民高等弁務官事務所（UNHCR）「数字で見る難民情勢2023」（☞ QR 5-7-4）

表5-7-2 難民の主な受け入れ国

イラン	380万人
トルコ	330万人
コロンビア	290万人
ドイツ	260万人
パキスタン	200万人

出所) 表5-7-1と同じ

QR 5-7-4

避難民の数が難民より多い理由は、局地的な地域・民族紛争の増加と激化などに加えて、国内避難民を保護する公式の制度や国際的合意が存在していないからである。半世紀以上も前に制定された難民条約における「難民」の定義に当てはめて、人間を保護することの限界を認識すべきであろう。2023年末時点で、6,830万人が紛争や暴力のために国内避難民として残っている。スーダンでは推定910万人が国内避難民となっており、国内避難民の数としては過去最大である。これにシリア（720万人）、コンゴ民主共和国（670万人）が続く。

気候変動と環境難民

近年、グローバルな規模で深刻化を増している気候変動（☞第Ⅴ部第5章「地球環境問題」参照）は、新しい形態での人間の強制移動の原因となっている。干ばつ、洪水、猛暑などが頻発し、その深刻さはより激化している。ガイア・ヴィンスは、気候変動のため故郷を追われ、望まずにノマド（遊牧民）になり、環境難民による「人類未曾有の大移動」が起こるという警鐘を鳴らしている。これらは、世界中で新たな紛争を発生させる火種にもなりうる。緊急の適応策、緩和策、そして損失と損害への対策がなければ、気候変動の影響は、強制的に避難させられた人々を含め、気候変動に脆弱な国やコミュニティに甚大かつ不釣り合いな影響を与えると予想される。

「難民の移民化」と「移民の難民化」

近年、難民は「危機」や「問題」と形容されることが多くなり、移民と難民との間に引かれた概念的な境界線はあいまいになっている［川久保、2019、156頁、162頁］。確かに、紛争、迫害、人権侵害などによって難民が生じている状

況は、現在も過去も変わりないが、グローバル時代の難民は、移民の特徴である経済的な豊かさを求めて国境を越えて移動することもあるだろうし、グローバル資本主義の圧力によって社会から押し出され、難民がその生存のために主体的に越境することを決断することもあるだろう。また移民であっても、合法的に国境を越えた目的地において、生活が不安定化し、経済的困窮を極めた結果、「不法」移民として社会的に見なされ、やがては難民化を余儀なくされることもある。このように、移民と難民との間に引かれる境界線の線引きは、国際政治の力学、グローバルな市場における国家の位置、国内の移民・国境政策などによって大きく左右されることになる。

　グローバル化が進展する移動の時代においては、誰が移民で、誰が難民であるのかを判断することは困難になってきている。むしろ、両者を区別する場合には、政治的判断が全面に出ることになる。だからこそ、グローバル化は人の移動を「リスク」としての「安全保障」問題という国家主権との関係から理解する傾向が強かったのであるが、移動する権利や帰属先における法的・社会的権利をどのように認めるのかといった「人権」問題としてとらえ直す必要も出てきている。

◆参考文献
①ステファン・カースルズ／マーク・ミラー（関根政美・関根薫監訳）『国際移民の時代（第4版）』名古屋大学出版会，2011年．
②伊豫谷登士翁『グローバリゼーションと移民』有信堂，2001年．
③駒井洋監修・人見泰弘編著『難民問題と人権理念の危機――国民国家体制の矛盾』明石書店，2017年．
④川久保文紀「（書評論文）グローバル時代の人の移動―移民と難民の揺らぐ境界」『国際政治』196号，2019年．
⑤ガイア・ヴィンス（小坂恵理訳）『気候崩壊後の人類大移動』河出書房新社，2023年．

第8章　人権問題

人権保障の国際化

　基本的人権という考え方の起源は、西欧の近代市民革命、そして近代人権宣言にある。しかし、その人権の中身や保障措置が国内事項としてではなく、国際的に確立するのは、第2次世界大戦時のナチスドイツによるユダヤ人のジェノサイド（大量虐殺）やファシズムによる大規模な戦争犯罪を経て、国際連合が設立されて以降のことである。国連憲章は第1条3項において「人種、性、言語または宗教による差別なくすべての者のために人権及び基本的自由を尊重するように助長奨励することについて、国際協力を達成すること」を目的に掲げた。ここに人権の国際化時代が始まったのである。

　経済社会理事会の補助機関として設立された人権委員会は、単一の国連人権章典の作成を目指した。しかし、結果的には、拘束力はないが各国が守るべき人権の具体的内容を示す「世界人権宣言」がまず先行して1948年に採択された。

資料V-8-1　世界人権宣言（Universal Declaration of Human Rights）

前文
　……
　よってここに国際連合総会は、
　社会の各個人及び各機関がこの世界人権宣言を常に念頭におきながら、加盟国自身の人民の間にも、また加盟国の管轄下にある地域の人民の間にも、これらの権利と自由との尊重を指導及び教育によって促進すること並びにそれらの普遍的かつ効果的な承認と遵守とを国内的および国際的な漸進的措置によって確保することに努力するように、すべての人民とすべての国とが達成すべき共通の基準として、世界人権宣言を公布する。
第1条（自由平等）すべての人間は、生まれながらにして自由であり、かつ、尊厳と権利とにおいて平等である。人間は理性と良心とを授けられており、互いに友愛の精神をもって行動しなければならない。
第2条　すべての人は、人種、皮膚の色、性、言語、宗教、政治その他の意見、国民的もしくは社会的出身、財産、門地その他の地位またはこれに類するいかなる事由による差別もうけることなく、この宣言に掲げるすべての権利と自由とを享有することができる。（以下略）
（出所）薬師寺公夫・坂元茂樹・浅田正彦編『ベーシック条約集2020』東信堂、2020年。
＊なお、この宣言は賛成48、反対なし、棄権8（ソ連、東欧諸国、南アフリカなど）で採択。

世界人権宣言の規定は、大きく分けると、国家の個人への不当な介入を阻止するための「自由権」の部分と、個人が健康で文化的な生活を送るために国家の積極的な介入を必要とする「社会権」の部分に分かれている。前者に関しては、身体的自由、思想、良心の自由、集会、結社の自由など、後者には、社会保障の権利、相当の生活水準の権利、労働の権利などが明記されている。

国際人権規約

1966年には、世界人権宣言を基本的に踏襲した「社会権規約」(経済的、社会的および文化的権利に関する国際規約)と「自由権規約」(市民的および政治的権利に関する国際規約)、ならびに個人の通報制度に関する「自由権規約第一選択議定書」、1989年には「死刑の廃止を目指す『市民的及び政治的権利に関する国際規約』の第二選択議定書」が採択され、これらを総称して国際人権規約という。

当初の予定とは異なり、社会権と自由権が個別の規約になり、採択まで時間を要したのは、東西冷戦が自由権対社会権という世界人権宣言採択以来のイデオロギー論争を先鋭化させたこと、植民地からの独立による加盟国数の増加自体が、合意を難しくしていったことによる。もとより自由権は即時に実施が可能、期待されるのに対し、社会権は同規約の第2条それ自体にも示されているように、社会の発展とともに「漸進的に達成」されるものという両者の性質的な違いもあろう。

植民地の独立に関連して、世界人権宣言にはなく両人権規約に共通の第1条1項として記されたのが「すべての人民は、自決の権利を有する」とする民族自決権と、同2項の天然の富および資源に対する権利である。民族自決権を法的権利として認めるかどうか、また集団的権利であって個人の権利の規約にふさわしくないとの反発もあったが、1960年代以降数を増大させた途上国は、個人のすべての権利の前提として民族自決権があるとの立場で押し切った。

新しい人権

こうした途上国の勢いは、1974年の「新国際経済秩序」決議などの具体的な要求の形となり、さらに、自由権、社会権に続く新たな権利として、「発展の権利」(right to development)の主張へとつながっていく。発展の権利は、平和

の権利、環境権とともに「第三世代の人権」と総称される。そして、1986年には国連総会決議において「発展の権利に関する宣言」(A/Res 41/128) が、賛成146、反対1（米）、棄権8（日本など）で採択された。その後、1993年の第2回世界人権会議で採択された「ウィーン宣言および行動計画」で、自決権とともに確認されている。このようにして、西欧型人権から出発した人権は、より普遍的なものとして発展してきたのである。このことは、世界の重大な人権侵害を調査し、国連の人権活動の中心を担う国連人権高等弁務官（OHCHR）が同年に設置されたことにも見て取れる（☛ QR5-8-1）。

QR5-8-1

　国連では個別的な分野での人権保障を目的とした条約も多数採択されている。例えば、「人種差別撤廃条約」(1965年)、「女子差別撤廃条約」(1979年)、「児童の権利条約」(1989年) などである。

　また、地域で人権条約を採択しているケースもある。「欧州人権条約」(1950年)、「米州人権条約」(1969年)、そしてアフリカ統一機構（現在のアフリカ連合：AU）は1981年に「人及び人民の権利に関するアフリカ憲章（バンジュール憲章）」を採択した。同憲章では、発展の権利についても規定している。地域の人権条約は普遍的人権の考え方と矛盾するように見えて、地域的特性も配慮した人権基準のもと、条約の実施機関としての人権裁判所が設置されていることに特徴がある。なお、アジアでの人権条約は存在しない。

履行確保の問題

　このようにして、国連や地域機関を通して、第2次世界大戦後の人権条約体制それ自体は成熟してきた。しかし、個人の権利を対象とすることから、条約の実際の履行は各国の国内法に委ねられている側面が大きい。そのため、自由権規約委員会下の規約人権委員会のように、条約によっては履行を確保するための委員会を設けているものも多い。これらの委員会は、政府報告制度や個人通報制度を通して人権規範の国内へのいっそうの浸透につとめている。

　政府報告制度では、条約締約国政府が提出する条約履行状況の報告書に対して、個人専門家で構成される当該委員会がNGOの報告書などとともに審査をし、最終所見を採択する。法的拘束力はないが、政府も何らかの対応をとらざるをえないという影響力がある。一方、個人の通報制度は、条約の締約国下の

表 5-8-1　主な人権条約

名称	採択年	発効年	締約国数	注記
社会権規約	1966	1976	171	
自由権規約	1966	1976	173	アメリカは批准
自由権規約第一選択議定書	1966	1976	117	個人の通報制度を規定。日本は未批准
自由権規約第二選択議定書	1989	1991	90	死刑の廃止を義務化する内容。日本は未批准
人種差別撤廃条約	1965	1969	182	アメリカは批准
女子差別撤廃条約	1979	1981	189	
拷問禁止条約	1984	1987	173	アメリカは批准
児童の権利条約	1989	1990	196	
移住労働者及びその家族の権利保護に関する条約	1990	2003	58	日本は未批准
障碍者権利条約	2006	2008	186	
強制失踪からすべての者の保護に関する条約	2006	2013	75	

＊アメリカは国際条約で拘束されるのを嫌う傾向にあり、特に人権についてはそれが顕著である。ここではアメリカが批准している場合のみ注記している。
出所）国連のホームページより作成（締約国数は2024年8月現在）。なお各国の批准状況などは、国連条約局の国際条約データベースを参照（☞ QR 5-8-2）

QR 5-8-2

個人が条約に規定された権利を侵害された場合は、委員会に救済を求めることができる制度である。委員会で採択された検討結果は、当該個人と関係締約国に送付されることになる。日本は、個人通報に関する議定書をいずれも批准していないことから、日本人が国内の人権侵害に対して当該制度を利用することはできない。

一方、混同しやすいが、2006年に従来の人権委員会に替えて、国連総会下部機関としてジュネーヴに新たに設置された国連人権理事会では、すべての国連加盟国の人権状況について「普遍的定期的レビュー」（UPR）が行われている。日本は、2008年、2012年、2017年、2023年に4回の審査を受けており、死刑制度や慰安婦問題が取り上げられてきた（☞ QR 5-8-3）。

QR 5-8-3

さらに広がる21世紀の人権問題

生物学や医学における技術発展とともに、新たな人権問題も浮上してきた。1997年にはユネスコ総会において、「ヒトゲノムと人権に関する世界宣言」が

QR5-8-4

採択された（☞ QR5-8-4）。ヒトゲノムに関する研究およびその結果の応用が個人および人類全体の健康の改善における前進に広大な展望を開くことを認識しつつも、人間の尊厳、自由および人権、ならびに遺伝的特徴に基づくあらゆる形態の差別の禁止を十分に尊重すべきことを強調し、ヒトゲノムは人類の財産であるとしている。その後も、2003年には「ヒト遺伝子情報に関する国際宣言」、2005年には、「生命倫理と人権に関する世界宣言」が採択され、個人の利益と福祉を科学や社会の利益に優先させることが確認されている。遺伝子治療や医学技術の進歩は、数知れない難病やエボラ出血熱などの感染症の予防、拡大阻止に不可欠である。しかし一方で、代理母と生まれた子どもの人権のように、医学の進歩に法制度が十分に追いついていけないという実態もある。また、LGBT（= lesbian, gay, bisexual and transgender）に対する人権侵害も問題となっており、世界人権宣言や一連の人権条約に基づいて守られるべき人権として、国連を中心とする取り組みが始まっている（☞ QR5-8-5）。

QR5-8-5

QR5-8-6

国際結婚の破綻と子どもの人権

人の移動が容易になり国際結婚が増えるとともに、結婚生活が破綻した際に一方の親がもう一方の親に無断で子どもを母国に連れ去り、その後面会できないなどの問題が発生している。日本人に当てはめれば、外国に住む日本人が子どもを連れ去る場合、逆に外国人により日本から国外に連れ去られるケースがある。いずれの場合も、若年であればあるほど子どもの意思とは無関係に生活基盤が急変し、二度と一方の親や親族に会えないという子どもの人権に大きくかかわってくる。こうした問題は国際的にも認知されており、1980年には、「国際的な子の奪取の民事上の側面に関する条約」（ハーグ条約）が採択された（2024年8月現在、締約国数は103カ国）。同条約では、子どもへの有害な影響が生じないよう、原則として元の居住国に子どもを返還するための国際協力の仕組みや国境を越えた親子の面会交流の実現のための協力が定められている。日本は2014年にようやく加盟し、これにより、外務省が窓口となって、相手国に対して返還申請の援助を求めることができ、外国で生活している日本人にとっては、日本が非締約国であることを理由にした子を伴う渡航制限が緩和されることになった。

（☞ QR5-8-6 外務省のホームページ）

◆参考文献
①筒井清輝『人権と国家——理念の力と国際政治の現実』岩波新書，2022年．
②横田洋三編『新国際人権入門——SDGs時代における展開』法律文化社，2021年．
③申惠丰『国際人権入門——現場から考える』岩波新書，2020年．

第9章　パンデミック

グローバル化とパンデミック

　ある国際政治学の定番教科書に、グローバル化とウイルスの関係について次のような記述がある。「天然痘が人間の生活するすべての大陸に広がり、最終的に1789年にオーストラリアに達するのに、ほぼ3000年かかった。HIVは、アフリカから全世界へ広がるのに30年足らずしかかからなかった。本当のウイルスではないが、フィリピンのハッカーが発明した"love bug"というコンピューター・ウイルスは、地球を駆けめぐるのに3日しか必要としなかった。3000年から30年へ、そして3日へ──それがグローバリゼーションの速度の物差しになる」（ジョセフ・S・ナイ・ジュニア、デイヴィッド・A・ウェルチ著〈田中明彦・村田晃嗣訳〉『国際紛争──理論と歴史（原書第10版）』有斐閣、2017年、344頁）。2019年末に中国の武漢で発生し、2020年にパンデミック（世界的大流行）となった新型コロナウイルス感染症（COVID-19）が人間の生活するすべての大陸に広がるのに要したのは2カ月程度であった。ウイルスや感染症の種類・特徴によって伝播の速度は異なるにしても、COVID-19は現代のグローバル化の規模と深度を測る物差しとなった。読者の皆さんもこのウイルスの脅威を感じ、学校は休みになり、イベントがなくなり、マスク着用が必須となり、テレワークが進み、外出の機会が減少するなどの影響を受けたわけであるが、それはウイルス自体の脅威に加えて「グローバリゼーションの速度」によって脅威が急速に、そして増幅されて身近に迫ったことによる（☞第Ⅴ部第1章）。

　現代人はグローバル化の恩恵を受けている一方で、グローバル化によるネガティブな側面の1つとして想定外の感染症の拡大や脅威に直面することがある。以前から、SARS（重症急性呼吸器症候群）、エボラ出血熱などの感染症の急速な拡大は警戒されていた。2014年には東京都内の公園などでデング熱という日本では稀な感染症の患者が100人以上発生したのもグローバル化の副産物であった。感染症の拡大には、グローバル化だけではなく地球環境の変化が要因となることもある。デング熱は2023年から24年にかけて東南アジアや中南米で猛威を振るい、その原因として気温の上昇や降水量の増加が指摘されている。

感染症分野の国際関係

　グローバル化はウイルスを含む病原菌にも恩恵をもたらす。人間が病気になることによって得をする病原菌は、人間を含む動物に移って勢力を拡大しようとする戦略をもつ。病原菌だけでは到底行くことができない遠くの土地まで人間が運んでくれ、そこで感染を広げて勢力を拡大させる。COVID-19のように咳やくしゃみをさせることによって新たな犠牲者に移っていくタイプのウイルスにとっては、人間が集住し、都市化が進み、人々が密に接触して交流する社会は勢力拡大に好都合であった。

　人類への攻撃ともいえる病原菌の戦略に対して、人類は共通の敵に防御的に対応する必要がある。しかし、人類がまとまって一致団結して共通の敵に対抗し、共通の問題を協力して速やかに解決してきたわけではないことは、本書を含む国際関係学の文献が示している通りである。人類は国家に分断され、領土、経済的利益、資源等をめぐって対立してきており、敵は人類の外からの脅威というよりは、内側に存在してきた。核や環境破壊などが人類に対する共通の脅威と見なされることはあっても、つねに諸国家が一致団結して脅威に対抗しているわけではない。人類が共通の敵に対して力を合わせる機会があるとすれば、それはいくつかのSF系映画や小説で描かれてきたように、宇宙から外部の生物が地球に攻めてくるとか、隕石や彗星のようなものが地球に衝突するのを防ぐ必要があるといった、どの国家の生存にとっても協力が利益にかなう場合が考えられるが、ほとんどフィクションの世界である。

　ウイルスや細菌が共通の敵となる国際保健分野においては、感染症の流行を抑えることにはどの国家も利益を見出すことができるはずである。なぜなら、国内で感染症が蔓延するよりは、感染が抑制された方がいいし、できれば感染症が存在しないほうが望ましい。それは国民の健康のためだけではなく、感染症が蔓延すると経済や社会に悪影響を与えるし、国民の非難が政治指導者や政府に向かいやすいからでもある。COVID-19の流行下でも、感染を制御できない、国民に厳しい行動制限を強いる政府に対する批判が見られた。大量破壊兵器や軍事問題、環境問題、人権問題、貿易摩擦の問題などと比べると、国際保健の分野、特に感染症対策では、各国家や国際機関が「発生させない」「予兆を検知して先手を打つ」「拡大を抑え込む」という点で一致して協力しやすい。

実際、鋭く対立する大国同士が感染症対策で協力してきた例もある。冷戦期にはアメリカとソ連が天然痘やポリオ対策で協力し、天然痘の根絶が宣言されたのは冷戦の最中の1980年であった。感染症の拡大を抑えるためのワクチンや治療薬の開発や確保についても、一国で取り組むよりは多国籍企業の製薬会社も含めて多くのアクター間での協力が望ましい場合が多く、治療法・治験など医療技術に関する情報や発生・流行の情報も共有したほうが各国はより効果的な感染症対策を実施することができる。

グローバル課題としてのパンデミック

感染症を人類への共通の脅威と認識することによって国際協力が進みやすいはずの感染症対策でも、資金・資源の配分や負担の問題、情報提供などの点で必ずしも協力が円滑に進むわけではないことは今回のパンデミックでも示された。COVID-19発生の解明に関しては、発生源の中国が国際的な調査研究の受け入れを拒み、流行後の情報共有にも積極的だったとは言い難い。

また、COVID-19によるパンデミックの影響は諸国家に一様に影響を与えたわけではない。医療保健体制が比較的整っている先進国でも大きなインパクトはあったが、体制が不十分である途上国ではより大きなダメージがあった。途上国では、医療体制・施設の不備や保健衛生といった問題に加え、1世帯当たりの人数の多さや、感染症に対する人々の備えや知識など様々な感染拡大要因が指摘された。途上国の一部ではマスクなどの衛生用品が高額で手に入れることが難しかったほか、手洗いの習慣が伝統的になく、そもそも手を洗う水を大量に入手することが困難な地域もあり、人々がきわめて脆弱なままパンデミックの脅威に直面した。感染拡大防止のための都市封鎖や経済活動の停止・停滞は貧困層の家計を直撃し、生活をさらに困窮させた。先進国でもウイルス検査体制の整備・充実、対処治療薬の投入等には時間を要したが、途上国では医療体制・施設を整えるのにさらに時間的および費用的な問題が立ちはだかった。

新型コロナの流行を抑制するためのワクチン確保についても、南北格差が顕著となった。ワクチンの開発や製造が可能な国と製薬会社は、技術的にも資金的にも先進国のなかでも一部の国に限られるからである。途上国は先進国や国連、世界保健機関（WHO）、GAVIアライアンスなどの国際機関・国際運動が

関与する公平なワクチンの分配を求めたが、先進国内においてもワクチンの確保は最重要政治課題であり、公権力のない世界での公平な資源の分配という問題は感染症の拡大でも表出した。WHOにより緊急事態の終了が宣言された2023年5月以降には、新たな感染症対策の枠組みとしてパンデミック条約が速やかに創設されるはずであったが、感染症対策への資金援助やワクチン・治療薬などの技術移転を求める新興国と、製薬会社による研究開発などを優先する先進国との間の対立が続き、当初、条約の合意期限としていた2024年の採択は実現しなかった。どの国も次なる感染症の脅威に備えて国際協力が必要である点では一致しているものの、パンデミックから脱した今、人類共通の敵の影は薄れ、新たな対応枠組み創設への動機は低下している。

　一方で、途上国の衛生状態が改善され、各種のワクチンが普及し、医療保健体制が感染症に対応し、予防体制を整え感染を抑制することは途上国にのみ利益があることではなく、先進国の利益でもあることに変わりはない。一部の国だけで衛生状態や環境を整備して感染症の発生を抑制しても、遠くの国で感染症が発生してしまったら、現在のグローバル化の物差しではそれがいずれは自分の国にやってくる可能性は高いから、引き続き遠くの国にも関心をもち、関与や援助をし続ける必要がある。

　野生動物の家畜化、集住による都市化、衛生状態の悪化、貧困の蔓延、戦争・内戦など様々な要因が感染症の発生や拡大につながっているとされるが、これらの要因は人類がつくり出してきたものでもある。したがって、病原菌は人類にとって外からの脅威であると同時に、人為的につくられる脅威の側面もある。グローバルなヘルス・ガバナンスを機能させるには、感染症抑制や健康状態の維持・向上という大目標で協力しながらも、共通の脅威である感染症の原因に人為的なものが関与していることも認識し、多面的に問題に取り組む必要がある。

◆参考文献
①飯島渉『感染症の歴史学』岩波書店，2024年.
②詫摩佳代『人類と病――国際政治から見る感染症と健康格差』中央公論新社，2020年.
③ジャレド・ダイアモンド（倉骨彰訳）『銃・病原菌・鉄（上・下）』草思社，2012年.

第10章　SDGs（持続可能な開発目標）

QR 5-10-1

　2015年 9 月、国連サミットで「われわれの世界を変革する：持続可能な開発のための2030アジェンダ」と題された成果文書が採択された（☞ QR 5-10-1）。このアジェンダの核となるのが世界共通の17の目標（図 5-10-1）と、目標ごとに合計169のターゲット、232の指標が設定された「持続可能な開発目標（Sustainable Development Goals：SDGs）」である。日本を含め、国連に加盟している193の国・地域が2030年を期限に達成を目指している。

　SDGs の前身は、2000〜2015年のミレニアム開発目標（Millennium Development Goals: MDGs）である。MDGs は、「人間の安全保障」（☞第Ⅳ部第 9 章参照）で重視される「恐怖と欠乏からの自由」と「尊厳をもって生きる自由」を具現化し、開発途上国の貧困・教育・健康・環境などを改善するための 8 つの目標と21のターゲット、60の指標を掲げていた。貧困の解消などでは一定の成果を挙げたものの、未達となった目標も残った。

　一方、MDGs とは別の系譜として SDGs に合流したのが、1992年に開催された「国連環境開発会議（地球サミット）」の流れである。この地球サミットは、20年後の2012年に「リオ＋20」として再びリオデジャネイロで開催され、そこでは環境と経済の両立がより重視されるようになって、「持続可能な開発」や

図 5-10-1　SDGs の17の目標

出所）国際連合広報センター（☞ QR 5-10-2）

QR 5-10-2

「グリーン経済」がキーワードとなった。

　これら2つの流れを統合したSDGsは、国境を越えたグローバル・イシューに取り組む目標として、いくつかの画期的な特徴がある。第1にグローバル・ガバナンスの方法として革新性がある点、第2に経済、社会、環境の諸課題を包括的に扱い、それらの連関性（ネクサス）が明記されている点である。以下で詳しく見よう。

目標ベースのガバナンスと多様なアクター

　従来の国際的な問題解決は、各国が築いてきた法的枠組みを国際交渉によって擦り合わせながら、条約をはじめとする新たな共通ルールを構築する「ルールベースのガバナンス」によって実施されてきた。しかしその方法では、手続き事項などのルール設定のための合意に多くの時間を必要とし、気候変動問題のように緊急性の高い場合には十分に機能しなくなってきた。

　そこでSDGsは、ルールベースではなく「目標ベースのガバナンス」という形式をとっている。法的拘束力で縛るのではなく、国際的に合意された指標で到達度を測ることにより、達成に向けた国同士の競争を促す。また、到達すべき目標を、どのように達成するかという手段は問わない。各国の既存の法律の擦り合わせではなく、あるべき姿・未来の姿から逆算して現時点で必要なことを導き出すアプローチをとる。世界のあるべき姿、すなわちSDGsの目標・ターゲット・指標の策定においては、科学的根拠が重視されている。例えば、問題の発生原因とその影響についての不確実性を減らすために、専門家による知見が提供されている。また、効果的な政策の策定や優先順位の判断、施行された政策の評価などにデータサイエンスが活用されている。

　SDGsに取り組むアクターは多様である。MDGsが途上国のみを対象としたのに対し、SDGsはすべての国に適用される「普遍性」を明記した。さらに、中央政府のみならず地方自治体や、中小企業から多国籍企業、協同組合、市民社会組織や慈善団体など多岐にわたる民間部門が2030アジェンダの実施における役割を有することを認知している。

　また、目標17で掲げられているように、アクター間のグローバルなパートナーシップもSDGsの重要な特徴である。例えば、環境分野では、地球の限界

(☞ QR 5-10-3）という概念が提示され、このままでは地球が元の状態に戻るよりも早い速度で悪化してしまうとの危機感から、非国家主体を含むマルチステークホルダーの連合による規範形成が進んでいる。

ネクサス（連関性）

SDGs は経済、社会、環境の諸課題を包括的に扱い、それらの連関性に目を向けている点で革新的である。国際的な研究機関ストックホルム・レジリエンス・センターが SDGs の構造を図解した「SDGs ウェディングケーキ」モデルを見ると、環境が土台となり、その上に社会、経済が積み上がっていくことが示されている（図5-10-2）。このモデルはさらに、17の目標を各層に並べ、すべての目標が互いに連関しあうことを図示している。

このように SDGs は経済、社会、環境の3領域が一体であることを強調する取り組みであるが、考え方としてはともかく、実際には3領域の統合は容易ではない。以下に見るように、それまで個別に進められてきた目標である上に、

図5-10-2　SDGs のウェディングケーキモデル

出所）Stockholm Resilience Centre

しばしば相反する関係にあるためである。

① 環境と経済の統合

　環境保護を優先するか、それとも経済発展を優先するか——これは、かねてより各国が直面してきた難題である。企業にとっても、環境対策と経済的利益はトレードオフの関係にあると考えられがちで、両立は容易ではない。さらに、おかれている立場によってアクターの考え方に違いがある。すなわち、経済成長最優先の弊害として生じた環境問題に取り組むべきとする先進工業国と、発展の権利を主張し、経済成長を阻害するような環境対策に反対する途上国との間で対立がある。他方、先進国にも産業界を中心に過度の環境保護に反対する勢力が存在する。また、途上国のなかでも海水面の上昇によって国土が水没の危機にさらされている島嶼国などは、二酸化炭素の排出削減に積極的である。

　一方、「グリーン経済」「グリーン成長」という概念は、環境問題と経済発展の間に存在するトレードオフに着目し、環境と経済を両立させ、持続可能な社会の実現に向けたプロセスのあり方を提言している。また、例えば気候変動問題においては、炭素税などの公共政策や、二酸化炭素の回収・利用・貯留（CCUS）技術の実用化が、環境問題と経済発展の両立に重要な役割を果たすという指摘もある。

② 社会と経済の統合

　環境と同様に、社会課題への配慮も国や企業にとって負荷になりうる。例えば、労働者の権利を保護することと経済発展を進めることの間にはトレードオフが見られる。貿易自由化は経済発展に寄与する反面、輸出品をつくる途上国の工場では搾取的な低賃金や劣悪な労働環境が問題視されるようになった。

③ 環境と社会の統合

　SDGsの目標1は貧困の削減であり、そこに含まれるターゲット1.5では「2030年までに、貧困層や脆弱な状況にある人々の強靱性（レジリエンス）を構築し、気候変動に関連する極端な気象現象やその他の経済、社会、環境的ショックおよび災害への暴露やそれらに対する脆弱性を軽減する」ことが定められている。つまり、貧困削減と気候変動対策が結びつけられ、環境課題と社会課題の統合が図られている。また、目標5が掲げるジェンダー課題への取り組みは、目標1のターゲット1.bでも「貧困層やジェンダーに配慮した開発

戦略」として言及されている。こうした統合はMDGsでは明記されておらず、SDGsの特徴といえる。

近年の研究では、アクターが1つのターゲットを独立したものととらえて実施した場合には、別のターゲットの達成に与える相乗効果や悪影響を見逃しがちなことが指摘されている。例えば国連開発計画（UNDP）が2024年に草案を公表した報告書によれば、ブラジルのアマゾンで、再生可能エネルギーの需用増加に対応することだけに目を奪われて風力発電所を建設したところ、先住民コミュニティが所有する熱帯雨林が違法伐採され、環境と人権への悪影響が出たという。また、電気自動車の開発が世界的に進められるなか、バッテリー材料のコバルトなどを採掘するために鉱山開発が行われ、それが原因で水質汚濁や生態系の破壊が進んだことが報告されている。

誰一人取り残さない：ジェンダーの視点

SDGsは「誰一人取り残さない」という包摂性を掲げている。1日1ドル以下で暮らす世界の15億人のうち、大半は女性と子どもであるとされる。女性は男性よりも貧困率が高い傾向にあり、女性が脆弱な立場におかれているといえる。これは先進国も含めて女性の限定的な経済参画、家事育児などの無報酬の労働、男女の賃金格差などに起因する。

「ジェンダー」とは、社会的・文化的につくられた性別を意味し、特定の社会において男性および女性にとってふさわしいとされる社会的に構築された役割、態度行動、属性を指す。SDGsのなかでも、日本はこのジェンダー不平等に関する達成度が著しく低い。

世界経済フォーラム（WEF）が教育、政治、経済、健康の4分野で評価する「ジェンダー・ギャップ指数」によれば、日本の順位は2006年に当該指数が公開されてから低下傾向が続き、2023年度は146カ国中125位となった。教育と健康の機会は男女間でほぼ平等とされたが、経済への参画に加えて政治参画が低いことが低順位の主な要因である。

経済分野の女性参画に関しては、人口減少に伴う労働力不足に対応するため、2014年頃から「女性活躍」が推進されるようになった。2023年の「女性活躍・男女共同参画の重点方針」では、政府として上場企業を対象に「2030年までに、

女性役員の比率を30％以上とすることを目指す」方針を打ち出した。こうした措置は、女性の参画を拡大する「ポジティブ・アクション」と呼ばれる（☛QR5-10-4）。これは、SDGs のターゲット 5-5 をより具現化したものと見ることができる。産業界では、複雑で変化の速い環境下では多様性こそが競争力の源泉になるとして、画一的風土から脱却しようとする兆しも見える。しかし、男女間の役割に関する社会全体の認識が変化していかなければ、より根本的な解決にはつながらないだろう。

SDGs の成果と実効性

　SDGs は2030年までを達成期限としているが、グローバルで見た進捗状況はどうなっているのだろうか。『持続可能な開発に関するグローバル・レポート』（☛QR5-10-5）の第 2 回報告（2023年公表）によれば、2023年時点の状況は、達成までの軌道から大きく外れている。新型コロナウィルス感染症（COVID-19）、物価の上昇、武力紛争、自然災害など一連の危機により、極度の貧困の撲滅などの進捗が帳消しにされた。また 5 歳未満児の予防可能な死亡の根絶、ワクチン接種率の向上、エネルギーへのアクセスなどのターゲットについても、進捗が鈍化しているとされる。

　では、フォローアップとレビューの第一義的な責任を有する各国政府は、どこまで SDGs の進捗を把握し、実際にその推進に成功しているだろうか。SDGs の実効性が確保されるためには、進捗状況を適切に計測し、評価し、アクターにフィードバックするという一連のモニタリング・プロセスが機能していることが大前提である。このモニタリング・プロセスの 1 つに、「SDG グローバル指標」（☛QR5-10-6）がある。しかし、いずれの国においてもデータの利用可能性が課題となっている。

　日本の進捗はどうか。国連の「持続可能な開発報告書」2024年版（☛QR5-10-7）によれば、日本の進捗度は世界第18位であり、「達成済み」が 1 つ（目標 9 ：産業と技術革新）、「課題が残る」が 5 つ、「重要な課題がある」が 6 つ、「深刻な課題がある」が 5 つだった。「深刻な課題がある」の 5 つには、目標 5 （ジェンダー平等）、目標12（生産消費形態）、目標13（気候変動）、目標14（海洋）、目標15（陸地）が挙げられている。

はたして、SDGsの「目標ベースのガバナンス」はどこまで機能しているのか。法的拘束力をもたせるのではなく、目標を掲げて国々に競争を促す仕組みには、十分な実効性があるのだろうか。批判的な意見もある。何より、SDGsのように相互に関連し複雑に絡み合う諸課題は、政府だけでなく、多様なアクターに取り組みを促すことが欠かせない。SDGsのアイコン（図5-10-1）は、誰でも目にしたことがあるだろう。それは広く国際社会にアピールするための図案であり、国際的に合意された目標がいまや世界中で共有されているともいえる。今後は、2030年までの残された時間のなかで、様々なアクターが協働し、よりいっそう変革のための行動を加速させる必要があるだろう。

◆参考文献
①蟹江憲史『持続可能な開発目標とは何か──2030年へ向けた変革のアジェンダ』ミネルヴァ書房，2017年．
②日本国際連合学会編『持続可能な開発目標と国連──SDGsの進捗と課題』国際書院，2021年．
③ヨハン・ロックストローム／マティアス・クルム（武内和彦・石井菜穂子監修）『小さな地球の大きな世界──プラネタリー・バウンダリーと持続可能な開発』丸善出版，2018年．

おわりに──国際関係学のスタディガイド

　国際関係学のレポート・卒論を書こうとする人たちや、世界が直面する諸課題についてさらに知りたい・考えたいと思う人たちへ、以下は分野別のスタディガイドである。

歴史のスタディガイド
　高校までの歴史は、すでにわかっていることを覚える授業という印象が強いかもしれない。しかし大学の歴史学では、いまだわかっていないことがたくさんあることを前提として、現時点でわかっている事実をどう解釈していくのかを学ぶ──こんな説明を耳にしたことがある人もいるかもしれない。歴史学という学問の重要な特徴を表現した常套句として、繰り返されてきた説明である。
　本書で提供される「歴史」の説明も、確定した事実の羅列というよりは、こう見ることができる・こうまとめることができるという、解釈の1つであることに変わりはない。それぞれの著者はできるだけわかりやすい解釈・様々な出来事を説明できる包括的な解釈・すでにわかっていることと矛盾しない解釈を目指しており、実際に説得力のある解釈を提示している。ではあっても、読者の皆さんが研究を進めていけば、異なる解釈を示した本や論文に出会うだろうし、もしかしたら新たな歴史的事実が見つかって本書で提示された解釈が廃れるかもしれない。新しい解釈に触れ、それまでに学んだことが覆る経験をするかもしれない。それは皆さんの理解が深まるということなので、様々な研究に積極的に触れ、自分自身で判断してほしい。
　様々な歴史の解釈を目にして、それぞれをどのように判断すればよいのか迷うこともあるだろう。歴史学の研究では、当時の人々が残した記録（一次史料）を最も重視する。一次史料と矛盾しない解釈が求められるのである。したがっ

て、様々な歴史の解釈を自分なりに消化していく際には、一次史料との突き合わせが必要になる。たいていの一次史料は複数の解釈が可能なので、この突き合わせはマークシートの答え合わせのように簡単なものではない。しかし、歴史研究者にとっては最も面白い作業の1つなので、読者の皆さんにはぜひ自分で一次史料をひもとく体験をしてほしい。

歴史の解釈を判断する方法として、国際関係をめぐる理論やイシューに関する研究成果と比較することも有効だろう。本書第Ⅱ部以降で扱っている理論やイシューの項目は、手ごろな出発点になるはずだ。

理論のスタディガイド

理論と聞くと、とっつきにくい、難しそうという印象をもつ人も多いかもしれない。だが理論は私たちの理解を助けてくれるとても便利なものである。理論はよくレンズにたとえられる。これは何らかの現象を観察する際の視点や角度、着眼点といった意味で用いられているのだが、このようなレンズがないことには誰しも関心のある国際関係の出来事を観察する際、立ち往生してしまうことになりかねない。戦争や各分野の国際協力といった国際関係における事象はあまりに複雑で多面的なためである。

それに対し、理論というレンズを用い特定の角度からズームアップすることで、複雑な現象のどこに着目すればよいのかが明らかになる。すなわち、国際関係における様々な事象において、いかなる要因が重要性をもつのか、あるいはどのような要因同士の組み合わせが戦争や平和といった特定の結果につながりやすいのかといった問題について、一般的な傾向を教えてくれるのが理論なのである。理論には先人たちが国際関係における膨大な数の事象を観察して抽出したエッセンスがぎゅっと詰まっている。

国際関係全般について1つのレンズで把握できるということはあまりない。むしろ、問題領域ごと、あるいは目的別に適したものを選べるように、様々なレンズをそろえておくことが具体的な事象の学びにおいて役立ってくる。

基本としてまず押さえておきたいのは、第Ⅱ部冒頭から扱うリアリズムとリベラリズムであろう。これは国際関係理論における2大潮流といってよいものである。詳細は該当の章を読んでほしいが、リアリズムでは世界は力の論理で

動いていると見なし、国際関係を対立的、競争的なものと見る傾向が強い。対するリベラリズムでは、経済の結びつきや民主主義、国際制度の働きによって国際関係は協調的なものになりうると見る傾向がある。

　例えば世界の2大国である米中の関係について取り上げよう。今後この米中関係はどうなっていくのかという問題について、リアリストであれば、例えば米中の軍事力や経済力のバランスに着目するだろう。そして今後において軍事、経済両面でアメリカの優位が縮小していけば、両者の紛争につながる可能性は高くなると見通すかもしれない。それに対し、リベラリズムに立てば、貿易や投資など経済関係に加え、国連やG20、WTOといった国際制度の働きに着目し、紛争を避ける可能性を考察するということになろう。

　本書では続いてコンストラクティビズムとマルクス主義的な理論を解説している。コンストラクティビズムは国家や諸アクターが抱くアイデアやアイデンティティといった非物質的、観念的要因を重視する考え方である。米中関係に照らせば両国の外交文書や政府当局者による言説の応酬に着目するといったアプローチがありうるだろう。マルクス主義的な従属論や世界システム論は資本主義システムの不公正性を問題意識の根底に置いている。米中関係に関しては、貿易やサプライチェーンの発展において生じた二国間の不均等な利益配分や両国内の階級的対立といったあたりが、分析の出発点になるかもしれない。その他、本書ではリアリズムとリベラリズムに属する理論のうち、取り上げられることの多い勢力均衡論とデモクラティックピース理論について別途章を設けて解説している。これらも活用して自分のレンズに加えてほしい。

アクターのスタディガイド

　国際関係のアクターは本書で取り上げたもののほかに、皆さん自身が数多く見つけることができるだろう。ある大学の講義で、「関心のあるアクターを1つ選び、それが国際関係にどのような影響を与えているのか論じなさい」というレポート課題を出したところ、集まったアクターは千差万別だった。GAFAMと呼ばれる巨大IT企業、ワクチン開発で競争する製薬企業、国際オリンピック委員会、ノーベル平和賞の選考委員会、世界トップレベルの大学、インバウンド観光客でにぎわう地方都市、民間の戦争請負会社……などなど。

なかでも秀逸だったのは「パンダ」である。パンダ自身が自立したアクターというわけではないが、そのレポートは中国の「パンダ外交」に焦点を当て、人気者のパンダを各国の動物園にレンタルすることで、中国政府が文化外交をいかに展開してきたかを論じるものであった。同じように考えれば、ユニークで重要なアクターがいろいろと見つかるだろう。

　心がけたいのは、そのアクターを単独で見るのではなく、他のアクターとの関係にも目を向けることである。特に、今日でも国際関係において最終決定権をもつとされる国家（政府）との関係を無視しては、様々な非国家アクターの役割を十分に検討することはできないだろう。どちらの影響力が強いかという単純な比較ではなく、互いに影響し合う実態をていねいに観察する作業が欠かせない。

イシューのスタディガイド

　アクターと同じく、国際関係のイシューも無限にあるといってもよい。レポートや卒論で研究するイシューを選ぶ際には、1つには皆さん自身の関心、そしてもう1つには研究意義という観点から決めるといいだろう。関心をもつきっかけは何でもよい。本や新聞で読んだこと、ニュースで見た映像、耳にした音楽、出会った人との会話……国際関係の素材は至る所にある。

　しばしば「研究は個人的理由で始めてはいけないのではないか」という質問を学生から受けるが、そんなことはない。個人的理由から強い問題意識を抱くようになったのであれば、研究のモティベーションもそれだけ上がり、自ら結論を見出そうとする努力を継続できるに違いない。それは大切な研究の出発点である。ただし「自分が知りたいから」「自分にとって面白いから」という理由だけでは、研究よりも趣味に近づいてしまうかもしれない。そこで、自分の調べているイシューが他の人（友人や同僚など）にとって、さらには社会全体にとってどのような意味をもつか――すなわち研究意義――を吟味する必要がある。国際関係学の研究であれば、その最終ゴールは序章で述べた「より良い世界」に近づくための研究であってほしいのである。

　また、国際関係学の研究はニュース解説を目的とするものではないことにも留意されたい。ある出来事の経緯や背景を説明することは欠かせない作業の1

つだが、研究にはそうした叙述（description）に加えて分析（analysis）が求められる。何が原因でどのような問題が生じているかという因果関係を明らかにすることは、分析の一例である。それにより、問題解決に向けた提言も説得力を増すであろう。イシューの分析に当たっては、国際関係の歴史や理論に目を向ける姿勢がとりわけ有効だと思われる。

　最後に、イシューについて調べるならば、その分野のエキスパートになるつもりで取り組んでほしい。どのイシューも細分化して、焦点を絞り込んでいけるはずである。「エネルギー問題」ならば「再生可能エネルギー問題」などへ細分化し、さらにアクター別に「再生可能エネルギー開発における企業の役割」などと焦点を絞っていけるだろう。焦点がはっきりしているほど、調べるべきことも特定しやすいし、その問題に精通するための道が開かれる。あとはどこまで緻密に分析できるか、皆さんの腕の見せ所である。

編　者

山田　　敦　一橋大学教授　序章、第Ⅱ部第7章
和田　洋典　青山学院大学教授　第Ⅱ部第1章・第2章・第4章、第Ⅲ部第6章
倉科　一希　同志社大学教授　第Ⅰ部第3章

執筆者（執筆順）

滝田　賢治　中央大学名誉教授　第Ⅰ部第1章・第3章、第Ⅳ部第1章、第Ⅴ部第3章
青野　利彦　一橋大学教授　第Ⅰ部第2章
今井　宏平　日本貿易振興機構アジア経済研究所研究員　第Ⅰ部第4章、第Ⅱ部第6章
島村　直幸　杏林大学准教授　第Ⅰ部第5章
宇田川光弘　昭和女子大学特命教授　第Ⅰ部第6章、第Ⅴ部第2章・第4章・第9章
大芝　　亮　広島市立大学広島平和研究所所長　第Ⅱ部第1章
小川　裕子　東海大学教授　第Ⅱ部第3章
井上　　睦　北海学園大学准教授　第Ⅱ部第5章
竹内　雅俊　東洋学園大学准教授　第Ⅲ部第1章・第2章
上原　史子　岩手県立大学准教授　第Ⅲ部第3章・第4章
都留　康子　上智大学教授　第Ⅲ部第5章、第Ⅳ部第3章、第Ⅴ部第8章
湯浅　拓也　大阪産業大学講師　第Ⅲ部第7章
溜　　和敏　中京大学教授　第Ⅲ部第8章・第9章、第Ⅳ部第6章
下谷内奈緒　津田塾大学准教授　第Ⅲ部第10章
川久保文紀　中央学院大学教授　第Ⅳ部第2章、第Ⅴ部第7章
橋本　昌史　国立研究開発法人宇宙航空研究開発機構周波数管理室室長　第Ⅳ部第4章
須田　祐子　東京外国語大学非常勤講師　第Ⅳ部第5章
小林　綾子　上智大学准教授　第Ⅳ部第7章～第9章
深澤　一弘　一橋大学講師　第Ⅴ部第1章
星野　　智　中央大学名誉教授　第Ⅴ部第5章
飯嶋　佑美　日本国際問題研究所研究員　第Ⅴ部第5章
古内　洋平　フェリス女学院大学教授　第Ⅴ部第6章
御代田有希　東京大学特任研究員　第Ⅴ部第10章

新版　国際関係学――地球社会を理解するために

2025年3月15日　初　版　第1刷発行　　　　　　　〔検印省略〕

編　者Ⓒ山田　敦・和田　洋典・倉科　一希
発行者　髙橋　明義　　　　　　　　　　印刷・製本　亜細亜印刷

東京都文京区本郷1-8-1　振替　00160-8-141750
〒113-0033　TEL（03）3813-4511
FAX（03）3813-4514
http://www.yushindo.co.jp
ISBN978-4-8420-5589-3

発　行　所
株式会社　有信堂高文社

Printed in Japan

国際政治と規範——国際社会の発展と兵器使用をめぐる規範の変容	足立研幾著	三〇〇〇円
レジーム間相互作用とグローバル・ガヴァナンス——通常兵器ガヴァナンスの発展と変容	足立研幾著	二六〇〇円
安全保障化の国際政治——理論と現実	小田桐確編	五五〇〇円
戦略的ヘッジングと安全保障の追求——2010年代以降のトルコ外交	今井宏平著	四〇〇〇円
アジアの平和とガバナンス	広島市立大学広島平和研究所編	三〇〇〇円
アジアの平和とガバナンスⅡ	広島市立大学広島平和研究所編	三〇〇〇円
米中争覇とアジア太平洋	鈴木健人伊藤剛編著	三五〇〇円
米国の冷戦終結外交——ジョージ・H・W・ブッシュ政権とドイツ統一	志田淳二郎著	六三〇〇円
民族自決の果てに——マイノリティをめぐる国際安全保障	吉川元著	三〇〇〇円
制度改革の政治経済学——なぜ情報通信セクターと金融セクターは異なる道をたどったか？	和田洋典著	七三〇〇円
国際政治史講義——20世紀国際政治の軌跡	滝田賢治著	三〇〇〇円
国際政治史としての二〇世紀	石井修著	三〇〇〇円

★表示価格は本体価格（税別）

有信堂刊

国際法の構造転換	石本泰雄 著	五〇〇〇円
二一世紀国際法の課題 安藤仁介先生古稀記念	浅田正彦 編	九〇〇〇円
国際立法の最前線 藤田久一先生古稀記念	坂元茂樹 編	九二〇〇円
軍縮条約・資料集〔第三版〕	藤田久一 編	四五〇〇円
国際刑事法の複層構造	浅田正彦 編	四〇〇〇円
国際海洋法〔第三版〕	佐藤宏美 著	四〇〇〇円
海賊対処法の研究	島田・古田・下山 著	二八〇〇円
国際環境法における事前協議制度	鶴田順 編	三〇〇〇円
国際環境法講義〔第2版〕	児矢野マリ 著	六六〇〇円
新版国際関係法入門〔第二版〕	鶴田順 編	三〇〇〇円
新版国際関係法入門〔第二版〕	櫻井雅夫 著	三〇〇〇円
	岩瀬真央美 著	二五〇〇円
世界の憲法集〔第五版〕	畑博行・小森田秋夫 編	三五〇〇円

★表示価格は本体価格（税別）

有信堂刊